I0698983

FROYLÁN TURCIOS

NOVELA EL VAMPIRO

(Y LOS MEJORES CUENTOS DE TERROR Y DE MISTERIO)

ERANDIQUE

LITERATURA

NOVELA EL VAMPIRO
(Y LOS MEJORES CUENTOS DE TERROR
Y DE MISTERIO)
FROYLÁN TURCIOS

©Colección Erandique
Supervisión Editorial: Óscar Flores López
Diseño de portada: Andrea Rodríguez
Administración: Tesla Rodas—Jessica Cordero
Director Ejecutivo: José Azcona Bocock
Segunda Edición
Tegucigalpa, Honduras—Noviembre de 2024

TURCIOS: NUESTRO MAESTRO DEL TERROR

Gabriel García Márquez reconoció que le costó deshacerse de la influencia del "Viejo".

"Mi problema no fue imitarlo, sin destruirlo. Su influencia me tenía jodido", dijo, refiriéndose a William Faulkner, el célebre escritor estadounidense.

A Froylán Turcios nunca le consultaron sobre aquellos escritores o cosas que influyeron en su vida.

Con toda seguridad, hubiera contestado que uno de ellos fue Edgar Allan Poe.

La marca del maestro de la novela gótica y de los cuentos de terror está plasmada no solo en la novela El Vampiro, sino también en varios de los relatos que hemos escogido para esta edición.

En El Vampiro (Y los mejores cuentos de terror y de misterio), que publica Colección Erandique, está plasmada, de igual forma, la visión oscura de varios aspectos de la vida del autor, su supersticiones, sus celos enfermizos, el amor y la pasión, el honor.

La influencia de Poe y esos aspectos de la visión de la vida y de la muerte de Turcios, así como sus celos patológicos, son motivo de estudio por el poeta y doctor en Literatura Hispanoamericana José Antonio Funes (en mi opinión, el investigador más destacado de la vida y obra del escritor de Juticalpa), *en Froylán Turcios y el Modernismo en Honduras,* obra ganadora del Premio de Estudios Históricos Rey Juan Carlos I en 2004.

"Por muy arriesgado que parezca afirmarlo —escribe Funes en el capítulo 6, página 375— el tema de los celos, que aparece desde las primeras hasta las últimas producciones narrativas de Turcios, está motivado fundamentalmente por razones que obedecen a un ´problema´ personal del autor".

El Vampiro y muchos de los cuentos que hemos escogido no se librarán de estos arrebatos enfermizos en los que los protagonistas advierten que prefieren la muerte antes de vivir sin las mujeres de las que se han enamorado.

El Vampiro —así como el cuento El Fantasma Blanco— se desarrolla en Antigua Guatemala, encantadora, pero misteriosa ciudad, en la que Turcios vivió algunos años de su vida.

Al día de hoy, ningún escritor hondureño se ha adentrado en los relatos de terror, muerte y misterio, como lo hizo Froylán Turcios.

El Vampiro de Turcios comparte muchos rasgos con Drácula de Stoker, tanto por la aproximación del padre Félix con el conde Drácula, como por otros elementos que el hondureño retoma de la tradición de la narrativa de vampiros —explica el poeta Funes en su libro.

Y agrega: "Al igual que Drácula, el padre Félix posee cualidades físicas de una bestia demoníaca, y la lujuria desenfrenada de un sátiro. En el capítulo VI se produce el primer enfrentamiento entre Rogerio y el sacerdote, cuando el muchacho advierte la forma en que los ojos de aquél miraban a Luz".

Otra vez el amor apasionado, los celos enfermizos, de uno de los personajes creados por Turcios.

También, la creencia del escritor de que el amor trasciende más allá de la muerte.

"Ya en la tumba, nosotros vemos, oímos, todo lo que hacen o dicen, y aun piensan, los seres que en la tierra estuvieron ligados a nosotros por la sangre o por el afecto".

Son las palabras de Héctor en el cuento Romanzas de ultratumba.

Hemos seleccionado los que consideramos los mejores relatos de misterio, amor y muerte escritos por Froylán Turcios para complementar la novela El Vampiro.

Este libro demuestra que Turcios está a la altura de los mejores y que no tiene nada que envidiarles. Ni siquiera a Edgar Allan Poe.

OSCAR FLORES LÓPEZ
EDITOR COLECCIÓN ERANDIQUE

EL VAMPIRO

Nací en La Antigua, cuando la mágica Ciudad del Recuerdo conservaba, mejor que ahora, su recóndito prestigio legendario. Pasé mi infancia en una gran casa tétrica y secular, situada cerca de la ruinosa parroquia de San Sebastián. Era una cómoda vivienda de la última época de la Colonia, que mi padre, don Luis de Mendoza, heredó de un abuelo aventurero. Exornaban su exterior imponente exóticas gárgolas extravagantes sobre la bordadura rústica de la cornisa; y el ancho zaguán era, en verdad, suntuoso, con sus gruesas pilastras de granito gris, coronadas de símbolos quiméricos, de sombrías imágenes eclesiásticas y de viejos escudos cubiertos de coronas y puñales. La venerable puerta metálica, de una sola hoja, resonaba, al abrirse, como una inválida campana. Sobre la cerradura amarillenta una lustrosa bola de bronce servía de llamador. A la izquierda de este portón señorial, doce enormes balcones de negro hierro mostraban aparatosamente sus complicados dibujos, sus óvalos y rosetones y sus irregulares líneas de lanzas que terminaban en un extenso abanico, simulando la cola abierta de un pavo real. En el interior el pesado edificio se extendía ampliamente con sus largos corredores, sus altas estancias y sus dos salones abovedados. Las alfombras y tapices, los cortinajes, los espejos y los cuadros, las sillas, las mesas, los extraños candelabros de plata, todo lo que constituye el adorno de una residencia de preclaras estirpes era de una singular magnificencia, pero una época muerta. Mi abuelo Humberto Mendoza, en sus eternas correrías de Europa y Asia, recogió mil cosas raras que depositó en su casa de La Antigua como en un íntimo museo.

De mis nobles antepasados, ninguno tan interesante como ese trágico Humberto, altivo y galán, héroe por el porte y por el alma, ingenioso y generoso como surgido de la más pura cepa de bravos hidalgos castellanos. Espíritu inquieto y audaz, acometió empresas magnas dignas de perpetuarse sobre la sagrada frialdad de los mármoles y de difundirse al son de la lira por todos los ámbitos del mundo. Insolente camorrista, enamorado tenaz de todos los lindos ojos que encontraba a su paso desenvainó la espada en cien lances de amor y de honor. Su pecho, vigoroso como el de un atleta griego, ostentaba gran número de cicatrices, y había precipitado en la tumba a más de una docena de valientes. Insigne tañedor de vihuela, conquistaba los corazones de las muchachas románticas entonando en la medianoche, bajo sus rejas, tiernas coplas andaluzas y melancólicos fados portugueses.

Era verdadero caballero de capa y espada, de sombrero de plumas y espolines de plata; y murió en pleno vigor vital, en una tremenda cacería de leones en Indostán. Suyo era el retrato de cuerpo entero que, dentro de su magnífico marco, cubría uno de los lienzos extremos del primer salón. En los ingenuos tiempos de mi niñez me quedaba en éxtasis, admirando aquel joven arrogante, que tenía en los en los cabellos y en los ojos una negrura alucinadora. El fino bigote sobre el labio rojo y carnoso, el mórbido mentón irregular, la frente amplia y serena, el aire altanero e imperativo mezclado con cierto felino encanto, con cierta lánguida gracia de mujer, hacían de él un personaje inolvidable.

Fue aquel gallardo mancebo la más violenta obsesión de mis primeros sueños. Lo amaba y le temía a la vez; y, en más de una ocasión, al mirarle fijamente, me parecía que iba a saltar de su marco amarillo para tirarme del pelo, encolerizado, o para estrecharme familiarmente contra su brillante jubón de terciopelo azul.

II

Un vasto jardín, circuido por un alto muro de piedra, rodeaba la casa por el sur. Árboles centenarios de rumorosa fronda se extendía de un extremo a otro, y sombreaban eternamente aquel lugar, dándole un aspecto tristón de cementerio de aldea. Tupidos rosales y gran variedad de arbustos y plantas florecían en las primaveras, y rectas columnas de plátanos, de perales y durazneros, de eucaliptos y de cipreses, se alineaban junto a las paredes como inmóviles centinelas. Hacia un ámbito obscuro, entre un compacto grupo de pinos, surgía la caseta del viejo Genaro, que fue el criado de confianza de mi padre y que hacía ahora el oficio de jardinero. Vegetaba allí con su perro *Bravonel*. Pasábase el tiempo cultivando la tierra negra y fecunda, armado de una barra, de una pala y de un azadón. Era un viejecillo seco, de color de aceituna, con una pipa de barro en la boca, el rostro lleno de pecas y de arrugas y los claros ojuelos brillando bondadosamente bajo un áspero bosque de cejas blanquecinas. La testa, cubierta de cadejos blancos, tenía una forma anormal, casi oblonga; y las manos, de largos dedos nudosos, no se estaban quietas jamás. Supersticioso y sincero, sabía mil cuentos fúnebres que ponían los pelos de punta. Creía ciegamente en los aparecidos, en las amenazas del otro mundo, en las brujerías y en las condenaciones. Apenas cerraba la noche se metía en su cuartucho con su perro. Se levantaba con el alba; pero no entreabría nunca la puerta sin hacer antes, tres veces, la señal de la cruz. Con frecuencia pasábase horas enteras trazando signos cabalísticos sobre la parda arena de las avenidas y repitiendo monótonamente siniestras palabras macabras. Trotaba, en ocasiones, bajo los árboles, con los brazos abiertos, para evitar un oculto maleficio. Le causaban terror las mariposas negras y cuando veía revolar alguna se escondía rápidamente detrás de los troncos, quedándose inmóvil hasta que el insecto se alejaba. Muchas gentes de la ciudad ignoraban su existencia, pues casi nunca salía de aquel jardín —en el que los pájaros se acostumbraron a oírle hablar solo— fumando continuamente, como si el humo de su pipa alejara de su lado los malos espíritus. Era, no cabe duda, un neurasténico, un ser pueril, atacado del miedo a lo desconocido. Pero en casa todos le queríamos piadosamente.

III

Mi madre, mi prima Luz y yo ocupábamos aquella antigua mansión, que fácilmente habría podido alojar a varias familias numerosas. Componía la servidumbre, fuera de Genaro, la anciana Salomé y sus dos hijas.

¿Qué decir mi madre...? Doña Francisca Marroquín era una dama linajuda que se casó por amor con el excelente caballero don Luis de Mendoza, muerto en plena juventud. Era muy blanca, muy dulce, muy tímida; con una de esas indecisas beldades pálidas y melancólicas, que parece que surgieran de las bóvedas nemorosas de los claustros o de la húmeda penumbra, saturada de incienso, de las viejas catedrales. Usaba grandes aros de oro en las orejas de nácar y sortijas de rubíes en ambas manos, suaves como una flor. Tenía los ojos aterciopelados y la boca infantil y graciosa. Su frente parecía de alabastro, y sus cabellos cortos, de un castaño casi negro, formaban sobre su nuca ricitos obscuros que yo gustaba de enredar entre mis dedos. De mediana estatura, su andar era lánguido y muy lento: su voz, débil y velada, llegaba siempre a mis oídos como una música. Su alma encantadora y soñadora, errante e indecisa, era como un lirio ilusorio, purísima y piadosa. No he conocido jamás un corazón más tierno que el suyo. Cualquier infortunio la hacía estremecer y su caridad era un recinto abierto para recibir al desvalido. Un poco mística, con ribetes de fanática, los clérigos encauzaron, por algún tiempo, su espíritu. Su nombre sonaba en las fiestas de las iglesias y congregaciones religiosas pero su envidiable fama regional provenía de su virtud, de su generosidad inagotable que supo curar tintos infortunios.

Frecuentemente veíamos en casa gran número de sacerdotes de toda edad y tamaño. Me infundían pavorosos respeto, y cuando me acariciaban, sentándome sobre sus rodillas, no me atrevía a mirarles la cara, dominado por un malestar sin nombre. No me inspiraban ningún afecto; y al sentir sus pasos en el corredor me ocultaba en algún rincón, como Genaro al divisar una mariposa negra. Mi Madre intentó, inútilmente, sofocar en mi esa animadversión instintiva. Luego, como era natural en su carácter pasivo e indiferente, no volvió a pensar en ello. La buena señora no daba importancia alguna a los impulsos del espíritu y solo las desgracias exteriorizadas en lamentaciones o súplicas lograban conmoverle. Cuando yo cometía alguna leve falta, en vez de castigarme, me atraía dulcemente sobre su seno; y me adormecía en él, aspirando su tenue perfume de estoraque, como el de los ropajes de las santas.

IV

Luz era un ser encantador, y —como decía mi madre— la celeste luz de la casa.

Tenía entonces quince años. Su opulenta cabellera, de un negror profundo con reflejos azulados, con reflejos que solo he visto en el plumaje de ciertos pájaros de las sierras; sus grandes ojos pensativos, hechos de sol y de tiniebla, tristes y bellos como los plenilunios, ojos que hacían soñar en ignotos edenes sobrenaturales; su boca pura y encendida, el milagro marmóreo de su frente; el cuello grácil; las manos fabulosamente blancas y finas; su óvalo seráfico, su piel de flor; su aire grave de silencio y de misterio, hacían de ella una criatura excepcional y casi divina.

Era, sí, una joven maravillosa, esbelta y sonrosada, y de una inteligencia extraordinaria. Tenía hoyuelos en las manos y en las mejillas mórbidas. Sonriendo, encantaba los corazones. Había en ella algo de ave y de lirio. Su paso era como un rumor de seda y cuando hablaba sus palabras melodiosas perfumaban como las flores.

Hija póstuma de un hermano de mi padre, Manuel de Mendoza, médico y periodista, su madre, doña Luz de Figueroa, de inolvidable hermosura, falleció de un mal desconocido, dejándola de cuatro años. Creció en aquella vasta casa silenciosa. Mi padre la admiraba mucho, y el día en que murió, ella le lloró como lo hubiera hecho una persona mayor; y desde entonces mi madre la quiso más, con cierto apasionamiento, extraño en carácter apacible.

¿Cómo era yo al cumplir mis trece años? Mirándome en un gran espejo biselado del comedor, veía un muchacho pálido de rizos blondos, de mirada altanera, frente espaciosa y labios rojos y bellos, esbelto dentro del traje de paño negro con medias de seda y gorra de terciopelo. Hebillas de oro aprisionaban los zapatos y un claro diamante fulgía en la mano izquierda, pequeña y regordeta. Cierto sello de fiero desdén se notaba sobre el hermoso rostro revestido de una seriedad prematura.

Tal era aquella edad feliz. Viéndome así, un soplo de orgullo llenaba mi alma. Me encontraba un vago parecido con el famoso Humberto de Mendoza, a quien, por esta circunstancia, había dejado de temer. Y, definitivamente, me aferré a mi creencia, cuando una mañana, mientras nos hallábamos reunidos en gran salón, doña Francisca me atrajo hacía sí, y poniéndome frente al viejo retrato, exclamó con su acento armonioso:

—Rogerio, hijo mío, en el talante gallardo te pareces mucho al abuelo. ¿No te enorgullece la semejanza?

—Solo que él —añadió con su linda sonrisa— no tuvo miedo a los espectros ni a los curas.

Ligeramente avergonzado con esta últimas palabras, mire a Luz, y juré que, en lo sucesivo, sabría el valor que tano admiraba en mi terrible ascendiente.

V

Desde entonces me propuse dominar cualquier temor pueril ante los sombríos relatos de Genaro y ante la aparición de los clérigos en el pasillo del zaguán. Pero invencible repugnancia por los hombres tonsurados no se alteró. Germinaba en el fondo de mi ser como un sedimento amargo. Tampoco el antiguo jardinero podía ver con buenos ojos a los eclesiásticos, y acerca de ellos nos contaba, a Luz y mí, siniestras historias. Las oíamos sentados en el banco de piedra de la pequeña terraza del jardín, después de nuestras lecciones del mediodía. En la solemne quietud de la tarde sonaban lúgubremente las palabras del viejo, y la relación se revestía, a veces de un carácter tan horrible, que nuestras almas se llenaban de espanto. Mi prima y yo nos mirábamos angustiados; y, pesar de mis esfuerzos para ocultar mi emoción, mis manos temblaban como si fueran presas de la fiebre, mientras el hombrecillo continuaba, con azorado aspecto, su fúnebre relato, hasta que la tarde moría. En ocasiones, el horror de su narración era tan espeluznante que, interrumpiéndolo, echábamos a correr enloquecidos, en busca de mamá.; y aún el mismo narrador se encerraba apresuradamente en su cuarto, temeroso de sus propias palabras.

Ella nos preguntaba el motivo de nuestro susto. Pero guardamos siempre el grave secreto.

VI

Luz y yo nos queríamos profundamente. La amaba sobre todas las cosas de la tierra; y ella me decía que me adoraba más que a su propia alma.

Nuestra madre, siendo tan buena, ocupaba un lugar secundarios en nuestros corazones.

Toda la fuerza de nuestros espíritus se reconcentró en la honda ternura que nos unía. Una confianza absoluta nos hizo inseparables; y mutuamente, adivinábamos nuestros menores deseos para satisfacerlos.

Sólo a su lado era yo feliz. Vivíamos en nuestra como en un castillo cerrado, presos por nuestra voluntad. Una excelente institutriz alemana, radicada en La Antigua, nos daba diariamente lecciones sobre diversas materias, desde hacía algunos años. (¿Por qué Edwig no enseñaría idiomas?) Nuestros conocimientos eran mayores que los alumnos del colegio que tenían nuestra edad. Se negó mi madre a que asistiéramos a los establecimientos públicos, temiendo que en ellos se desarrollaran en nosotros, con el continuo roce igualitario, maneras vulgares y costumbres plebeyas.

Edwig Schoffen nació Heildelberg y sentía intensa pasión por los secretos del verso y del pentagrama. Fuera de las áridas matemáticas y de diez o doce textos científicos, nos hizo conocer y comprender a los mejores poetas alemanes, y de su boca aprendimos canciones de Goethe, de Uhland y de Heine, iniciándonos en ese estudio divino del pensamiento de los grandes rimadores y abriendo ante nuestras deslumbradas fantasías extraños mundos de misterioso amor.

Dirigidos hábilmente por ella, el piano, recién llegado de la capital, empezó a vibrar bajo nuestros dedos, y Edwig se sorprendió de las excepcionales aptitudes que desarrollamos en breve tiempo. Aprendimos luego a dibujar y a tocar la guitarra, instrumento que me seducía porque fuera el favorito de mi obsesionante abuelo. Pronto cultivó, con maternal paciencia, nuestras voces claras y puras, que se unían cristalinamente. Cantábamos ya dos o tres romanzas húngaras y ligeros aires de la antigua Germania, cuando una noche llegó doña Francisca, acompañada del Padre Félix, al salón en que nos hallábamos con Edwig. Ésta elogió nuestros admirables adelantos y nos hizo repetir una triste sonata. Mientras vibraban nuestras voces y mi madre sonreía de entusiasmo y de orgullo, vi, en la pálida luna de un espejo, el rostro agudo y negro del eclesiástico, descompuesto singularmente. Sus ojos pequeños, amarillentos y hundidos en las cuencas, como dos foscas alimañas en sus agujeros, devoraban el semblante de Luz con un ardor maléfico y bestial. Me volví, inquieto por aquella mirada impura y profanadora, y me encontré con las repugnantes pupilas fijas ahora sobre mí con feroz de odio contenido. Terminé el canto trémulo de asombro. Mi madre y el presbítero desaparecieron en silencio.

VII

Un día en que hojeaba un volumen ilustrado oí al Padre Félix que decía mi madre en la estancia contigua:

—¿Y ese chicuelo duerme cerca de Luz?

—Sí, en el siguiente cuarto.

—Pues hoy mismo deberá arreglársele otra habitación. No es conveniente que esos niños tan precoces duerman el uno junto al otro.

Aquella noche trasladaron mi pequeño catre de hierro a una alcoba de cortinones azules, que el gran salón separaba de la de mi prima.

VIII

El Padre Félix se convirtió en mi tenaz enemigo. Nos visitaba dos veces por día, en mañana en la mañana y en la noche, y yo, entonces, no pude comprender por qué me miraba con tan terrible cólera. Una vez, en el oratorio, me amenazó con un fuerte castigo por no sé qué crimen imaginario, y me ordenó, con voz ronca y agrio gesto, que fuera a confesarme, obligando a mi madre a que me enviara a la iglesia al día siguiente. Fui, en efecto; pero me no me confesé con él, sino con el Padre Gregorio, un simpático viejecillo muy afectuoso con los niños. Mi perseguidor se enfureció, pero yo no cedí, y su odio fue en aumento. Cuando nos encontraba a Luz y mí corriendo por el hermoso jardín, se ponía color de ceniza, y una espuma amarilla manchaba su boca de labios delgados, llenos de pústulas y grietas violáceas. Por mi parte, también le odiaba, viéndole tan hostil y despótico, y meditaba contra él feroces venganzas.

IX

Mi madre ordenó a Luz que se confesara dos veces por semana con el Padre Félix. Se resistió, oponiendo sus lágrimas a aquel mandato; pero, por la primera, fue rechazada secamente.

Desde el primer sábado en que concurrió a la iglesia de San José, el melancólico carácter de mi prima se volvió taciturno. Asombraba a Edwig por su febril dedicación al estudio. Hizo tan rápidos progresos en el canto que tuve que multiplicar mis esfuerzos para no quedarme rezagado. El día de la confesión se ponía lúgubre y apenas hablaba. Yo la interrogué vanamente para que me dijera su pesar. Su obstinado silencio me resintió y no volví a hacerle ninguna pregunta. Sin embargo, yo sufría atrozmente cuando oía a mi madre levantar la voz alterada para obligar a Luz a que fuera la iglesia.

X

Llegó el mes de agosto y yo cumplí catorce años. Se celebró en casa este acontecimiento íntimo y algunos amigos de mamá, después la comida, se reunieron en el salón. En aquellas horas, Luz me miró como a un extraño. Permaneció sentada entre Edwing y un rubicundo muchacho alemán que le enseñaba una carterita de terciopelo llena de muñecos y esbozos de animales absurdos. Ella parecía admirar el talento del pintor, que le sonreía con aire amoroso. En pie, cerca de una butaca en que una gruesa señora dormía, me miraba yo, orgullosamente, en el espejo, comparándome con el caballero del retrato que fue mi abuelo. Así, con mi traje magnífico de paño azul, me antojaba más seguro el parecido; pero tal satisfacción de mi pueril vanidad no impidió que, al mirar nuevamente a Luz, tan interesada en el dibujo del alemán, mis ojos desdeñosos empezaran a derramar un raudal de lágrimas.

¿Lo vio ella o lo comprendió? Cuando alcé la cabeza estaba ya mi lado, hablándome tiernamente. Me condujo al corredor y ahí besó mis cabellos y enjugó mi llanto con su pañuelo de seda oloroso a jazmines. No volvió a separarse de mí y me consideré feliz como nunca.

Sólo cuando ya todos se hubieron retirado del salón, y en el momento en que me dirigía a mi cuarto, pasó junto a mí una sombra rápida, que, asiéndome de una oreja, tiró de ella brutalmente. Sofoqué un grito y busqué a tientas a mi cobarde agresor. Sentí un vago ruido, semejante al rumor de las alas buitre, y luego golpe del zaguán cerrarse.

XI

En la tarde siguiente, mientras ensayábamos un trozo de la Gioconda, cayó Luz desvanecida en brazos de Edwig. El doctor Sáenz, que la examinó después, dijo que se trataba de una ligera indisposición cerebral, y que la fiebre cedería pronto.

A las nueve de aquella noche mi madre dormía en un extremo de la estancia de la enferma y yo me hallaba sentado a su cabecera. Tenía entre mis manos una de las de Luz, pálida y ardiente; y contemplaba su rostro querido, inmóvil sobre la almohada, con labios entreabiertos y los cabellos en desorden.

Repentinamente, en el silencio, sonaron dos fuertes golpes en el portón. Luz abrió los estremeciéndose.

—¡Es él! —exclamó junto a mi oído, con voz sorda—. Toma el crucifijo de marfil que está sobre la mesa y no le dejes entrar. ¡Échale, Rogerio! ¡Eres inocente y puro y puedes hacerlo! ¡Arrójale para siempre de esta casa!

Yo me levanté, sin comprender apenas, e hice lo que me decía. Al atravesar la puerta tuve la segura intuición de que algo misterioso y terrible pasaba en mí, a mi alrededor, y fuera de la vida. Avancé lentamente y me quedé a dos pasos del zaguán, escuchando.

En la calle reinaba la obscuridad... Oí un ruido áspero y cavernoso como estertor de agonizante.

En un rápido ímpetu abrí el ancho portón, y el Padre Félix apareció en el umbral. El viento inflaba su negra capa, que hacia los costados se extendía como dos alas siniestras; y su peludo sombrero, del color de su rostro, semejaba un repugnante pliegue membranoso sobre el cráneo.

Me miró con extravío un segundo y dio un paso.

—¡Atrás, Lucifer! —grité, presentándole el Cristo—. ¡Atrás, malvado! ¡Fuera! ¡Fuera!

El fraile rio de una manera espantosa, y, retrocediendo, salió del umbral. Entonces yo, dominado por un interno impulso, avancé contra él violentamente, con el crucifijo en alto, pronunciando terribles palabras. Él continuó huyendo, dando increíbles saltos hacia atrás.

Pavorosamente, la capa se partió en dos partes, y vi que el maldito se alejaba por la calle negra sin tocar el suelo.

XII

Sonó la medianoche y mi madre se levantó bruscamente de la butaca.

—Vete a dormir, Rogerio —me dijo—. Yo haré lo mismo. Ya ves cómo Luz reposa como un ángel.

En efecto, la joven yacía en un dulce sueño. Su lindo rostro mostraba una absoluta serenidad. Salí sin hacer ruido.

Pasaron dos horas. Me revolvía en el lecho, insomne y febril. En el salón contiguo oí sonar leves pasos... No, nada. ¿Tendré miedo? Los rumores volvieron a oírse. Sentí de pronto un suave suspiro, un tenue perfume y unos brazos que dulcemente se enlazaron a mi cuello.

—Soy yo, Rogerio, no grites.

Encendí una lámpara. Y la miré a mi lado, muy bella y muy pálida. Tomé sus manos, que besé llorando.

—¿Qué te pasa, Lucita? ¿Tienes miedo?

—Óyeme —murmuró, con los ojos enloquecidos—. Me pasa una cosa horrible. ¿Sabes, Rogerio? Me voy a condenar.

—¿Tú? ¿Por qué?

Ella sollozó entonces, largo rato, amargamente.

—Habla, te lo ruego —le dije—. Me estás matando con tus lágrimas.

—Ese Padre Félix… desde la primera confesión está hundiéndome en el infierno. Ayer me horrorizó con sus ruegos viles y bestiales… No percibí que la iglesia hallábase vacía y las puertas cerradas… Él salió de repente del confesionario con los ojos casi fuera de las órbitas y la lengua colgante. Hui, llena de terror, lanzando agudos gritos. Me alcanzó y luché con él. Resbaló y cayó… Se puso de nuevo a perseguirme, con un ruido extraño en la garganta, como el de los gatos sobre los aleros en la oscuridad de las noches. Ya me daba alcance cuando tomé un crucifijo del altar y con él lo contuve. Entonces arrojó por el suelo los vasos, los paramentos y los libros sagrados. Derribó el cáliz y pateó hostias. Saltaba alrededor mí, revolando tenebrosamente. En un instante en que subió al altar, salí corriendo, como en un vértigo. Llegué a la puerta que da frente a la plaza, y escapé. El Cristo quedó sobre el umbral. Nada dije a mamá porque no me hubiera creído.

XIII

Cinco días después, al pasar una mañana junto al cuarto de mi madre, oí voces iracundas y sollozos. La puerta, con llave por el interior, impedía escuchar las palabras. Pero mi corazón me decía que los sollozos eran de Luz. Comprendí la escena como si la hubiera presenciado desde su principio.

Fui rápidamente a la estancia de mi prima y luego a la mía: me embocé en una corta capa para ocultar mis manos, y, vibrante de indignación, penetré en la alcoba de mi madre por la puerta que comunicaba con su oratorio.

Al verme entrar, Luz corrió hacia mí. Temblaba de pies a cabeza.

Doña Francisca no volvía de su asombro, mirándome parado frente ella, con el sombrero puesto y el aire altivo de mis antepasados. El Padre Félix, en pie, lívido, e inclinada sobre el pecho la curva nariz, estaba recostado en una mesa.

—¿Qué pasa aquí? —grité, con una voz ronca y profunda que no me conocía.

Mi madre, al oír aquella voz, se puso a temblar. Entonces yo continué con el mismo tono colérico y extraño:

—Oigan bien: Luz, contra su voluntad, no volverá jamás a las iglesias, profanadas vilmente por algunos clérigos infames. Y puesta, por la voluntad de Dios, bajo mi amparo, en lo sucesivo sólo dependerá de mí. Así lo ordena en su casa Rogerio de Mendoza, quien hoy arroja de ella a latigazos a fray Félix Aguilar, sacerdote impuro, condenado desde en vida en el más lóbrego infierno, en donde su alma de podredumbre se debatirá en terribles angustias por los siglos de los siglos.

Y sacando de la capa la mano izquierda armada de un látigo, y la derecha con el Cristo, azoté, implacablemente, una, dos, tres veces, el rostro del réprobo. Las facciones criminales se deformaron horriblemente. Permaneció sin moverse bajo los golpes, con las pupilas encendidas como dos brasas. Luego, dando un salto, y emitiendo de la convulsa boca una especie de ronquido subterráneo, escapó como un fantasma por la puerta entreabierta.

Mi madre se desmayó sobre su sitial.

Y no fue sino muchos años después cuando supe que la voz ronca y extraña con que pronuncié las palabras vengadoras era la de mi padre.

XIV

Desde aquel memorable día todo cambió en la vieja casa. El odioso fray Félix no volvió a parecer, mi madre recobró su dulce carácter, y Luz su alegría y su salud. Yo volví a ser el niño dócil a quien un suave gesto materno imponía una orden; aunque continué conservando, en lo recóndito de mi organismo, una secreta potencia que, en un momento supremo, podría surgir imperativamente.

Con placer observé que mi madre abandonaba, poco a poco, sus prácticas místicas. Ya no pasaba horas enteras en los templos y los eclesiásticos dejaron de circular por nuestros salones.

Volví ver mi catre infantil en mi antiguo cuarto, vecino de Luz; y de nuevo, como antes, oía su fresca voz darme buenas noches través de los cristales puerta. En las mañanas desapacibles en que el sueño me retenía en el lecho después de las seis, ella me despertaba, pasándome la linda mano por la frente. Era para mí gratísima esa caricia; y, más de una vez, por prolongarla, simulé que dormía.

Yo era muy nervioso y sensitivo, y cualquier emoción anormal me afectaba extraordinariamente. A pesar de mi precoz desarrollo físico, una susceptibilidad mórbida exasperaba mis pequeños sufrimientos.

Un domingo fueron de paseo nuestra casa los Sudermann, discípulos de Edwig, que ella introdujo en nuestras relaciones. Eran tres, dos jovencitas y un varón de quince años, alto y delgado, muy presumido y libre en su trato con sus amigas. Apenas vio a Luz, se quedó encantado de su belleza. No se apartaba de su lado, y cuando fuimos al jardín cortó un ramo de rosas, ofreciéndoselo galantemente. Lo rehusó, temerosa de desagradarme. Hermann lo arrojó al suelo, estropeándolo con los pies. Ella rio alegremente y las dos chicuelas le hicieron coro. Enfurecido, el muchacho quiso besarla, y corrió tras ella. Yo entonces me puse frenético, y a mi vez fui en pos de él, alcanzándolo cuando intentaba detenerla por un brazo. Lo agarré del cuello lo sacudí tan rudamente que cayó de bruces dos pasos más adelante. Asombrado de que yo, siendo más pequeño, me atreviera con él, se enderezó lívido de furor, con la cara llena de arena. Miraba a Luz y a sus hermanas, que ya no reían, y se quedó un momento silencioso. Pero súbitamente se arrojó sobre mí. Yo esperaba con los ojos chispeantes. Escurrí el cuerpo, y, al pasar rozándome el pelo, le asesté un violento puñetazo en la nuca que lo hizo de nuevo morder el polvo. Comprendiendo que mi fuerza y agilidad eran superiores a mis años, no intentó otro ataque. Recogió su gorra y se fue en silencio, con la cabeza baja.

XV

En los días de fiesta íbamos a los pueblos cercanos en un ligero carruaje tirado por un manso caballejo moro que yo mismo guiaba.

Me sentía orgulloso de pasear a mi linda prima, y lanzaba miradas de disgusto a los que se atrevían a seguirla con insistencia. Regresábamos al caer de la tarde. Genaro conducía el caballo a la cuadra, mientras mi madre escuchaba con atención el relato de nuestras impresiones.

XVI

Una mañana vinieron varios señores a invitarnos para un baile.

—Prepárate, hija, para que hagas tu estreno —exclamó la señora, cuando los hombres se fueron—. Es oportuno que aparezcas en los salones. Quizá pronto encuentres un novio de tu gusto.

Al oír tales palabras sentí como una puñalada en el corazón Y toda mi energía oculta saltó a mis labios.

—He dicho ya —repliqué, en un tono violento— que Luz depende sólo de mí. No necesita encontrar novio y no bailará jamás, porque no consentiré que la abrace ningún hombre.

—Dice bien Rogerio, mamá. No me atraen los bailes. No iré nunca a ellos.

XVII

El cuarto del abuelo, herméticamente cerrado desde fecha inmemorial, constituía uno de los más intensos temas de conversación entre Luz y yo. Una ardiente curiosidad despertaba en nosotros aquella estancia misteriosa que jamás se abría. Desde que tuvimos comprensión de las cosas, la alcoba en que vivió el gran Humberto se presentaba ante nuestros sueños como un mágico recinto del otro mundo, poblado de sombras y quiméricos objetos. Deseábamos descansar en alguno de sus centenarios sillones, anegándonos en el sutil aroma de antigüedad que despedirían los cortinajes. ¡Cuántas veces, al pasar frente a su puerta, en los anocheceres, creíamos escuchar vagos ruidos en su interior! Temblando nos acercamos a la cerradura, permaneciendo mudos y trémulos, con la cabeza sobre el frío círculo metálico. Yo fui solo en un radiante mediodía de junio, y estuve mirando largamente por el ojo de la llave. Un ligerísimo hilo de luz atravesaba la tiniebla. Concentrando toda mi atención, pude ver borrosamente algunos objetos indecisos: un armario negro, un atril de bronce, una larga espada pendiente de una argolla. Vi, o creí adivinar, en el rayo de lumbre, un gran león de melenas obscuras, que me miraba terriblemente con sus ojos sangrientos. Me abstuve desde entonces, de insistir en mi curiosidad. Pero ahora que empezaba a considerarme como persona enérgica y audaz, me asaltó con mayor vehemencia que antes, el deseo de entrar al cuarto alucinador. Con tan obsesiva tenacidad me perseguía esta idea, que me privaba del sueño. No pudiendo resistir a aquel ardiente anhelo, fui una noche a la alcoba de mi madre para confiarle mi angustia.

Encontré a doña Francisca repasando las cuentas de oro de un venerable rosario bendito por el Papa, y con los ojos fijos en una calavera que amarilleaba sobre el terciopelo sombrío de la mesa de noche. Estaba en pie, y en el vivo resplandor que irradiaba de los candelabros de bronce puestos sobre la alfombra, su cara tenía una doliente palidez cadavérica, realzada por la negrura de su bata de seda y de sus cabellos. No sintió mis pasos. Un suspiro que se escapó de mi pecho la hizo volverse. Al verme se puso aún más pálida, tan pálida que daba lástima. Se turbó a tal extremo, que con uno de sus brazos, que salía desnudo de una ancha manga de encajes, derribó uno de los candelabros. Se incendió rápidamente la punta de una cortina. Mientras yo apagaba la llama, arrojó la colgadura de terciopelo sobre la calavera. Más tranquila, me preguntó si me había quemado. Aunque empezaba a sentir un vivo dolor en la mano derecha, le contesté que no, con lo cual pareció serenarse por completo. Me hizo sentar en una silleta baja, a sus pies. Y me acarició los cabellos con aquella tenue suavidad sedante que fue una de las mayores delicias de mis primeros años.

Se sobresaltó cuando le expuse mi petición. Después, con su voz velada:

—Temo que tu capricho nos traiga una desgracia —murmuró—. Hace más de medio siglo que ese cuarto permanece así, por especial disposición testamentaria de tu abuelo. Ordenó que, por ese motivo, esta casa jamás debería pasar a poder de gentes extrañas.

Yo insistí dulcemente, besando con lentitud la punta de sus dedos y recostando mi cabeza sobre sus rodillas. Conocía muy bien cuán débil era su voluntad y cuán intenso el poder de mi corazón sobre el suyo.

—Hijo mío querido —suspiró—, tengo presentimientos muy tristes. Algo horrible nos amenaza. Si el sufrimiento te hiriera, yo moriría. Escúchame: en cincuenta años, sólo una vez se ha abierto esa estancia. Una tarde, en que tu padre se disgustó conmigo, por contrariarme penetró en ella, y se volvió loco. Tres días y tres noches estuvo dando espantables gritos. Las gentes, horrorizadas, se agrupaban en la calle, junto a los balcones. Vino el Padre Gregorio y se quedó solo con el enfermo. Los gritos fueron apagándose poco a poco. Una semana permaneció inmóvil sobre el lecho, rígido, con los ojos abiertos. En seguida murió...

Ávidamente escuchaba a mi madre, como si oyera el relato de un mal sueño. Mi curiosidad se hizo dolorosa.

—Dame la llave —le dije suavemente.

—¡Jesús nos favorezca! —gritó la buena mujer, exasperada, al fin, por mi insistencia—. Sí, te la daré, si lo exiges, Pero prométeme que no entrarás a esa alcoba sino después de medianoche, antes de que aparezca el alba. Oí decir en casa, cuando yo era pequeña, que a esa hora el peligro era menor.

—Te lo prometo.

Se levantó, y con su paso lánguido se dirigió a un extremo de la habitación. Extrajo de una antigua cómoda de ébano una llave larga y negra cubierta de herrumbre, que temblando puso en mis manos.

Yo la cogí, sintiendo un vago remordimiento por la pena que le causaba. Me dio de nuevo lástima verla así, tan envejecida, con un mechoncito de pelo gris sobre la frente y los ojos ojerosos.

Besé aquel rostro angustiado y salí de la estancia.

XVIII

Edwig llevó una tarde a dos muchachitas del colegio para que Luz y yo cantáramos con ellas una especie de coro encontrado entre sus viejos papeles. Era triste como una melodía litúrgica. La mayor de las chicuelas tenía la sonrisa de mi madre y sus ojos eran como mis ojos verdes. Luz lo notó; y, sin saber por qué, permanecí pensativo. En ese momento entraba doña Francisca, atraída por el dulce canto. Vio a la muchachita, y retrocedió, alejándose del salón.

XIX

Obsequié a Luz, en su cumpleaños, con algunas estrofas que escribí en una noche de luna, pensando en su gracia angélica. Edwig les puso música y yo las cantaba acompañándome con la guitarra. De ellas emanaba tan profunda melancolía que la primera vez que mi madre las oyó se le humedecieron los ojos.

Ella y Luz lloraron entonces con las cabezas juntas y yo terminé mi canción con un sollozo.

Oí murmurar a Edwig, al despedirse:

—Señora, es un niño extraordinario... Sabe conmover hondamente con su voz y con sus versos. Si cultiva su talento para la poesía y la música, será un gran hombre.

Luz también la oyó. Y me sentí feliz.

XX

Genaro nos manifestó que él sabía un grave secreto. Lo instamos vivamente para que lo dijera; pero se negó.

—¿Será pecado —repuso— guardar este secreto?

Yo le aseguré que sí; y, después de un breve silencio, prometió quitarse de encima aquella pena.

—Mañana lo diré.

Fuimos en la tarde. Él encendió su pipa y después de suplicarnos que a nadie confiásemos una palabra de lo que nos iba a contar, estuvo inmóvil, recordando:

—En 1794 nací en esta ciudad, en el mismo año que don Humberto, a quien devoró un león en Asia, hace más de medio siglo. Él contaba entonces cuarenta y seis años... ¿En dónde es La India? Debe de hallarse a muy remota distancia de Guatemala, porque la noticia de la muerte de mi señor llegó a su patria mucho tiempo después de haber acaecido.

Crecí en esta casa entre la vieja servidumbre, de la cual soy el último superviviente. Acompañé al noble caballero en muchas de sus audaces aventuras, y en más de una ocasión escapé de dejar la piel en manos de sus mortales enemigos. Porque tenía feroces adversarios por docenas, a causa de su carácter burlón y pendenciero y de sus continuos amoríos, en que no respetaba ni a doncellas, ni a viudas, ni a casadas. Le juzgarán ustedes por la siguiente historia:

Leonorcita Moreira era la más linda mozuela de La Antigua. ¡Jamás miraran mis ojos otra criatura tan bella! El licenciado Carlos Santisteban, honra del foro nacional, iba tras su paso, loco de amor.

Después de un asedio tenacísimo la obtuvo en matrimonio, a pesar de que, en la calle, frente a los balcones de la hermosa, resonaron, con asidua constancia, las espuelas de oro y el espadín de don Humberto. Éste, que acabara de enviudar, era entonces un mozo guapísimo, tal como está en el retrato del salón. Él acostumbraba a retratarse luciendo los antiguos trajes pintorescos de los caballeros; y hasta los usaba, en ocasiones, despreocupadamente, en la vida normal. Todos pensaban en la gallarda pareja que Leonor y él formarían. Pero es el caso que el otro, en una diamantina mañana, se casó en La Merced con aquella preciosa muchacha, que aún no contaba quince años...

—Menor que yo— interrumpió Luz.

—Sí, menor.

—Y mi abuelo, ¿qué hizo? ¿Se dejó quitar la novia?

—Espérese, niño Rogerio, ya verá. La víspera del matrimonio, poco después de las once de la noche, algunos vecinos vieron a mi señor recostado en uno de los balcones de la casa de Leonorcita. Parecía muy triste, todo él envuelto en la negra capa. Aunque alguien me aseguró que las maderas de la ventana no estuvieron del todo cerradas y que el taciturno caballero gozó de grata compañía. A la siguiente mañana, durante la solemne ceremonia nupcial, él se encontraba en pie, inmóvil cerca del primer altar. La iglesia contenía a la más brillante sociedad antigüeña, y muchas sonrosadas caras juveniles se volvían hacia don Humberto, con expresión de irónica piedad. Él continuaba impasible, mirando altivamente los hombres atusándose los negros bigotes. La ceremonia terminó, comenzó el desfile hacia la residencia de la novia. Leonor iba pálida como la muerte, y su velo semejaba un sudario. Todos los ojos buscaron a su desventurado rondador; pero éste había desaparecido.

La numerosa comitiva avanzó por la calle entre una compacta muchedumbre. De las puertas y balcones arrojaban flores a los desposados.

Ya se veía el portón de la casa nupcial lleno de gajos de rosas y de ramas de azahares, cuando un formidable estruendo dejó oír de pronto, y apareció en esquina cercana al antiguo templo de Santa Clara una numerosa cabalgata, a cuya cabeza, rigiendo un indómito potro negro, y luciendo un magnífico traje, avanzaba don Humberto de Mendoza.

Eran cincuenta caballeros con antifaces de terciopelo azul y con las espadas desnudas en la diestra. Sólo el jefe tenía el acero en la vaina y el rostro descubierto.

El grupo se paró en medio de la calle. Todos los jinetes echaron pie a tierra. Se hizo un profundo silencio.

Entonces don Humberto avanzó tres pasos y exclamó con su fuerte voz vibrante:

—Licenciado Santisteban: esta dama que has llevado al altar , óyelo bien, jamás será tuya. Me quiere desde que aún estaba en la infancia, y si ha podido aceptar tu mano fue, únicamente, por la presión despótica de tu familia. Es mía, y me la llevo... ¿No es así, Leonor?

La joven, casi desmayada en los brazos de una amiga, movió la gentil cabeza, afirmativamente.

Carlos Santisteban se interpuso, lívido de rabia, entre su esposa y mi señor, deshojando una ancha daga toledana que sacó de su cinturón. Pero don Humberto saltó sobre él con la agilidad de un tigre, y dándole un rápido puñetazo en la frente, le hizo rodar sobre las piedras.

Los hombres volvieron a montar y dispersaron a cintarazos a la multitud, mientras su jefe, sin perder un segundo, colocaba sobre su corcel a Leonor. En el instante en que partía, el novio, vuelto en sí del violento golpe, le apostrofó con estas duras palabras:

—¡Cobarde! Tu hazaña es de matón y no de hijodalgo. ¡Con la espada y no con el puño plebeyo quisiera verte enfrente de mí!

El raptor, al oírlo, detuvo, con un portentoso esfuerzo de su brazo derecho, el alto corcel encabritado, que al cambiar de rumbo se paró, en un ímpetu soberbio, sobre las temblorosas patas traseras.

Y en esta épica postura de centauro, que hizo temblar de admiración y pavoroso asombro a los espectadores, contestó:

—Santisteban, juro por mi alma que te daré la satisfacción que deseas. ¡Ve, pues, preparando tu testamento, porque también te juro que morirás a mis manos!

Y después de pronunciar, con metálico acento, tan arrogantes palabras, hizo girar, con un hábil golpe de rienda, su caballo, que, arrancando chispas del empedrado con sus férreos cascos, se lanzó ciegamente en una carrera alucinante.

Los cincuenta enmascarados partieron, con la fantástica velocidad del relámpago, tras de su jefe. Y los antigüeños vieron, como en un vértigo febril, pasar la estruendosa cabalgata como un huracán, dejándoles la impresión quimérica de un torbellino obscuro volando en pos de una falda blanca...

El viento arrebató el velo de la novia, que, después de revolar a gran altura sobre los tejados, fue a prenderse en la cruz de hierro de la torre de La Merced. Allí estuvo durante mucho tiempo, hasta que, en una tenebrosa noche de borrasca, un rayo, que no hizo daño alguno a la iglesia, lo convirtió en cenizas.

El viejo calló, y se puso a mirar vagamente las copas de los pinos.

—¿Y Leonor, Genaro? ¿Qué fue de ella?

—No sé, no sé... —murmuró confuso, como arrepentido de haber hablado.

Pero pronto se repuso de aquella ligera turbación, y, como obedeciendo a un súbito deseo de contarlo todo, continuó:

—Poco tiempo después de aquel audaz rapto, que conmovió a toda la ciudad, se supo que don Humberto, contra quien fueron perfectamente inútiles todas las enérgicas órdenes de captura y las activas persecuciones del esposo burlado, se encontraba en camino del Asia. Sus haciendas y sus fincas valían millones de duros y su representante le enviaba enormes cantidades.

Pero, ¡vean qué cosas tan raras...! Una noche, dos años transcurridos de lo que dejo relatado, oí un murmullo de voces en el cuarto de mi señor. Toda la casa estaba vacía. Yo, que era el encargado de cuidarla, dormía en una caseta de madera, semejante a la que ahora ocupo, situada en la calle de los eucaliptos. Me vestí y avancé por los corredores sin temor alguno. Me detuve frente a ese cuarto que nunca más he visto abierto, y oí, con absoluta claridad, una acalorada discusión que terminó en anhelantes y tristísimos sollozos de mujer. En la voz del hombre reconocí la de don Humberto. Reinó un breve silencio y luego escuché un grito angustioso que llenó de pavor mi espíritu. Nada más. Al día siguiente inspeccioné la puerta de aquella cámara. La cerradura estaba intacta, llena de telarañas. ¿Había soñado? ¿Fue todo una pesadilla? Lo ignoro.

Pasó todavía otro año... La casa continuó solitaria, sumida en el silencio. Yo vegetaba tranquilamente, cultivando legumbres en este jardín. Llegó enero y las noches eran límpidas y azules. Los frescos follajes se llenaban de claridades y bajo los árboles se movían las sombras. En una de esas noches tibias y misteriosas, quizá la más diáfana, me quedé dormido en uno de los bancos de piedra, cuando me despertó el rumor de unos pasos. Me incorporé con el oído atento. Un grupo de hombres avanzaba en la dirección en que yo permanecía. Me deslicé tras de un copudo plátano, y pasaron sin verme. Llegaron hasta el ángulo de la pared en donde hay un claro del boscaje en forma circular. Eran seis. A pesar de hallarme a pocas varas de aquel sitio no pude saber lo que hablaron. Aunque tal vez no hablasen. Lo más probable es que guardaran silencio.

Dos de ellos avanzaron y recibieron de los otros, embozados y enmascarados, dos largos aceros.

Arrojaron a tierra las capas y se atacaron e impetuosamente. Entonces reconocí en los que combatían a don Humberto y a Santisteban.

La lucha fue corta. Hubo un instante en que mi señor desarmó a su contrario; pero gallardamente se inclinó, recogió el acero y lo entregó a su dueño. Éste, en pago del acto hidalgo, vilmente le atravesó el pecho, antes de que recobrara la posición que perdiera para recoger la espada. Cayó aquel héroe de espaldas, arrojando por la boca un raudal de sangre.

—¡Cobarde! ¡Cobarde! —exclamé, fuera de mí.

—Sí, traidor y cobarde. Pero, espere un poco. Espere.

Esto que cuento parece imposible... Viendo Santisteban a su aborrecido rival agonizando, se mofó de él como un villano. Más he aquí que el caballero, con un esfuerzo supremo, se levantó de un salto. Se cruzaron de nuevo rápidamente las armas ante la profunda admiración de los enmascarados. Don Humberto paró un golpe, y, fulminante como un rayo, cayó sobre su enemigo, partiéndole el corazón de una fiera estocada. Ambos rodaron entonces de bruces para no levantarse más...

Yo caí sobre la yerba en un desmayo. Cuando desperté, los cuatro hombres terminaban la excavación de dos fosas paralelas. Para ese trabajo se aprovecharon de mis herramientas, que encontraron al pie de un árbol. En la fosa, junto al muro, echaron a don Humberto, envuelto en su capa; y en la otra metieron a Santisteban. Observé todos los detalles del doble entierro. Arrojaron las espadas en los hoyos: una de ellas tenía la punta rota. Los dos cadáveres llevaban en los dedos gruesos diamantes. Los enmascarados saltaron después a la calle por un desquiciamiento del muro.

Toda la tremenda escena revistió de un carácter tan fantástico que, aún viéndome despierto, me consideré juguete de una pesadilla. Me refugié en mi estancia; pero me fue imposible dormir, dominado por un miedo angustioso que hacía saltar mis mandíbulas. La luz del sol me reanimó. Corrí al lugar de la tragedia. Ni una mancha de sangre, ni la más leve huella de pasos; nada encontré que me hiciera creer que no había delirado. Apenas, sobre la yerba, dos ligeras bóvedas de verdura, de esas que hacen pensar en las tumbas recientes.

Ese mismo día recibí una carta de don Luis de Mendoza, que se encontraba estudiando en España. Me decía en ella que su padre había perecido, hacía un año, cazando leones en la India; y que él preparaba su regreso a Guatemala. Esa carta llegó a mis manos seis meses después de la fecha de remisión. Hacía, matemáticamente, año y medio que mi señor muriera en Asia cuando lo vi enterrar en este jardín; y seis meses transcurrieron desde su fin trágico en la cacería hasta la noche en que oí su voz en su cuarto. ¿Cómo explicarme tales cosas, atormentadoras y extrañísimas? ¿Qué hay de verdad en todo esto? ¿Estaré loco?

Debo decir que, varias semanas después del terrible duelo, al romper con el azadón un pedrusco que obstruía las raíces de un peral, saltó de una hendedura un objeto sonoro que me hizo estremecer y que vino a confirmar mi creencia de que estaba en pleno juicio cuando presencié el desafío. Lo recogí a pocos pasos del siniestro lugar. Helo aquí.

Y nos entregó la punta de acero de una espada, brillante como un trozo de espejo. Los dos, con un leve temblor en los dedos, retuvimos el misterioso fragmento metálico.

Luz dijo:

—¡Qué frío está!

La emoción me impidió hablar. Tras un esfuerzo, exclamé:

—Genaro, enséñanos las tumbas.

El viejo se levantó y se puso a caminar. Nosotros le seguimos.

Caía la tarde y el jardín se poblaba de resplandores de oro. En la avenida de los cipreses había ya alguna sombra. Cantos de pájaros lejanos llegaban a nosotros. Un lucero pálido brilló hacia el sur en el límpido cielo. Nuestro guía se detuvo cerca de dos oblongos espacios de tierra, que él piadosamente sembrara de jaramagos y florecillas azules.

—Aquí es —dijo, quitándose el sombrero. Nosotros nos arrodillamos en silencio.

XXI

En un anochecer fui al templo de San José para depositar una limosna de mi madre. Cuando salía miré al Padre Félix con un libro en la mano. Una lámpara iluminaba su rostro, abismado en las páginas. Me paré a contemplarlo con repugnancia. Amarillo y negro a un mismo tiempo, flaco hasta lo inverosímil, con los pómulos agudos rompiendo la piel árida, y las manos como garras, me pareció una enorme alimaña venenosa cubierta con un trapo de luto. Su larga nariz, desprendiéndose como una línea maléfica de la angosta frente llena de arrugas, hacía evocar el pico de las aves rapaces, y sus labios descoloridos y sanguinolentos murmuraban las palabras serenas de las oraciones.

Pasé junto a él, pero no levantó los ojos.

Poco después supe que aquel clérigo carnívoro tenía fama de santo y que desempeñaba un curato en un pueblo de la Alta Verapaz.

XXII

—¿Qué crees tú? —me preguntó un día Luz—. ¿El abuelo está enterrado en el jardín o lo devoró el león?

Yo medité un poco.

—Creo que está en el jardín.

—¡Quién sabe! —añadió ella, pensativa.

XXIII

Luz llenaba de flores los grandes vasos de plata de los salones y del comedor. Juntos recorríamos en las claras mañanas la parte del jardín antiguo cultivado por Genaro; y en su falda azul caían las rosas, los geranios y los claveles. Ella conocía el secreto de armonizar mágicamente los colores y tejía ramilletes delicados que se deshojaban en el oratorio. ¡La recuerdo tan blanca, tan fresca tan pura, con su ligero traje de lino, en el cuello una cintita verde y sobre el corazón un ramo de violetas! La veo siempre así, como cuando salía del baño después del desayuno, sonrosada y esbelta. Ella será entre las flores la más fragante. Olía su cabellera a azahares recién cortados y adonde ponía la pálida mano dejaba un tenue perfume.

XXIV

Por aquel tiempo partimos para la capital. Mi madre ofreció pasar un mes con sus hijos en casa de sus amigas N* y el viaje se arregló en un momento. ¡Cuánto gozamos aquella mañana! Íbamos cabalgando sobre hermosas mulas de nuestra hacienda *El Pinar*, y a cada minuto nos deteníamos para gozar del paisaje maravilloso que se desarrollaba hasta el horizonte. El tiempo era espléndido. Semejaba el cielo un metálico espejo azul; y un suave viento cargado de resinas azotaba nuestros rostros. Luz se veía muy guapa con su largo traje de paño verde mirto, su sombrerito florido de botones de rosa y su velo blanco. Su mula trotaba al lado de la mía, un poco atrás de la de mamá.

Descendimos rápidamente la Cumbre de San Lucas y almorzamos en San Rafael. Nos encantó ese lugar y la pequeña casa, olorosa a eucaliptos. Recorrimos su jardín y sus alrededores. Pronto divisamos a lo lejos la bella capital, con sus altas torres resplandeciendo bajo el sol. Nos emocionaba el espectáculo de la ciudad desconocida que se ofrecía a nuestros ojos ávidos.

Caminamos en silencio, con la mirada errante en la lejanía, un poco tristes sin saber por qué. Inmóviles miramos, una vez más, hacia el sur el azulado lago de Amatitlán y la ondulante línea de montañas, y hacia el oriente las remotas serranías de Puerta Parada y de Pinula.

Un grato frescor acariciaba nuestras cabezas. Todo parecía gozar en la magia del día diamantino.

Atravesamos la Cuesta de San Rafael y el pueblo de Mixco. En el Guarda Viejo nos esperaba la familia N*. Se componía de dos señoras mayores, hermanas y viudas; de un joven de veinte años, Federico; y de una chicuela, Rosa, rubia y elegante. Doña Laura era la madre; la otra, doña Manuela, no tenía hijos. Después de las primeras charlas cordiales, las señoras nos advirtieron que había dos carruajes.

Entramos en uno doña Manuela, su sobrina y yo. En el otro se sentaron doña Laura, mi madre, Luz y Federico. Recogieron los cocheros los equipajes y nuestro criado regresó, llevando las mulas.

En el momento en que los carruajes se ponían en marcha, oí exclamar a doña Laura:

—¡Pero, por Dios, qué linda es esta Lucita! No nos imaginábamos que fuera tan encantadora. ¡Y qué gentil pareja haría con Federico!

No pude escuchar lo que éste añadió, porque los caballos arrancaron en un trote pesado que sofocó las voces.

Rosa miraba sonriendo mi semblante sombrío. Me preguntó mil cosas de La Antigua y me hizo algunas confidencias en voz baja. Tenía un novio llamado Adolfo. No era feo. Pero yo le parecía mejor. Alabó mis ojos y mis cabellos y toda mi figura.

—¿Cuántos años tienes? —me interrogó.

—Quince.

—Esa es mi edad. Vamos a divertirnos mucho. Ya verás.

XXV

Jamás, mientras viviera, olvidaría el mes que pasamos en casa de la familia N*. Fueron para mí cuatro semanas de negras torturas, en las que mi corazón estuvo cien veces a punto de estallar. Yo mismo me sorprendía de la impetuosidad salvaje de mis emociones, de la aguda violencia de mi temperamento apasionado y de mis celos mortales en una edad en que las pasiones permanecen aún adormidas.

Federico era un mozalbete ignaro y presuntuoso, que empezó a perseguir a Luz desde que la vio. Impulsado por su madre —que veía en mi prima un buen partido— no perdió ocasión de estar junto a ella, en la mesa, en el salón, en los paseos. Entonces comprendí mejor que nunca todo lo que valía el alma de mi amiga de la infancia. A pesar de encontrarse en un anormal ambiente de adulación, entre amables personas que la impulsaban hacia Federico, éste fue rechazado fríamente. Yo jamás pude advertir en ella, ni aún dominado por la sutilidad enfermiza de mi idiosincrasia, la más insignificante coquetería. Me conocía como a su propio espíritu, y siendo ella misma tan apasionada como yo, comprendía mi secreta tortura y la dulcificaba a cada momento.

—Domínate un poco tiempo más —me decía—. Pronto volveremos a nuestro paraíso de La Antigua.

Nunca fuera conmigo tan cariñosa. Pasaba en mi cuarto las horas de que podía disponer; y cerca de ella una dulce paz llenaba mi corazón. Mi carácter asombraba a la familia N*.

—Es bello e inteligente, pero demasiado adusto y pensativo —murmuraba doña Laura.

—Por sus maneras parece un viejo —añadía la hermana.

Con Federico no cambié jamás dos frases. Nos rehuíamos hostilmente. Sólo Rosa me encontraba a su gusto y me quería. Era buena y suave y me obsequiaba con ligeros pañuelos perfumados y con flores marchitas que para mí se quitaba de sus blondos cabellos. Creo que hasta intentó besarme. Pero yo la miré siempre con la más discreta indiferencia.

¡Paseos de La Reforma y del Hipódromo, domingos sonoros del Guarda Viejo, tardes de los conciertos en la Plaza de Armas y en el Cerrito del Carmen! ¡Estruendosas corridas de toros! ¡Con qué horror los miraba llegar y de qué ingratos recuerdos llenaste mi alma! En esos paseos, fuera del eterno Federico, un grupo de mozuelos atrevidos iba tras de Luz y yo temblaba de cólera a cada mirada que le dirigían... Porque, en verdad, era deliciosa Lucita, con sus nuevos trajes blancos, azules o rosas, sus zapatillas delicadas de finos tacones y sus sombreritos gráciles de paja flexible. ¡Era linda, linda como ninguna, con su boca de clavel y sus bucles negros y sus ojos límpidos puros! Toda su persona era un radiante encanto, una magia armoniosa y divina, con su sonrisa y sus hoyuelos, y su elegancia su inocencia. Por donde pasaba la seguían rumores de admiración y en el teatro su llegada era un acontecimiento.

¡El teatro! De todas las múltiples impresiones de que se impregnó mi espíritu en aquellos días excepcionales, sólo del teatro conservo memoria gratísima... *¡Tosca!* La primera vez que la oí, en un absoluto recogimiento de ánimo, estuve en peligro de caer enfermo. Aquella música inefable, cálida, trágica, luminosa y dulcísima, surgiendo del drama de potente amor imperecedero, despertó en mí emociones tan recónditas y vibrantes que desorganizaron mis nervios. Por nuevos cauces de tormento corrió entonces el amargo raudal de mis tristezas y toda mi taciturna melancolía se exacerbó de manera intensa y cruel.

Sin embargo, aquella súbita conmoción íntima me produjo una ventura extraña, una especie de voluptuosa pesadumbre, que me adurmió como en una hamaca de frágil seda.

Fausto, Mignon y Carmen completaron el encanto imponderable que jamás debía olvidar. En las escenas culminantes, Luz inclinaba hacia mí el rostro conmovido y nuestras manos se unían en una elocuente presión. Atónitas y deslumbradas se contemplaban entonces nuestras almas.

XXVI

Una noche en que regresábamos del teatro, a pie, para gozar de la frescura de la hora, —según el deseo de mi madre—, oí una frase que me indignó profundamente.

Luz marchaba adelante con Federico. Yo iba detrás con Rosa. Mi prima tropezó y su compañero le ofreció el brazo, que no fue aceptado. Como mi madre se enterara de la negativa, alzó la voz:

—Luz, dale el brazo a Federico.

—No te molestes, mamá. Voy bien así.

—Dale el brazo. Puedes volver a tropezar.

—No, mamá. Gracias.

El mozalbete dijo entonces, con el acento trémulo, casi al oído de Luz:

—Usted me rechaza por darle gusto ese chicuelo orgulloso, a quien yo debería castigar por insolente.

Ella retrocedió en el acto y fue a reunirse con las tres señoras que venían atrás.

Yo me adelanté y me puse a un lado de Federico. Caminamos algunos pasos en silencio. Procuraba serenarme.

—¿Cuándo cumplirá usted su promesa? —le interrogué, impetuosamente—. ¡Vaya, aquí me tiene! ¡Estoy esperando el castigo!

Con rapidez saqué de su vaina de terciopelo un puñalito antiguo comprado el día anterior.

Federico miró el arma con sorpresa...

—¡Cumpla su palabra, cobarde! —grité, asestándole un violento golpe en la cara con el puño cerrado sobre el pomo de marfil.

Acudieron azoradas las mujeres y nos alejaron. Al día siguiente regresamos a La Antigua.

XXVII

Me sentí como nunca venturoso respirando de nuevo el aire balsámico de nuestro jardín.

Bravonel salió a nuestro encuentro, ladrando de alegría. Y jugué con el viejo animal como en mi infancia. Era un perro de una caducidad venerable, que miraba a veces como puede mirar un hombre, y que parecía comprender muchas cosas.

No veíamos a Genaro. Lo descubrimos junto a un matorral de heliotropos, acurrucado sobre el césped, con la flácida cara llena de arrugas y de risas. Pensó asustarnos; pero le gritamos que había sido descubierto. Entonces soltó un bulto inquieto que apretaba entre los brazos y una venadita salió corriendo y se puso a lamer las manos de Luz.

—Esta es la sorpresa que les tengo —exclamó, radiante.

¡Bello animal color de fuego con puntos blancos! Tenía los ojos húmedos e inocentes, las orejas como lanzas y el hociquillo negro y brillante. Los cascos agudos, de una dureza de acero; y meneaba la cola como las ardillas.

Luz echó a correr y el pequeño cuadrúpedo fue tras ella, dando saltitos ágiles y graciosos. Los tres reímos alegremente.

XXVIII

Transcurrieron días dulcísimos, en que la existencia se deslizó para nosotros como en un cuento de hadas. Las horas fugaban rápidas como las sombras. Después de nuestro regreso de la capital, mi ternura por mi amiga se hizo más intensa. Anhelaba darle toda mi sangre. Ponía mi alma a sus pies. No me cansaba nunca de mirarla ni de oírla. Con frecuencia me arrodillaba a su paso, besando su falda. Era una adoración absoluta de todo mi ser por su fragante gracia virginal. Hundía, a veces, mi rostro en su seno, y escuchaba su inocente corazón, resonando como un reloj profundo. Ella reía de mis apasionamientos, acariciándome con dulzuras casi maternales. Éramos puros de alma y de cuerpo. Una perfecta ingenuidad inspiraba nuestros actos.

—¿Qué será de nosotros cuando tú ya no seas un niño? —me preguntó una vez, con los ojos fijos en los míos.

—¿Qué será de nosotros? —repetí asombrado—. Viviremos, como ahora, siempre juntos.

—Soy un año mayor que tú. Envejeceré y dejarás quererme.

—¿Cómo puedes imaginarte semejante cosa, Lucita? Te prometo que, al cumplir veinte años, me casaré contigo; o antes, cuando tú lo desees...

—Mamá puede oponerse.

—¿Por qué? Ella sabe que eso tiene que suceder y será feliz viéndonos dichosos.

Ratificamos en lo interior de nuestros corazones este compromiso, que encerraba todo nuestro destino.

XXIX

Salíamos algunas tardes de paseo. Descansábamos en la Alameda de Santa Lucía o en cumbre del Cerrito del Manchén. Yo, que cumpliera recientemente diez y seis años, era robusto y más alto que ella, y me sentía lleno de orgullo a su lado. Usaba pantalones largos desde la víspera del último corpus. Los amigos nos saludaban al pasar, empleando familiarmente nuestros diminutivos.

—Adiós, Lucita. ¡Va usted muy guapa!

—Rogerito, buenas tardes. Recuerdos a mamá.

Y nosotros oíamos con placer aquellas frases de fórmula, gozando con la admiración que causaban nuestra juventud y nuestros trajes elegantes.

—¡Qué raro te ves con esos pantalones grises! —exclamó un día Luz—. Me sorprendes cuando te acercas. Pareces otro.

—¿No te gusto así? —pregunté, algo resentido.

—¿Gustarme? Siempre me gustas, y quizá más ahora.

Comprendí que dijo estas últimas palabras para desvanecer mi susceptibilidad y que le agradaba más mi traje corto. Pero luego se acostumbró a mis pantalones de géneros claros, que yo doblaba en los extremos sobre los relucientes zapatos de charol.

Desde, la terraza del jardín se veían en todo su esplendor los volcanes, que nos extasiaban con sus moles enormes.

—A fuerza de ver eternamente estos magníficos paisajes nos hemos acostumbrado a no impresionarnos con su belleza. Crecimos corriendo entre las ruinas y no comprendemos su valor. Y hasta nos burlamos de la ardiente admiración del viajero ante el mágico panorama de esta ciudad y ante el tesoro legendario de sus escombros.

Yo la oía con placer, y ratifiqué sus frases.

—¿Así será todo en la vida? —continuó—. ¿Que todo lo que vemos continuamente pierde a nuestros ojos su íntimo encanto?

—Quizá suceda esto en nosotros respecto a las cosas inanimadas —contesté—. Pero no entre los seres que se aman. Yo lo digo con perfecta certeza, no me aburriría nunca de verte. Aunque pasara siglos mirándote, siempre hallaría en ti un nuevo, encanto. Y aunque ese nuevo encanto no apareciera a mis ojos, la gracia primordial que inspiró mi ternura no podría desvanecerse jamás.

Nos abismábamos durante semanas enteras en la lectura. Devoramos centenares de novelas y volúmenes de versos que un librero de la capital nos remitía periódicamente por encargo verbal que yo le hiciera. Con una sonrisa benévola acogía mi madre las facturas mensuales que le enviaba el corresponsal antigüeño. Y acomodaba en una estantería elegante, que colocó en mi cuarto, los lujosos tomos de pastas de colores o las modestas ediciones en rústica.

Con el catálogo en la mano, Luz señalaba con lápiz rojo las obras que debería pedir.

Un sutilísimo instinto de belleza dirigió nuestro gusto literario por la senda única de melodía y de pensamiento. Y si en nuestro amanecer mental olvidábamos los libros científicos, las obras de arte que leíamos eran sanas y útiles. Recuerdo, entre cien, las novelas que más nos entusiasmaron: *El Ensueño,* de Zola; *El amigo Fritz,* de Erckmann-Chatrián; *El Abate Constantino,* de Halévy; *El pescador de Islandia* y *El casamiento* de Loti, de Viaud. Libros olorosos a retamas y a violetas de los campos, melancólicos y profundos o impregnados de un bello optimismo. Nos atraían, sobre todo, de irresistible manera, las narraciones sobrenaturales, y, entre éstas, los cuentos de Poe. La maravillosa celebración del mayor poeta de las

Américas encantó nuestras almas, con sus insuperables relatos fuera de la vida, más allá del normal círculo en que nos agitamos. Luz recitaba algunos de sus poemas extraños, con un encanto singular y casi fúnebre. *Ulalume, Annabel Lee, Berenice,* vibraban en sus labios con melodías de ultratumba que hicieran estremecerse a Edwig y ponerse nerviosa a mi madre.

Fue entonces cuando pude apreciar, en todo su valor, el talento complejo y exquisito de mi amiga. Una nueva faz de su rara personalidad vino a hacerla aún más querida a mi corazón. La admiraba más ahora por su asombrosa flexibilidad mental y espiritual para asimilarse el dolor y la trágica desesperación de los grandes poetas. Ella, dirigida por maestros comprensivos de este arte supremo, hubiera llegado a conquistarse una gloria eminente. Una noche, en el salón, nos inmovilizó de asombro y de pavor, con el lúgubre relato de *Ligeia.* Aprendió, virtuosamente, de memoria, la prosa sobria, elegante y sonora que Verneuil tradujo del francés. Habría ella deseado conocer la lengua inglesa para realizar la traducción directa, evitando así que el pensamiento inicial se modificara en parte al pasar por el tamiz de dos idiomas. Tuvo que conformarse con la versión citada, hecha de la de Baudelaire. Luego que retuvo fielmente el mágico poema, aprendió a decirlo con su voz grave y musical, que, en ciertos pasajes, tomaba inflexiones ligeras, melancólicas, exasperadas, profundas y roncas. A veces su acento semejaba un rumor cristalino, y de pronto se volvía sordo y opaco, o frenético y áspero. Era, ya un cántico de oro, ya un solemne son taciturno, ya una gélida elegía torturante. Cuando levantaba al cielo los cándidos brazos para expresar el horror desesperado de *Ligeia,* su actitud sobrenatural, la magnética expresión de su faz y la fúnebre entonación de sus palabras, causaban en nosotros un verdadero sufrimiento.

"¡Oh, Dios mío! ¡Oh, Padre Celestial! ¿Se habrán de realizar esas cosas irremisiblemente? ¿No será jamás vencido ese Gusano conquistador? ¿No somos una parte y una partícula de Ti?".

Y al terminar la pavorosa lucubración, su acento se volvía recóndito, como arrancado de las infinitas profundidades del yo. Luego florecía de pasión resplandeciente, de lóbrega duda, de amarga y suprema certidumbre. Las últimas palabras inmortales nos causaban un escalofrío:

"Pero.. ¿había crecido mi esposa durante su enfermedad?".

¿Qué indefinible delirio se apoderó de mi al concebir esta idea? De un salto caí a sus pies; pero ella se retiró a mi contacto: desprendió su cabeza del horrible sudario que la rodeaba, y entonces se desbordó en la atmósfera de la habitación una masa enorme de largos cabellos desordenados: ¡eran más negros que las alas de la noche, más que el plumaje del cuervo! Y vi que los ojos de aquel rostro lívido se abrían lentamente.

"¡Al fin! —exclamé con voz sonora—. ¿Podría engañarme yo jamás? ¡He ahí los ojos admirablemente rasgados, los ojos negros, los extraños ojos de mi amor perdido, de mi adorada Ligeia!".

XXXII

Cada día confirmaba mi juicio del extraordinario valer moral e intelectual de mi prima. La adoraba más a medida que, ahondando en el arcano conocimiento de su espíritu, sorprendía nuevos tesoros inestimables.

La mujer, en nuestras rudimentarias sociedades, salvo excepciones rarísimas, es inepta para la comprensión de la vida del pensamiento. Carece de ese sutil instinto para el arte, de donde directamente arrancan las ciegas vocaciones que hacen a los poetas, a los pintores o a los músicos. Es casi absoluta su ignorancia del proceso evolutivo de la Idea universal. Por el medio hostil en que se desarrolla, por la fría indiferencia que la rodea, y por otras múltiples causas de detalle, es refractaria a todo lo que se relaciona con las Letras. Sin criterio concreto y definido, lee los libros que la casualidad pone en sus manos, buenos, malos o mediocres; impulsada frecuentemente por su curiosidad de descubrir lo que en la vida práctica no podrá saber antes de su matrimonio. Pero sin darle importancia alguna a la obra literaria por sus méritos de forma o de fondo. Para ella valen lo mismo las novelas de Ohnet y Carolina Invernizzio que las de Daudet y Selma Lagerlof; y prefiere los libros de Feval o de Sué a los de Merejkowski o Anatole France. Los versos le gustan inconscientemente de manera infantil, por la música dulzona de los consonantes; pero no comprende la enorme distancia que cabe entre las palabras *verso* y *poesía.* De los periódicos lee la nota menuda, la frívola crónica de baile, el texto incoloro y banal. Las demás columnas son, en su sentir, inútiles De aquí que los hombres de pluma —los que verdaderamente son dignos de llamarse así— no son por ella conocidos y apreciados en lo que valen. Los literatos o los sabios de calidad le impresionan un poco, porque la fama se impone, hasta en las torpes muchedumbres analfabetas; pero, de ningún modo, por el juicio personal que de ellos se hubiere formado.

Fuera de los vestido de las últimas modas, del color de los encajes y del adorno de los sombreros, de los paseos, de los bailes, de las ceremonias religiosas y de otros varios asuntos, más o menos fútiles, de la vida normal y fisiológica, no se puede sostener un diálogo de dos minutos con las solteras. Las jóvenes casadas hablan de todo lo anterior, y, además, de sus hijos, y de sus continuos afanes domésticos; y las ancianas, de los resúmenes precedentes, de sus nietos y de sus males físicos.

Una que otra —entre millares de damas— ha educado su gusto artístico con selectas lecturas, y siente y comprende el puro placer que dan las cosas del espíritu y del pensamiento; llegando a constituir un verdadero oasis encantador en ese estéril desierto de la mental inepcia femenina, para el hombre culto, para el pensador o para el poeta que no pueden vivir sólo de la burda prosa monótona de la vida urbana.

Entre esas singulares excepciones, Luz podría ser única. Su instinto estético era como una metálica cuerda sonora, apta para vibrar armoniosamente al menor soplo musical Y ese don celeste fue cultivado de manera exquisita.

Espíritu de selección, producto de algún ignoto proceso atávico, descubría fácilmente, en una página, la línea plena de poesía; y en un largo fragmento de prosa cincelada, la idea resplandeciente o la frase de hermosura. Se compenetraba, hasta en sus matices más tenues, con la imagen o con la idea íntima del autor. Y lo seguía ampliamente en sus vuelos audaces y fantásticos. No se escapaba a la observación minuciosa de su análisis, ni la sutilidad de un concepto, ni la profundidad de una palabra oportunamente colocada entre otras sin colorido para darle importancia a una frase o hacer resaltar una idea. Para ella, en fin, no tenía secretos la prodigiosa mecánica de que se valen los poetas ilustres para conmover e iluminar las hondos abismos del espíritu humano.

XXXIII

Por aquella época compré una escopeta y un revolver de bolsillo. En algunas mañanas salía a cazar. Regresaba —después de dos o tres horas de hundirme en los matorrales o de ascender por los barrancos— con regular número de palomas y conejos. Cierto día maté un venado de aparatosa cornamenta, que conduje a rastras por una vereda y que hice llevar a casa sobre un mulo.

Crucé todos los alrededores de los caseríos de San Felipe, San Juan del Obispo o Ciudad Vieja, fatigado y sudoroso; y con frecuencia me detenía en alguna casa de los caminos o de los atajos para apagar la sed. Cuando la excursión resultaba inútil por la esterilidad de los sitios, arrasados por antiguos cazadores, regresaba con los bolsillos llenos de frutas y los ojales de la blusa cubiertos de flores silvestres para mi prima, que me esperaba leyendo en algún rincón del jardín.

Todas las tardes le daba una lección de tiro al blanco con el revolver; y como era muy hábil progresó rápidamente. Echaba por tierra, al primer disparo, la naranja que ponía sobre un tronco, a considerable distancia.

En una ocasión en que, echado sobre el musgo junto al escaño en que ella descargaba el revólver, me entretenía en limpiar la escopeta, al querer Luz abrir el tambor, el gatillo saltó violentamente, rompiendo la cápsula única que aquel contenía. Tras la detonación, ambos nos quedamos mirando, anhelantes...

Yo perdí la cabeza a la sola idea de que estuviese herida. La tomé en los brazos perdidamente.

—No, no, a mí no me hizo daño... —repetía.

Después, palidísima, murmuró con los labios temblorosos:

—¡Tú eres el herido, tú! ¡Dios mío! Mira cómo tienes el pecho...

En efecto, sobre la chaqueta blanca de caza, aparecía una mancha roja.

—¡Gracias a Dios! —pude exclamar—. Creí que la bala te había tocado,

Y me recosté en el escaño, pues la sangre salía por mi boca en abundancia. Fuera de sí, corrió ella hacia la casa. Privado de sentido me trasladaron a mi lecho.

XXXIV

Desperté algún tiempo después caer luego en profundo letargo. Una sed inextinguible me devoraba. La fiebre me hizo delirar constantemente. ¿Cuántos días pasé en aquel lamentable estado? Parecía vagar, impelido por un hórrido viento de pesadilla, por países áridos y blanquecinos, cubiertos de cavernas y escarpes. Maléficas visiones obsesionantes cruzaban mi cerebro. Satánicos ensueños me torturaban. Vi cosas monstruosas.

Una noche —como a las once— recobré la razón.

Lentamente, confusamente, como si regresaran mundo remotísimo perdido en las eternidades, mis ideas normales volvieron a mi cerebro. Unas manos estrechaban mis manos y una cabeza yacía sobre mi almohada. Cerca, una lámpara esparcía su dulce claridad.

—Luz —suspiré con voz tenue, haciendo un esfuerzo.

Ella se estremeció y alzó su faz, diáfana, color de lirio.

Nos miramos un segundo y un raudal saltó de sus ojos.

—¡Alma mía! —me dijo, bañando mi rostro llanto—. ¡Alma mía querida!

Y, con un impulso de apasionada ternura, se inclinó y me besó largamente en los labios...

Yo sentí que rodaba por un abismo de flores y de sedas; oí como un lejano rumor de músicas, y volví a recorrer los áridos países de fantasmas y de sombras...

XXXV

Pocos días después entré en convalecencia. Supe entonces que estuve dos semanas en los fríos umbrales de la Muerte; casi perdido en la lóbrega noche sepulcral. La bala me atravesó el pulmón derecho, y un mal imprevisto complicó y agravó mi estado. Me sentía debilísimo; el más ligero esfuerzo para mover un brazo me fatigaba. Gruesos vendajes cubrían mi pecho... Difícilmente podía respirar. El doctor Sáenz manifestó que antes de mucho tiempo era inútil que pensara siquiera en levantarme.

—Puede muy bien decirse que usted ha exclamó—. Ahora tendrá que cuidarse para que el balazo no tenga fatales consecuencias. Creo de mi deber indicarle que, si no observa toda clase de precauciones, la tisis permanecerá en acecho... Hago esta explicación como un toque preventivo. Por lo demás, usted no debe experimentar ningún temor, después de haberle visto el rostro a la Muerte...

Apenas hubo salido, entró Luz. Oyo las palabras del médico y vino a arrodillarse a los pies de mi lecho, ocultando la cara entre las manos.

—Levántate, Lucita, no te aflijas. Yo sanaré, y seremos muy venturosos...

Llegó entonces a sentarse a mi cabecera. Tenía los ojos ardientes y el párpado inferior rodeado de una sombra violácea... Miré, con el alma en los ojos, su rostro enflaquecido... Durante mi enfermedad no se alejó de mi lado. Sin dormir, sin alimentarse casi, en una tenaz y mórbida inquietud, la había asaltado una ligera fiebre intermitente. Mi madre estaba asombrada de su pasión por mí y de su admirable resistencia física.

Cuando le supliqué suavemente que fuera a descansar, ella se negó.

—No me retiraré de tu lecho hasta que pueda verte en pie.

Mi madre hizo llevar a mi cuarto un angosto catre, que fue extendido cerca del mío para que Luz reposara.

La pobre señora sufrió terriblemente viéndome agonizar. Se sentía ahora muy enferma, y, desde que se acentuó mi convalecencia, me abandonó a los cuidados de mi prima.

¡Inolvidable tiempo aquel en que fui recobrando mis fuerzas! ¡Cuán dulcemente, cuán amargamente lo recuerdo!

Pronto se repuso Luz de su mal nervioso, y, viéndome mejorar, su corazón se llenaba de profunda alegría. Su existencia se concretó a distraer mi inmovilidad y a hacerme gratas las horas. Durante el día charlábamos de mil cosas, forjando risueños proyectos: me leía páginas melancólicas o cantaba suaves romanzas al son de la guitarra.

En la noche, con frecuencia me asediaban dolores agudos de cabeza: permanecía varias horas con los ojos abiertos, torturado por un invisible golpear de martillos sobre las sienes y por fulminantes alfilerazos sobre el cráneo. El dolor me arrancaba inconscientes suspiros.

—¿Sufres? —me interrogaba ella, en la obscuridad.

—Sí, la cabeza me duele horriblemente.

Se levantaba, ligera como un ave, sin un rumor. Encendía la pequeña lámpara, haciéndome tomar la preparación de antipirina. Después pasaba, con una suavidad de terciopelo, su mano por mi frente. No se fatigaba de permanecer allí mucho tiempo, adormeciéndome con aquella leve caricia, que era para mi espíritu como un sedante milagroso. Algunas veces, viéndome dormido y no queriendo separarse de mí, se acostaba a mis pies, dentro del lecho o sobre mi propia almohada; y constituía para mí una impresión inefable el hallarla, al abrir los ojos, en aquella cariñosa actitud de inocente abandono.

Mis ojos se humedecían mirándola tan pura y tan linda y tan llena de mi amor. Yo levantaba un poco la cabeza para verla dormir y su aliento infantil perfumaba mi rostro. La besaba entonces sobre los párpados tenues y en la boca rosada y cálida. Se estremecía suspirante, pero continuaba inmóvil.

Después me dijo que muchas veces simuló dormir para que yo la besara. Pero, regularmente, al sentir ella mis labios sobre los suyos, entornaba con languidez las grandes pupilas y sus redondos brazos desnudos enlazaban mi cuello, estrechando, con un leve movimiento que le era familiar, su cabeza con la mía.

XXXVI

—Vienen dos visitas —exclamó Luz una tarde, levantando la pesada cortina.

—Son tres, niña Luz —dijo el anciano jardinero, entrando seguido de su perro y la venada.

Bravonel saltó sobre mi lecho y hubo que bajarlo. La venadita se acercó tímidamente y puso su cabeza nerviosa bajo mi mano.

—Viejo Genaro —murmuré con voz de resentimiento— no te has acercado a ver a tu amigo.

—¿Qué dice mi señor? ¡Si he venido todas las mañanas y todas las noches! ¡Si durante el tiempo en que su vida peligraba apenas me he separado de su puerta!

—Es verdad —dijo Luz. Sólo que mamá prohibió la entrada a todo el mundo, por orden del médico. Mucha gente ha venido; pero solo ella y yo podíamos verte.

—Me excusa entonces —volví a decir, tendiéndole la mano, que él estrechó sobre su mejilla seca y peluda.

XXXVI

Tres semanas después, en un mediodía llameante, bajé al jardín. Cuando atravesé el salón, apoyado en el brazo de mi prima, y pude verme en uno de los grandes espejos, estuve a punto de lanzar un grito. El cristal reflejaba un espectro, una sobra de lo que fui. Ella quiso arrastrarme de aquel sitio, pero permanecí en él largo rato, torvo y mudo.

—¡No me atormentes, Rogerio! —sollozó—. Por mi causa te miras en ese estado. ¡Perdóname, amado mío!

—¡Qué voy a perdonarte, pobrecita! ¡Ni qué culpa tienes tú!

Y sequé sus lágrimas con mi boca, que un ligero bozo empezaba a sombrear.

Mi madre llegó, acompañándonos en aquel primer paseo de mi vuelta a la vida. Mientras caminábamos sin hablar, la contemplé con afectuosa piedad. Siendo aún bastante joven, tenía ya los cabellos casi blancos y la frente marchita. En un momento, en que Luz se alejó de nosotros para traerme un gajo de rosas, murmuró con su voz indecisa:

—Dime, hijo mío, ¿qué viste en el cuarto de tu abuelo? Porque estoy segura de que de ahí te vino la desgracia.

—Pero, mamá —exclamé, muy cerca de su oído—. ¡Si no he ido al cuarto del abuelo!

Ella suspiró profundamente como si le quitaran de encima del corazón una plancha de bronce.

—Entonces curarás, y volveré a verte fuerte y hermoso como antes.

El invierno fue aquel año muy riguroso. Los monótonos aguaceros se sucedían sin cesar y el viento húmedo soplaba en las noches con terrible violencia. Tronaba en las madrugadas y el jardín no nos ofrecía ningún encanto.

Como mi debilidad no cediera, el médico me prohibió salir de mi habitación. Tras los cristales cerrados herméticamente miraba ahora los días obscuros y las ramas de los árboles azotados por la lluvia. Un frío pertinaz me inmovilizaba sobre un alto sofá, en el que pasaba las horas arrebujado en una gruesa escarlata que fue de mi padre.

—Me da horror esa capa —dijo Luz—. Envuelto en ella parece que estuvieras bañado en sangre.

Ahora la sangre le causaba un terror indecible.

Para evitarle ese tormento cambié mi abrigo por un gabán gris.

¡Largos días uniformes del invierno! ¡Cuánto soñamos en ellos mi prima y yo! Volvimos con afán a nuestras lecturas, y repasamos, una vez más, las historias y leyendas de La Antigua, que tan vagamente arrullaron nuestra infancia. Amábamos intensamente aquella ciudad como a una madre misteriosa que nos alimentara de fábulas y de fantasías; imaginándonos que ella transmitió a nuestras almas ese cálido anhelo de lo ignoto y esa irresistible pasión por el pasado que nos embriagaban de ilusión y de que dolor. Por ella, sin duda, por haber nacido en su seno fecundo en quimeras, éramos tan vibrantes, tan sensitivos y tan torturados por el implacable torcedor del pensamiento. Por ella nos amábamos con un amor tan intenso y dulce, sobre el que sentíamos pasar un soplo trágico, aún en nuestras horas más puras y deliciosas. La amábamos quizá con más dolor que placer, comprendiendo que todo lo que en nosotros se agitaba se lo debíamos —fuera de nuestro singular organismo, en que se marcara, tal vez, algún maléfico sello ancestral— a su ambiente propicio a las abstractas soñaciones, a su antaño que nos saturó de su fúnebre poesía y a la melancólica belleza de su paisaje, que semeja una florida necrópolis, digna de acoger para siempre en su recinto a las mujeres más espirituales y a los soñadores más ilustres.

—No hay —creo— un lugar en el mundo tan refractario como éste para recibir las corrientes de la vida normal. Por eso me extraña que algunos extranjeros se enriquecieran aquí con el comercio de ropas y licores. Es éste, en verdad, un nemoroso sitio de sueño, en el que sólo deberían habitar artistas millonarios y mujeres inteligentes y elegantes, que respetaran las ruinas y conservaran en sus actos individuales y en sus volúmenes de versos y de prosas, en sus obras musicales y en sus cuadros y estatuas, las sagradas tradiciones y toda la intensa vida del ayer. ¿No te da lástima e indignación ver el estúpido desprecio con que las autoridades y los vecinos miran nuestros escombros y las históricas reliquias que constituyen un inapreciable tesoro? Esbeltas columnatas, arcos atrevidos, labrados encajes de piedra, fragmentos arquitectónicos que fueran orgullo del más suntuoso museo, se ven aquí destrozados sin piedad por la crasa ignorancia de la plebe o por la rapaz avaricia de los jefes políticos. ¿No tiembla uno de cólera mirando las bordaduras de granito de un templo sirviendo de establos, y las azoteas de los palacios convertidas en depósitos de maderas? ¿Cómo han podido venderse a individuos dominados por el sórdido utilitarismo algunas de esas ruinas maravillosas que resumen las más brillantes riquezas de nuestra Historia y los mayores encantos de estos lugares, dignos, como ningunos, de las solemnes peregrinaciones de los pensadores y de los poetas? En Ciudad Vieja sufrí una tarde un tormento íntimo contemplando asombrado esas profanaciones miserables.

—Ciertamente —aseguró Luz— dentro de algunos lustros apenas quedará un vago recuerdo de estas ruinas. Casas de estilo moderno se elevarán sobre ellas, y el viajero de corazón y de ideal que venga en su búsqueda, se indignará de nuestro criminal desdén por los legados de los siglos.

—¿Quién, jamás —continué—, se interesó por salvar de las zarpas de los mercaderes sin conciencia esas elocuentes páginas de piedra del gran libro de nuestro pasado? ¿Quién, como Cristo, empuñó el vibrante látigo del castigo contra esos merodeadores infames que han tasado —al peso bruto de los adobes y de las rocas— el precio de los monolitos, de los capiteles, de las cornisas cubiertas de exóticas gárgolas, de las obscuras láminas pétreas surcadas de inmemoriales inscripciones? ¿No hemos visto construir casucas ridículas o grotescos edificios públicos, empleando, como ripio inútil, los fragmentos de las figuras simbólicas que ornaban las fachadas de las iglesias? ¿Y quién levantó nunca la voz para protestar contra tan ultrajante sacrilegio?

—Tu padre —contestó doña Francisca, que, al pasar frente a mi cuarto, se quedó escuchando con placer nuestra plática.

Tomó asiento cerca de mí y con su voz grave y suave explicó sus palabras:

—Hizo él lo que humanamente era posible para que el Gobierno emitiera una orden protectora de las ruinas y para que las autoridades civiles y militares la cumplieran estrictamente. Gestionó por que se conservaran intactas esas reliquias y hasta llegó a ofrecer una fuerte suma en metálico para el sueldo de los empleados que deberían dedicarse exclusivamente a su custodia.

—Él sentía como yo estas cosas —exclamé conmovido—. Y fue su esfuerzo iniciador, aún cuando resultara estéril, una alta expresión de patriotismo. Porque para los antigüeños el mayor deber local está en la defensa de ese depósito secular que él destino les confiara y al cual deben no pocas satisfacciones morales y prácticas. El día en que no queden rastros de esos fabulosos recuerdos, nuestra ciudad habrá perdido —a pesar de su espléndida topografía—, la mejor parte de su poderosa atracción. El prestigio tradicional se encierra, frecuentemente, en los inmóviles objetos inertes, en algún resto palpable de gloria o de hermosura; y va extinguiéndose, poco a poco, a medida que esos objetos desaparecen. Así, cuando ya no podamos mostrar al visitante inteligente ninguna de esas frías piedras que eslabonan una arcada o sustentan una columna, el íntimo encanto de La Antigua se irá perdiendo hasta quedar completamente nulificado.

—Y mi tío —preguntó Luz—, ¿obtuvo algo efectivo en sus nobles gestiones?

—Únicamente que, con uno de esos agudos pedruscos de museo, le escaparan de despachar al otro mundo. Una noche en que él rondaba por el interior del templo de la Concepción para impedir que robaran una hermosa imagen de granito, de gran valor arqueológico, que él descubriera hacía pocas horas en un subterráneo, y que no tuvo tiempo de enviar a una oficina pública para su seguridad, recibió, traidoramente, una pedrada en el cráneo que le hizo rodar moribundo. Una infeliz mujer, que dormitaba sobre un escombro, acudió en su socorro. Ella gritó, llegaron algunos vecinos y lo condujeron a casa. Desde entonces él no quedó bien. Sentía vértigos, le asediaban obscuras monomanías, se le iban las ideas. Creo que tal desgraciado incidente fue, en parte, motivo para su desastroso fin.

Y, con un temblor en la voz, añadió:

—Verán ustedes si el golpe fue terrible y de consecuencia fatal.

Lentamente se levantó y salió, regresando poco después con una calavera en la mano.

—Esta fue la tremenda pedrada —dijo— señalando una larga rotura en la sien derecha, sobre el hueso amarillo y brillante como el marfil.

En sus dedos giró la calavera. Y las hondas cuencas la blanca dentadura nos hicieron estremecer.

—¿Y no pudo averiguarse quién fue el villano, que de manera tan ruin atacó a mi padre? —pregunté indignado.

—¡Jamás! Se agotaron todos los medios imaginables para descubrir al malhechor. Pero inútilmente.

Se alejó, como una sombra, con el fúnebre despojo. La lluvia, que arreciaba, azotó fuertemente los vidrios del balcón.

XXXIX

—¿Por qué no haces versos? —me preguntó Luz.

Era en un mediodía tórrido. Un pálido rayo de sol quemaba un punto rojo de la alfombra, formando delgadas cintas luminosas en que danzaban torbellinos de polvo sutil.

—¿Por qué? Por dos graves motivos. Primero, porque sólo tú podrías inspirarme, siendo, como eres, para mí, lo más bello que existe; y como ya te rimé mi amor en algunas sinceras estrofas, temo aburrirte con repeticiones métricas.

Ella sonrió.

—Yo creo que el amor, tal como lo siento —exclamó—, puede expresarse en una infinita variedad de metros. Cada emoción tiene sus matices propios; y un poeta puede, a su antojo, hacer hablar a su espíritu indefinidamente empleando ideas sutiles y rimas diversas.

—Ciertamente, un poeta lo puede hacer. Pero yo no soy un poeta. Y aquí cabe mi segundo motivo. Yo quisiera producir algún poema de verdaderos, profundos melodiosos versos. Desearía ponerles música a mis ideas. Construir renglones inmortales que se eternizaran en las almas. Como no puedo hacerlos así, me abstengo cuerdamente en perseverar en una obra falsa y estéril, en cuanto no tiene por base la confianza y la fe en la propia fuerza interna. No puedo conformarme —teniendo tan seguro y alto concepto de la Poesía— a seguir por el camino de los mediocres. Mi orgullo me inmoviliza. Prefiero el eterno silencio a la inútil exposición de asuntos banales en rimas banales.

—Pero tú posees el don de la armonía, el secreto excepcional; y si cultivas tu aptitud llegarás a donde quieras. Recuerda la profética frase de Edwig.

—Un poeta, Luz, un verdadero poeta, es un ser omnipotente en el vasto dominio de las ideas, de las palabras y de los símbolos. Transforma en flores y músicas la materia inerte del idioma. Vuela por el infinito, dialoga con los elementos, somete a su voluntad las formidables fuerzas ocultas. Su cabeza es como una ánfora sagrada llena de secretos y de prodigios. Pone su espíritu en cada vocablo y hace de las voces rosarios trémulos de emociones y de melodías. Es águila y alondra, es rayo y es céfiro. En su enorme corazón palpitan todos los amores y todos los dolores de la humanidad y su latido es como el retumbo del trueno y del mar. Es, en fin, la más asombrosa manifestación de las energías eternas, porque la gloria prolonga su poder y su personalidad a través de las edades. ¡Es un hombre, y más que un hombre, o, por lo menos, el que está más cerca de Dios!

Ella me oía con los ojos fúlgidos, grave y dulce. Después, con toda la ingenuidad de su alma, sonrió encantada; y yo me quedé extático admirando los dos gráciles hoyuelos de sus mejillas. Estaba peregrinamente seductora con su ligero traje blanco y la cabellera de tinieblas partida en dos bandas sobre la cándida camelia de la frente.

—Pues bien, Rogerio, ahora, con más certeza que antes, creo que eres un gran poeta.

—Sólo sé que estoy dispuesto escribir múltiples rimas en honor de tu espíritu y de tu hermosura. Haré madrigales tus cabellos, tus manos, tus ojos, en donde miro la eternidad.

Y me quedé en silencio con las pupilas fijas en las suyas, tan melancólicas y negras; y luego en la rosa encendida de sus labios.

Ella adivinó mi deseo; y se levantó, enlazó mi cuello con sus brazos lánguidamente: hundió sus ojos en los míos: y, suspirante, besó mi boca pálida.

XL

Con el tiempo seco y luminoso fui recobrando, día por día, la salud. A fines de febrero me sentí curado.

A pesar de los temores de mi madre, reanudé mis excursiones de caza. Corrí, como antes, por los boscajes y breñales, aunque rara vez con éxito. Los astutos conejos se escondían con tal ligereza que frustraban mis esfuerzos.

Luz se burlaba graciosamente de mí, arrojando al aire el vacío saco de cuero.

—Hoy no comeremos conejo —exclamaba riendo.

Salomé, la cocinera, no ocultaba un gesto de disgusto.

—Y tanto que le agrada el guiso de conejo a la señora —murmuraba.

—Te juro, Salomé, que mañana tendrás dos piezas grandes.

Me levanté al día siguiente, con el alba, y salí del portón sin hacer ruido. Los gallos cantaban en los corrales. Me picó el rostro un gélido vientecillo, que azotaba los pañolones de algunas mujeres que, con ágil andar, iban a la primera misa. Las campanas resonaron en el aire matinal. Con la escopeta al hombro y el saco de lado, seguido por Bravonel, que a duras penas podía trotar cinco minutos sin jadear, atravesé varias calles. Pronto estuve fuera de la ciudad. Irresoluto acerca del rumbo que debía tomar, crucé, por fin, la Alameda de Medina.

En un corral una muchacha ordeñaba una vaca.

—¿No quiere leche el cazador? —preguntó alegremente.

—Bueno, dame un vaso; pero que sea muy grande.

Trajo un ancho vaso con oreja, liso y grueso. Lo puso bajo la ubre repleta, y los tibios chorros brotaron entre los dedos colorados y redondos.

—Veremos si se lo toma usted todo —volvió a decir, presentándome el amplio cristal colmado de espuma.

Lo apuré despacio, sin dejar una gota.

La muchacha sonrió.

—Buen desayuno, ¿verdad?

Y mientras me enjuagaba en un hilo de agua que caía, ahí cerca, de una roca, ella me miraba picarescamente. Saqué tres duros y se los puse en la mano abierta. Los removía con aire turbado.

—Cómprate dos hermosas cintas para Semana Santa.

Y seguí mi camino Al llegar al final de la senda, antes de doblar recodo, me volví. La campesina me saludó con su delantal rojo.

Aquella mañana rebosaba en mi corazón una profunda alegría, Era feliz, hubiera deseado transmitir mi felicidad todos seres de la tierra. Una cálida ola de salud de esperanza en una dicha sin ocaso, me inundaba deliciosamente. Habría querido socorrer a todos los pobres y abrazar todos desgraciados. Me reproché entonces que, siendo tan rico, no fuera pródigo con los infelices. Por primera vez surgía aquella idea en mi cerebro, y estaba ya dispuesto practicarla. Sí, haría mucho bien. Daría de comer al hambriento, vestiría al desnudo, según el divino mandato.

Miraba ahora, con una íntima dulzura en el corazón, el mágico cielo relampagueando sobre mi cabeza y el sol de oro quemando la ceja del monte. Nubes de pardos pájaros cruzaban sobre las sonoras arboledas y las vacas de suaves pupilas mugían en patios rústicos.

Ascendía por un otero pedregoso cuando escuché un continuo crujir de hojas un lado de la ruta. Me metí entre ramaje y a diez metros miré varios conejos inmóviles detrás de grueso tronco. Rápidamente cogí la escopeta y disparé. Cayó uno y me puse correr tras de los otros. El de más volumen salió al camino, saltando sobre los pedruscos. Me paré y animalillo también se detuvo. De un tiro le derribé patas arriba.

Recogí a mis víctimas. Al echarlas en saco pensé que nada malo me hicieron para que yo los asesinara. Regresé contento, y, en el instante en que la vieja criada cruzó el corredor, le dije alta voz:

—Salomé, son las ocho; y aquí tienes los dos conejos que te ofrecí ayer.

XLI

Mucho se alegró mi madre al extender sobre mi escritorio el contenido de los diez paquetes de libros encargados últimamente a la capital. Eran, en su mayor parte, modernas obras científicas sobre una gran variedad de materias.

—Estudia, Rogerio— me dijo. Las buenas novelas son muy gratas. Pero los buenos libros de ciencia son muy gratos y muy útiles.

—Era yo quien leía ahora a Luz páginas interesantes sobre complejos asuntos que encerraban los más trascendentales problemas humanos. Mi madre venía a sentarse junto a nosotros para escuchar aquellas lecturas, que después comentábamos, ampliando nuestro personal criterio. Un volumen sobre los sueños, estudio razonado admirablemente, desarrolló en nosotros nuevas fuerzas de comprensión y de análisis. Las dos mujeres que me escuchaban, una de clara inteligencia y la otra de brillante cerebración, constituían mis únicos amores. Sentía, pues, un verdadero placer en que, unidos, descifráramos el secreto de las ocultas cosas y los extraños fenómenos de la existencia física y del alma. Repetía, en ocasiones hasta dos veces, un párrafo erudito lleno de honda observación psicológica; y nos quedábamos, frecuentemente, asombrados, viendo un exacto reflejo de algún arcano matiz de nuestro *yo* en algunas frases vívidas y ondulantes. Misterios de la vasta naturaleza, inescrutables y obscuros, nos seducían. Concretábamos, durante largas horas, nuestro pensamiento en los arduos problemas de la Muerte y del Infinito, sumergiéndonos en espesas dudas impenetrables. Nada concreto, nada seguro, veíamos acerca de estos puntos culminantes, en los libros y en nuestros espíritus. El secreto pavoroso, el supremo secreto se espaciaba, se difundía en nosotros, siempre hermético y terrible. Gozaba entonces advirtiendo la evolución de las ideas de mi madre, especialmente sobre asuntos religiosos, en los que antes no admitía que se le replicara, aceptando conclusiones utópicas que ahora la hacían sonreír. Su fe en el dogma puro del cristianismo permanecía inmutable; pero, en gran número de detalles, su criterio había cambiado. De su antiguo ardor fanático no quedaba ni la más ligera huella. Su intolerancia, sus pueriles temores y sus prácticas místicas desaparecieron poco a poco para dar lugar a resplandores de razón y de lógica.

Yo la abracé, apretando contra el suyo mi corazón, amándola como nunca bajo esta nueva faz, exenta cobardes prejuicios, serena en mirada hacia más allá, confiando, no en fórmulas baladíes convencionales de una prédica absurda, sino en triunfo del Bien, de Fraternidad y de Justicia.

XLII

Una noche se habló de religión entre las personas que nos visitaban con mayor frecuencia. Nos encontrábamos reunidos en la gran sala doña Ana Tovar, pariente nuestra, Edwig, don Diego Corrales, alcalde de la ciudad, el padre Gregorio, el doctor Sáenz, y los de casa.

Después de externar algunos juicios generales sobre exégesis de las diversas religiones en que se ha abrevado Humanidad, Sáenz yo guardamos silencio.

—Repetiré —murmuró el sacerdote— que nuestra religión es un fuerte freno moral. Y que el pueblo descreído es pueblo sin porvenir.

—Lo que yo aseguro —manifestó don Diego— es que el pastor católico que quiera conducir las almas por el sendero trazado por el dedo divino tendrá que detenerse ante obstáculos insuperables. Doy por seguro que ese conductor de espíritus es un hombre de talento, virtuoso ilustrado. Tendrá que plegarse a costumbres rutinarias, y enseñar, como cosa cierta, lo que no es más que una mentira.

—¿De qué mentira habla usted, don Diego? — replicó el clérigo.

—De la que ustedes enseñan en las escuelas y en los templos. Conste, que no me refiero al origen excelso del cristianismo, sino al procedimiento adoptado para fijarlo en las muchedumbres. Aunque liberal radical —de aquellos que aplaudieron el bello acto de Rufino Barrios de arrojar las sotanas fuera del recinto de la República— creo, en verdad, en Cristo, con una sinceridad absoluta. La forma, la ampliación ilógica y anormal que se ha dado a la dulce prédica galilea, a eso es a lo que yo llamo una mentira.

—No veo de qué otra manera se hubiese podido difundir el cristianismo. Había que buscarle un cauce y se adoptó aquel por donde las multitudes fueran más libremente. Eso es todo.

—Cauce de ignorancia y de falsía, Padre Gregorio. Por él van las muchedumbres humanas como hatajos de corderos, dirigidos por pastores inútiles si no malvados. He de advertir que en esto, como en todo, surgen brillantes excepciones. Pero aun los que hermosamente constituyen esa rotura de la regla, van por una senda que no es la verdadera.

Las mujeres escuchaban silenciosas. Sáenz sonreía, levantando con el índice las hojas de un álbum abierto sobre el piano.

—¿Y tú qué opinas, Rogerio? —interrogó doña Ana.

Miré un instante a la vieja señora y conteste:

—Yo tengo sobre las religiones —como sobre muchos otros asuntos más o menos graves— ideas y teorías muy personales, que no se avienen con los criterios predominantes. Mi modo propio, quizá único, de ver las cosas, me expone a chocar constantemente con los que, no tomándose el trabajo de razonar por su cuenta, unen su opinión a la opinión de las mayorías. Concretándome al cristianismo, debo decir que me parece la m ás pura y bella entre todas las religiones. Cristo fue, a mi entender, el mayor filósofo de la humanidad. Creo, además, en Él, en su esencia divina y en su celeste misión. Su doctrina cristaliza los más sublimes anhelos del alma y los más inefables sueños del pensamiento. Su figura es por sí misma inmortal en el corazón de los hombres. Perfumó su palabra el ambiente de Galilea, y su inocencia y su muerte perpetuaron su nombre a través de los tiempos. En sus máximas, en sus parábolas, en sus sentencias, en toda su enseñanza, sencilla y dulce, se resumen, ampliamente, los amores y los pesares y las tristezas y las ilusiones del alma ilusa y atormentada. En su verbo profundo y cristalino se concretan las ideas, los ideales, las emociones y esperanzas del género humano. Vestido de humildad y de caridad; casto y puro y limpio de toda mancha terrena; bello, armonioso y seductor con su sonrisa y su mirar infantiles, con sus pies desnudos y pálidos y su frente pensadora y sus manos perfumadas y blancas como las azucenas, su imagen se grabó, eternamente, con sello imborrable, sobre las conciencias. Si sus principios, plenos de trascendental sabiduría, hubieran sido aplicados literalmente, sin cambios ni mutilaciones, en esta hora el cristianismo sería la religión universal. Desgraciadamente, sus intérpretes falsearon su doctrina, y de error en error ha llegado a los tiempos actuales, en que su decadencia salta a la vista.

—No veo esa decadencia, Rogerio —murmuró el sacerdote.

—Es fácil comprobarla con las estadísticas contemporáneas. Con placer le enviaré mañana, con las anotaciones respectivas, un importante libro documentado, recién escrito, que trata de este asunto.

—¿De Renán?

—No. Renán murió hace ya muchos años.

—¿Y a qué crees tú, Rogerio, que se debe ese desprestigio de nuestra fe? ¿Cuál es la falsa interpretación de la doctrina cristiana?

—Jesucristo predicaba la humildad, la caridad, la fraternidad. En sus apólogos se exalta al generoso, al inocente, al hombre sencillo de intención y de acción. Quería redimir a la humanidad por los suaves afectos del alma y por la pureza del pensamiento. Al fundar la democracia de los espíritus abrió un amplio horizonte a la conciencia, y fue, de este modo, como alguien lo dijo, el que fijó los primeros cimientos del liberalismo. La Iglesia, tal como hoy se halla instituida, es conservadora. Y en su organización, desde lo que atañe a la vana pompa pontificia, hasta lo que se relaciona con el más insignificante clérigo de aldea, ha buscado un rumbo opuesto al que marcó el filósofo divino.

—¡Amén! —murmuró doña Ana.

XLIII

Una noche el doctor Sáenz llegó tarde al salón.

—Acaba de morir —exclamó con voz trémula— la señorita Elsa Olivares.

A todos nos causó pena la noticia.

Yo recordé el gracioso perfil de aquella mujer pálida a quien viera tantas veces tras los cristales de sus balcones, cosiendo o mirando hacia la calle, como si esperara a alguien.

—Fue una de las jóvenes más bellas de La Antigua; pero su espíritu peregrino era aún más bello que su cuerpo. Como médico de su familia tuve ocasión de conocerla íntimamente. Ustedes saben su historia. Durante veinte años vistió siempre de negro y jamás se le vio traspasar el umbral de su casa. Murió enamorada de Horacio Vidaurre, como en aquellos días, ya tan lejanos, en que su novio regresó de Sur América...

—Doctor, cuente usted, se lo ruego, esa historia, que Luz y yo ignoramos —murmuré—. Oí decir, hace algún tiempo, que usted se casaba con esa dama, a quien hablé una sola vez, y que me pareció muy simpática.

—En verdad, hice cuanto pude para que me amara; pero todo fue inútil. Y cuando le ofrecí mi nombre, me rechazó suavemente, manifestándome que jamás se casaría.

—Relátenos la historia, doctor —dijo mi madre—. Mi marido fue condiscípulo de Horacio en sus primeros estudios. Y siempre escucho con interés todo cuanto a él se refiere.

—Oigan, pues, el episodio —exclamó Sánchez.

El regreso de Horacio Vidaurre fue celebrado espléndidamente. La madre, las hermanas y las primas transformaron en un palacio el viejo caserón conventual, desde cuya azotea de granito se descubría toda la ciudad. En la huerta florida volvió a sonar el murmullo de los surtidores; y los faroles azules y rojos, diseminados profusamente entre la verdura de los ramajes, dieron aspecto fantástico a las amplias avenidas de naranjos y de cipreses. Las habitaciones mostraban nuevos y claros tapices y suntuosas alfombras, y la alta sala, semejante a la nave de una iglesia, aparecía magnífica, con su decorado sobrio y elegante.

Después de siete años de activo trabajo en una casa exportadora de Buenos Aires, venía Horacio a pasar algunos meses con su familia. Era un guapo mozo moreno, de ojos de un negro profundo, rebosante de alegría y de salud. Su novia, Elsa Olivares, no pudo sofocar una exclamación de placer al volverle a ver tan bello. Aún adolescente partió del hogar y los retratos que enviara no daban idea exacta del original. También él la encontró encantadora en la deliciosa plenitud de sus veinte años, con su rostro de un óvalo angélico, con su fragante cabellera negra y sus manos mórbidas y blancas.

En la reunión familiar de la primera noche, Horacio relató su vida en la cosmópolis del Plata, y con la gracia móvil de su palabra dio pintorescos detalles, explicando después su diario trabajo y sus continuos ascensos. El jefe del gran establecimiento de exportación le demostraba su cariño y aprecio, y en su poder tenía considerables ahorros.

—¿Y mi amigo Pablo Carrera? —interrogó don Pedro.

Horacio palideció levemente, pero, reponiéndose al instante:

—Vive en Córdoba —dijo—. Posee allá una extensa fábrica de tejidos. Le vi apenas una vez, cuando fui a aquella población a cobrar unas letras.

El viejo caballero guardó silencio. Le causaba extrañeza no recibir carta alguna de su antiguo camarada, en los últimos seis meses, después de su mutua correspondencia de más de un cuarto de siglo. Y, sobre todo, que Horacio se expresara tan ligeramente de un hombre a quien su padre quería como a un hermano mayor.

Don Pedro Vidaurre —descendiente de un patricio castellano— era uno de esos extraordinarios varones de caballerosa hidalguía, para quienes el honor y el alto renombre están sobre todas las cosas humanas. Su noble aspecto de viejo prócer, su paso firme y su fino bigote gris retorcido a la antigua usanza, hacían recordar a los fuertes capitanes aventureros descritos en los metálicos romances árabes. Sus ojos brillaban aún como en la época de su remota juventud; y todo en él revelaba la aristocracia de su origen. Cifrando su orgullo en la estimación y respeto de las gentes, su historia, como la de sus antepasados, era una resplandeciente cadena de bellas acciones, y su fortuna tradicional y su blasón heráldico se hallaban limpios de toda mancha. La única debilidad de su férreo carácter era su ternura por Horacio, para quien soñara un éxodo heroico, y a quien educó dentro de las más rígidas reglas de la cultura y del deber. Exaltó en él el amor a la gloria, la audacia legendaria y todas las cosas generosas y brillantes. A los diez y ocho años, el joven quiso crearse una posición por su propio esfuerzo, y él no se opuso a su viaje a la Argentina, aplaudiendo ese viril propósito, digno de los hombres de su raza.

Horacio fue el orgullo de la juventud antigüeña. Su figura simpática e imperativa, que evocaba el porte galán de César Borgia; la incomparable aristocracia de sus maneras y de sus trajes; su prodigalidad y valor proverbiales, le dieron, en poco tiempo, todo el prestigio de un personaje de leyenda.

Cuando pasaba por nuestras calles céntricas en un hermoso potro blanco, las muchachas más tímidas se asomaban a los balcones y secretamente envidiaban Elsa Olivares; y al atravesar los desiertos suburbios se abrían las puertas, siguiéndole murmullos de admiración rápidas palabras de homenaje.

En la capital fue objeto de entusiastas ovaciones; y en una tarde de fiesta en La Reforma, al pasar en un lujoso carruaje de cuatro caballos, se sintió suavemente acariciado por las miradas y sonrisas de las jóvenes de mayor belleza y elegancia.

Sólo Jorge Ruiz le odiaba mortalmente. En colegio, en varias ocasiones, estalló su mutuo rencor. Horacio olvidó por completo a su enemigo de la infancia. Jorge, por el contrario, día por día le aborrecía con más intensidad. A aumentar este sentimiento vino la violenta pasión que Elsa le inspirara. Puso en juego su enorme fortuna y sus importantes relaciones sociales para obtener el amor de la joven, pero vanamente. Durante cinco años le hizo una corte asidua. Ella fue obstinadamente fiel a su novio; y a no haber mediado su fraternal amistad con las dos hermanas de Jorge, habría prohibido a éste que la visitara. Se contentaba con no recibirle cuando se hallaba sola, obligándole a guardar silencio y a refrenar su pasión.

La fiesta —en aquel claro domingo de septiembre— fue magnífica, en la finca de los señores V*. Después del paseo por los cafetales y del baño, se almorzó alegremente. Tres marimbas ejecutaron aires nacionales y el champagne coloreó el rostro de las bellas mujeres.

En la tarde hubo extraordinarios juegos entre los hombres. En el ancho patio, cubierto de cemento de colores, empezaron los ejercicios corporales. Tras de algunas breves luchas, Jorge Ruiz fue aclamado campeón.

Una de las damas debía premiar al vencedor con un clavel de su corpiño, y ya Jorge se dirigía resueltamente a Elsa, cuando Horacio, sentado cerca de su novia, se levantó diciendo:

—Un momento, amigo Ruiz. Me sentía tan venturoso en este sitio, mientras ustedes ensayaban sus músculos, que me olvidé de tomar parte en el combate. Veo ahora cuál es el inestimable precio del triunfo, y estoy a sus órdenes dispuesto a disputárselo.

Y bajó al patio entre un gran rumor de aplausos.

Jorge, en tanto, sonreía irónicamente. De mucho más volumen que su rival, su brazo hercúleo era capaz de derribar a un toro. Seguro de sí mismo, se preparó a gozar de su fácil victoria, humillando su enemigo.

Las mujeres reían y comentaban el caso. Como en los hipódromos y en los circos, empezaron las apuestas. Casi todas se inclinaban favor Jorge. Apenas hubo voces contrarias.

—¡Cien pesos por Ruiz! —gritó uno.

—¡Quinientos por Jorge!

—¡Mil por Ruiz!

—¡Pago a todos! —exclamó Horacio, con voz vibrante, que dominó las demás-¿No hay otro que apueste en contra mía?

Y apareció, ágil y elegante, tras un ligero boscaje, con los pantalones apretados a los muslos y entreabierta la fina camisa de seda violeta; quedándose, en medio del círculo de amigos, inmóvil indiferente, esperando a su contrario. Este avanzó, con los ojos encendidos. Se saludaron y, en un profundo silencio, empezó asalto.

Se lanzaron ambos jóvenes con salvaje ímpetu, luchando desesperadamente durante dos minutos. Se separaron un segundo para volverse atacar con mayor violencia. Horacio vaciló y estuvo a punto caer tras una brusca acometida; pero, reponiéndose instantáneamente, levantó —con un tremendo esfuerzo que pasmó de asombro a espectadores— a su rival, medio metro del suelo, derribándolo de bruces sobre pavimento.

Un ¡hurra! formidable resonó por todos lados.

Después de ayudar a Jorge a levantarse, miró riendo a novia, que tambíen miraba sonriendo, pálida como una muerta.

Volvieron a la ciudad al anochecer. En Alameda de Santa Lucía una infeliz muchacha, conduciendo a padre ciego, les salió paso.

Doña Julia de N* exclamó, alargando un extremo de su negro manto:

—Caballeros, una limosna para estos pobres.

Empezaron a caer las monedas en el lienzo. Ruiz entregó un billete de cien pesos. Y fijamente se quedó mirando a Elsa. Horacio volvió a sonreír a su prometida, y quitándose de la corbata el grueso diamante negro que la exornaba, lo depositó, con sencillo ademán, en la mano de la recaudadora, añadiendo:

—Cedo, además, a estos pobres los mil seiscientos pesos que gané en las apuestas..

Tal era aquel hermoso y extraño joven.

Poco antes de las tres de la mañana del día siguiente, Horacio sintió ruido de pasos en el corredor.

—¿Quién va? —preguntó.

—Yo. Ábreme.

Saltó de la cama, reconociendo la voz de su padre. Después de encender una lámpara, se vistió ligeramente, abriendo en seguida la puerta.

Don Pedro Vidaurre, envuelto en un pesado capotón obscuro, entró lentamente, con un papel en la mano. Parecía que en las últimas horas habían caído veinte años sobre él: tal se miraba de lívido y demacrado su noble rostro severo.

Tembló levemente al decir:

—El correo de la tarde me trajo esta carta de Pablo.

Y tendió el papel a su hijo.

Este leyó estremeciéndose:

"Querido Amigo:

Sé que estas líneas te causarán una terrible pena; pero me es imposible ocultarte por más tiempo mi dolor. Horacio llegó hace un año a esta tu casa de Córdoba y fue recibido en ella con el mayor cariño y confianza, como si de mi propio hijo se tratara. Vivió tres meses aquí; y se fue, después de mancillar mis canas, llevándose, en pago de mi paternal hospitalidad, el honor de mi pequeña Laura, que aún no había cumplido catorce años. Ella ha muerto. Yo también voy a morir; y al enviarte en estos renglones mi último recuerdo, te ruego, hermano, que perdones el mal que te causo. En mi lugar quizá hubieras callado. Yo no puedo".

Horacio no prosiguió leyendo. Se pasó la mano trémula por la frente húmeda de frío, sudor, y se recostó contra la cama, como si fuera a caer.

—Aunque Pablo Carrera es incapaz de calumniar a nadie, juzgo de mi deber preguntarte si es cierto lo que me dice.

—Sí, padre, es cierto.

Los dos hombres se miraron intensamente durante algunos segundos y sus almas temblaron.

Rígido, sepulcral, como un difunto que se moviera en un pavoroso silencio, sin una palabra, salió el viejo de la estancia.

Horacio cerró la puerta y acabó de vestirse. En el cuarto contiguo se sentó frente a su escritorio, en el que brillaba un gran ramo de rosas de sangre que Elsa le enviara. Cortó la más encendida y la puso en su ojal con un menudo alfiler de rubíes.

Sonaron las cuatro en una torre vecina. Cantó un gallo a lo lejos. El joven abrió un balcón y una ráfaga glacial le azotó el rostro.

La Antigua dormía en la sombra y el misterio. Sólo se escuchaba en sus calles el gemido del viento o el aullar de algún perro vagabundo.

Con la frente sobre los fríos barrotes permaneció Horacio, abstraído en amargas meditaciones. Volvió a sentarse, y encendió un cigarrillo, sumiéndose en la lectura de los poemas de Musset. Cerró el libro en la página final de Rolla.

Después, como obedeciendo a un mandato súbito, cogió su sombrero, y sin hacer el más tenue ruido, salió de su cuarto y avanzó por los corredores.

Atravesó el obscuro pasillo del zaguán, y luego cruzó, por última vez, el umbral de su hogar.

Hace más de veinte años que desapareció y nadie ha podido, en ese tiempo, dar razón de él. Su madre agotó inútilmente todos los medios imaginables para saber su paradero. De la casa en que trabajó en Buenos Aires remitieron a don Pedro fuertes cantidades en metálico, que Horacio depositara.

¿Duerme, desde hace cuatro lustros, en la tiniebla de la Muerte? ¿En dónde reposa? ¿Vivirá aún? ¿Regresará algún día...? ¡Nadie lo sabe!

XLIV

En el puerto de San José pasamos diez semanas. Mi madre fue atacada de un reumatismo agudo y el médico le recomendó el clima de la costa.

Nos instalamos en una pequeña casa de dos pisos, sobre la playa, al final del pueblo. Era propiedad de un alemán empleado en la Oficina del Ferrocarril y que se hallaba en Europa. Un amigo nuestro de la capital, en cuyo poder la dejara, nos la ofreció. Muy cómoda, amueblada con sencillez, Salomé le quitó el polvo, dejándola perfectamente limpia. Después se instaló en la cocina.

En los primeros tiempos, el calor, al mediodía, nos desesperaba, aún bañándonos al levantarnos y en la noche, en el hermoso baño de agua dulce instalado en el extremo del corredor. Yo esperaba, leyendo, mi turno. Primero mi madre, después Luz, y, por último, yo, sentíamos, como una intensa delicia, la caída de la fresca lluvia de la regadera, sumergiéndonos luego en la pila de piedra, que un grueso chorro llenaba constantemente.

Suavizada la piel, y vestidos con trajes claros, corríamos en las mañanas sobre la arena, alegres bajo el sol diamantino, recogiendo conchas y caracoles.

Pero la hora de nuestra mayor emoción era la última de la tarde, la hora mágica de los crepúsculos, que hace rebosar las almas llenas de quimeras. Sentados en el corredor del segundo piso nos abismábamos en la contemplación de las vastas llanuras marinas, coronadas de frágiles rosas de espuma, y nuestros ojos se anegaban en los infinitos horizontes y en la serenidad de los límpidos cielos.

—¡Mira qué extraña soy, Rogerio! ¡Qué extraños somos! Nada nos hemos dicho de la primera impresión que nos causó el mar.

—Las grandes emociones se reconcentran demasiado en nosotros, pareciéndonos una profanación decirlas en con palabras usadas por todo el mundo. Ya ves cuánto nos amamos, y, sin embargo, pasan meses sin que nuestros labios lo digan, por ese pudor de repetir lo expresado por otros, que jamás pudieron sentir lo que nosotros sentimos. ¿Dónde encontrar los vocablos sutiles que en su fuerza y en su armonía encierren toda la verdad y todo el encanto de nuestro inmortal amor? En las almas como las nuestras, el silencio, en ciertos instantes, está impregnado de eternidad.

—Sí. A veces una mirada lleva en sí tan enorme caudal de palabras profundas, que hablar nos parece tarea indigna e inútil. Porque cualquier frase es incolora ante la expresión de unos ojos a los que se asoma un alma.

—¿Y qué impresión te causó el mar?

—Una impresión inefable y serena, como la que se experimenta al descubrir en nosotros una nueva fuente de alegría. Miré —con todo mi espíritu y con toda mi fuerza mental— su movible sabana de turquesa, y vibró en mi interior su palpitante inmensidad. Después me pareció que lo había contemplado desde la infancia. Solamente su eterno rumor, arrullando mi sueño, me hacía pensar en algo extraño y confuso que antes ni siquiera había entrevisto. ¿Y a ti?

—Para mí fue como un compañero familiar a quien hallara después de largos años de vivir alejados el uno del otro. Había soñado tanto con él que ya no deseaba encontrarlo. ¡El mar! Conocía sus murmullos y sus cóleras, sus matices y hasta los múltiples secretos de sus abismos. En mis lecturas y en mis sueños recorrí su vértigo potente en todas direcciones. Al encontrarse con él, y ver su maravillosa hermosura y oír su terrible voz, mi espíritu le hizo un saludo cordial.

El día agonizaba en un solemne silencio. Nubes carmesíes se alargaban a flor de agua en el ocaso de oro; y en lo alto del firmamento plumazones de raso y violeta se tornaban en obscuros encajes. Pardas aves volaban hacia el sur y todo se adormecía en el misterio.

XLV

Un ronco rugido, que semejaba un trueno subterráneo, lo hizo saltar de la cama, al amanecer.

Un vapor avanzaba lentamente y su espesa columna de humo se elevaba en espirales negras. Pasó frente a nosotros y fue anclar a larga distancia del muelle.

Después del café, fuimos a ver desembarcar los pasajeros. Íbamos del brazo, como un joven matrimonio Mi desarrollo físico estaba en su plenitud: Le llevaba a Luz casi toda la cabeza, y era fuerte y esbelto. Todos nos miraban con interés; y a mí los hombres con envidia.

Luz atraía las miradas con su vestido blanco y su sombrerito azul. Era gentil como una princesa de fábula; y, sintiéndola toda mía, un silencioso orgullo me llenaba el corazón. Ella miraba las gentes con sus ojos serenos, y su rostro juvenil y meditabundo apenas se volvía hacia los que saludaban. Su alma hermética permanecía impasible ante personas extrañas, y ni aun con las conocidas era amable; y su semblante reflejaba a su alma. La amaba yo aún más profundamente por ese carácter reconcentrado y huraño que no sabía prodigarse. Era uno de esos rarísimos seres que sólo se entregan una vez y para siempre. Su excepcional temperamento, apasionado y contemplativo, la alejaba de todo aquello que no le inspiraba una viva emoción. Yo sabía cuánta importancia daba ella a una mirada o a una sonrisa de afecto, para no temer que ningún otro hombre pudiera envanecerse jamás de haber obtenido de sus ojos o de sus labios uno de esos ligeros favores.

Lejos del grupo que presenciaba el desembarco, observábamos el procedimiento primitivo de subir los pasajeros al muelle. En una cuadrada cubeta de madera con asientos, suspendida por los cuatro extremos por una cuerda de acero, se acomodaban unos pocos. Se movía una máquina arrolladora, suspendiendo aquella especie de jaula, de una palanca horizontal. Quedaba el grosero aparato en el aire, sobre la barcaza, uno o dos minutos, al nivel del muelle: luego giraba hacia la izquierda, depositando la carga humana sobre el piso de gruesos tablones. Algunos jóvenes, a quienes parecía ridículo ir revueltos con mujeres en aquella jaula, subían por la vertical escalera de hierro que usan los marinos.

Aquel vapor trajo muchos pasajeros, que iban de aquí para allá, atendiendo a los equipajes, cuyo registro hacía un señor de saco verde y kepis blanco. Después, con pequeñas valijas en la mano y seguido por los mozos cargados con los grandes baúles, se dirigían a la estación. Como el tren partía a las nueve, y aun eran las ocho, todos tomaron el camino del hotel, edificio de dos pisos, situado a pocos pasos del cuartel y comandancia puerto.

Nosotros también, alegres bajo el sol que empezaba a picar las manos y la cara, seguimos la misma dirección.

Ya el ancho corredor —con una ligera verja de madera pintada de azul— estaba lleno. Apenas quedara una mesa vacía, que ocupamos en el acto. Servían licores y refrescos y el rumor de las conversaciones era como el ruido de una colmena. Había ahí, revueltos con los viajeros, gentes de la buena sociedad de la capital; jóvenes ricos y damas seductoras.

El calor encendía nuestros rostros y la sed nos devoraba. Llamé al mozo y le hice traer champagne helado, única bebida alcohólica por la que sentía alguna debilidad. En casa era raro que se tomara vino en la mesa, a pesar de tener una vieja bodega bien surtida. Preferíamos el agua, fría y transparente; y esto en nosotros era gusto atávico, pues nuestros antepasados odiaban alcoholes.

A Luz también le gustaba un poco aquel vino espirituoso.

—¿Te acuerdas de El amigo Fritz? —me preguntó—. Pues beberemos con frecuencia de este buen vinillo blanco.

—¿Lo beberemos con frecuencia? —la interrogué a mi vez, mirando sus grandes ojos negros.

—Sí —contestó sonriendo—. Aunque prefiero nuestra excelente agua de La Antigua. Nuestra Hermana Agua, que es utilísima, preciosa, casta y humilde, según el divino San Francisco.

—Yo también prefiero el agua. En La Antigua, sobre todo, donde es de una calidad insuperable, me parece una tontería tomar otro líquido. Pero, después de ella, este espumoso vino. Pone un calor sutil en mi sangre y enciende en mi corazón una ligera alegría a través de la cual veo todas las cosas azules. Indudablemente el champagne me vuelve optimista hasta un grado increíble.

Vagamente me pareció oír sonar mi apellido. Me volví, y en un grupo de hombres sentados cerca del mostrador de la cantina, miré a Federico N*. Noté en él una expresión de asombro, motivada, sin duda, por su sorpresa de verme más alto y fuerte de lo que pudiera imaginarse. Después no retiró los ojos de Luz, quien apenas se dio cuenta de su presencia. Toda su atención se hallaba absorta por una dama cuyas miradas sentía sobre mí desde que entramos.

—Observa cómo te mira esa joven del sombrero con botones de rosa. Es muy linda. ¿La conoces?

Era, verdaderamente, linda. Elegante y simpática, vestida con una gracia irreprochable, nos sonreía como una antigua amiga. Decía en aquel momento a una señora que se hallaba a su lado: "Es una pareja encantadora, ¿verdad?".

—¿La conoces? —repitió Luz.

—Es Laura Menéndez, cuyo retrato han publicado los periódicos. Su padre, hombre galante, de gran inteligencia, es ministro. Su madre es la señora que está a su derecha: una mujer de profundo corazón y de alto pensamiento.

—¿Y la otra?

—¿La morenita de baja estatura y de bellos ojos? Elena Gutiérrez, amiga íntima de Laura.

—¿No sabes algo más de ésta? ¿De esa Laura, que ya me interesa singularmente?

—Sí, sé algo más. Hija de un literato devoto de Brummel y de Brantomme, y de una poetisa de alma torturada y torturadora, la obsesionan las rimas melodiosas. Se casó con un señor desconocido, de quien se separó poco después por notorio antagonismo de caracteres. Hoy tendrá diez y siete años, y es una de las mujeres más encantadoras de la capital por su refinamiento estético, por su gracia y por la seducción de su figura. Un poeta que tú lees se enamoró de Laura. Le dedicó algunos poemas melancólicos. En un claro día de enero se encontraron en el cementerio. ¿Qué se dijeron bajo los cipreses? La joven le juró que lo amaba. Y él se enterneció como un niño. Cuando ella se hubo alejado, él profanó la blancura del mausoleo, junto al cual sus bocas se unieron, con esta frase gráfica escrita con lápiz azul: "Aquí fue donde el poeta Armando Malivert lloró de amor por linda Laura Menéndez".

—Frase que el mármol debería conservar como la más pura ofrenda de un hombre superior para una mujer bella. ¿Y ahí concluyó la historia?

—No sé. Armando partió luego para su país. Hizo de su amada un retrato en pocas líneas, que más o menos dicen: "Alta, mórbida y morena, su rostro es un inefable milagro de pureza y de encanto. La frente mediana, ojos como dos eternidades, la nariz grácil, de una suave redondez las mejillas y el mentón; y, como una flor de amor y de muerte, el tesoro inaudito de la boca, rosada y voluptuosa y espiritual, soberana seducción de su divina persona. Boca de dientes pálidos y de encías de un claro matiz sangriento, vaso de placeres únicos y sobrehumanos".

—El retrato es exacto y tu memoria admirable.

El vino de oro hervía aún en las anchas copas de tenue cristal. Sin tocarlas ya, nos levantamos y salimos. Al pasar frente a la mesa de las tres mujeres, la dulce boca descrita por Malivert nos sonrió por última vez.

Nosotros saludamos ligeramente.

XLVI

Debido a sus dolores pertinaces, mi madre no salía de casa. Pasaba las horas leyendo, en el corredor del primer piso, en una cómoda silla de extensión. Nosotros casi nunca la abandonábamos, y la distraíamos en la noche cantando, o charlando sobre todo lo que nos impresionaba, seguros de su benevolencia al emitir con libertad nuestros juicios. Ella oía nuestras palabras con esa expresión íntima que sólo las madres tienen en el rostro para escuchar a sus hijos. Expresión acariciadora que hace salir las frases de nuestros labios bellas y como perfumadas.

—Si tú escribieras, hijo, fácilmente harías conocer tu nombre hasta en los países lejanos. Pero a ti no te preocupa la gloria.

Miramos en la tarde partir el vapor. Pitó roncamente y luego empezó a moverse. Se oía el ruido de la cadena del ancla, ascendiendo por un extremo del fondo de las aguas salobres. Con un anteojo observé la maniobra de marcha.

Empezó a alejarse hacia el norte, primero con lentitud, después rápidamente. Durante mucho rato lo seguimos con los ojos soñadores, sin cruzar una palabra. La columna de humo iba esfumándose en el horizonte.

—¿En qué piensas? —murmuré.

—En lo que sufriría ahora si hubiera tenido que recibir el adiós de tu pañuelo desde la cubierta de ese vapor.

—Eso no podría ser posible.

—¿Por qué? ¿No te gusta viajar?

—Lo que no me gusta es pensar que pudiera alejarme de ti. Por nada del mundo pasaría por esa pena. Para todo lo demás me siento fuerte. ¿Viajar? Hubo un tiempo en que me atormentó la obsesión de los viajes. Fue en la época infantil de las lecturas de Julio Verne. Pero, ¡mira qué particularidad! No me atraían las urbes lejanas, las alegres metrópolis populosas, sino las tierras desconocidas, las comarcas vírgenes, las islas sin nombre en las soledades del océano, en que nadie jamás hubiera puesto la planta. Ansiaba ser el primero en hollar los follajes floridos, y en cruzar, expuesto a mil peligros obscuros, las vastas montañas en que sólo antes resonaran la canción de los pájaros y el rugido de las fieras.

—¿Un explorador?

—Sí, un explorador, pero, a la verdad, imposible. Pues no me hubiera guiado ningún alto móvil patriótico, ni el afán de agregar nombres a la ciencia geográfica, ni el de servir a la humanidad añadiendo a su historia la historia de una nueva raza. Mi anhelo era egoísta: el de mi propio goce íntimo de realizar un gran sueño y de respirar un día en un sitio fragante que los hombres no hubieran profanado. Mi expedición por mares ignotos en latitudes fantásticas o en tierras de climas extraños, sólo debería contar un número: yo. ¡Ya ves cuán imposible! En una de esas horas de vuelos errantes mi fantasía descubrió una isla, dorada, en las noches solemnes, por el fulgor quimérico de la Cruz del Sur. Estaba ceñida de rocas blancas, casi toda cubierta de pálidas arenas, y en su corto círculo —que dos aves enormes cruzaban sin cesar— sólo crecía una palmera. Una palmera solitaria como un símbolo.

—Tengo certeza —añadí— que las inmensas ciudades me decepcionarían. Esos compactos hacinamientos de muchedumbres en lucha tenaz con las más viles miserias: esas estrepitosas agrupaciones famélicas que ruedan lamentablemente por las calles en busca del ruin mendrugo, me dan horror. Tales cosmópolis no son sino centros mórbidos y gigantescos de egoísmos y traiciones, de dolor y de muerte. Son amplios teatros de luchas nefarias en que predominan la animalidad y la audacia, y, de ninguna manera la virtud o el honor. Sus artes, sus ciencias, y todo lo que representa su poder cerebral, me gustan de lejos. Todas sus glorias me gustan de lejos, pues al acercarme descubriría que hasta en sus amores y placeres hay amargos sedimentos de lágrimas. Sin embargo, algunos de esos sitios luminosos atraen mi espíritu vagamente. Algunas ciudades de Francia, de Grecia, de España, y quizá, aún más, de Italia, me ilusionan un poco. Sobre todas, Florencia, la peregrina ciudad del lirio rojo, que Dante inmortalizara mágicamente con el sol de su genio. Quisiera gozar de la seducción de esos lugares un instante para luego amarlos con el pensamiento, que tiende a vestir de ensueño todas las formas que le han dado un goce fugitivo.

—¿Y París?

—París —como Berlín, como Viena— sólo me fascina a la distancia. Por lo demás, yo no soy sino un ser anormal a quien no atrae la perfumada frivolidad que impregna su ambiente de cultura casi dolorosa. Pero sí admiro su potente fuerza de espíritu y de idea, que irradia en mil fulgores sobre el mundo. Soñé mucho con los viajes; pero los libros apagaron mis entusiasmos, haciéndome comprender que el roce con las muchedumbres que gimen de hambre acaba con muchos ideales. Por último, detesto, por instinto, esa vida artificial de los vapores, de los ferrocarriles, de los hoteles. Mas, cuando tú lo desees, iremos al lugar de la tierra que atraiga tu imaginación. Viajaremos por donde quieras. Somos ricos y podemos gozar de la vida según nuestras secretas inclinaciones. Y mi modo pesimista de ver las cosas, a este respecto, quizá se modificara con tu presencia. En todo caso, el hecho de que tú gozaras ante la claridad de otros paisajes me compensaría sobradamente de la frialdad de mi entusiasmo.

—Para mí —dijo ella con una dulzura en la voz semejante a una caricia— la única felicidad y el único deseo se resumen en estar siempre contigo. Y no cambiaría por todos los otros goces de la tierra la mitad de la ventura de que gozamos en nuestro jardín de La Antigua. Allí, en aquel florido rincón del mundo, quiero vivir y morir junto a ti. Es toda mi ambición, que condensa todos los sueños que han agitado mi alma.

—¡Así será para siempre! —exclamé conmovido.

XLVIII

Cruzó por nuestras almas —frente al mar sonante— la visión de la Muerte.

—¿Qué somos, Rogerio? —me preguntó con su cálido acento—. ¿Adónde van nuestras ilusiones? ¿Qué será de nosotros más allá de la tumba?

—Vivimos envueltos en la lobreguez de la duda —le contesté—. Hoy creemos en la inmortalidad del espíritu y del ideal y mañana nos asaltará la triste incertidumbre.

—Pero es imposible que sólo seamos materia deleznable. ¡Es imposible! ¿Cómo el pensamiento —que es todo luz— y el espíritu, que compendia la excelsitud de la emoción, pueden extinguirse en un instante, sin dejar un resplandor inmortal?

—Dentro de un siglo, de nosotros apenas quedará una débil memoria. ¿Quién, entonces, pronunciará nuestros nombres?

—¿No dejará nuestro paso ni una huella? Un amor como el nuestro, tan alto y profundo, ¿pasará como un soplo del viento?

—¡No! —dije yo, estremecido—, no pasará como un soplo del viento. Perpetuaremos nuestros espíritus en otros espíritus; y así nuestras individualidades se desdoblarán indefinidamente en el porvenir.

Bajó el rostro, ligeramente coloreado de rosa, y guardamos silencio.

Sonoras carcajadas nos hicieron volver la cabeza. Grupos alegres de bañistas corrían por la playa. Frente a nosotros, hombres y mujeres semidesnudos se hundían en las olas entre risas y exclamaciones. Con las cabelleras destrenzadas y las piernas y los brazos al aire, corriendo locamente sobre la arena bajo la llama solar, ellas semejaban turbas de bacantes. Ya todos dentro del agua se agarraban por la cintura en bulliciosas parejas y se sumergían con los cuerpos juntos.

Con asombro, Luz miraba la escena.

—¿Cómo podrán hacer eso? —exclamó—. ¿Será posible que en los instintos haya absoluta unidad en las especies y que el medio es el que encauza las costumbres y las tendencias humanas? Verdaderamente, no puedo creer que entre esas jóvenes que ahí exhiben su impudor, y yo, exista —fuera de los detalles de la existencia normal— algo de común. Tal como las veo, ligeras y frívolas, me parecen seres inferiores, seres de una especie inferior.

—Advierte que pertenecen a la parte elevada de nuestras sociedades y que su frivolidad reviste concretos caracteres morbosos. No son, seguramente, verdaderas mujeres, sino muñecas frágiles, cuya fácil mecánica mueve a su antojo cualquier mozalbete. Sus corazones son como los minúsculos corazones de los canarios, siempre saltando enloquecidos. Sin una idea propia, sin una emoción sincera, pasan la vida entre encajes y coloretes, entre abanicos y perfumes. Hacen de la existencia una vil mascarada, un sainete odioso y absurdo. Espíritus débiles y efímeros, a mí me inspiran piedad y lástima.

—¿Y los hombres?

—A esa clase de hombres ni siquiera los tomo en cuenta. Un caballo árabe o un perro de pura sangre inglesa valen más que ellos. La palabra hombre encierra un excelso resumen de cerebro y alma, un fin noble y fecundo, una síntesis de fuerza trascendente, una alta condensación de ideales y de energías. Y no puedo llamar así a esos individuos sin profanar la profunda palabra.

—¡Y pensar que tales hombres y tales mujeres forman la enorme mayoría y que los seres que sienten y comprenden su misión pasan aislados entre las turbas anónimas! ¡Y que nada puede hacerse para cambiar, si no el erróneo derrotero de la humanidad, el cauce envenenado de ciertas corrientes sociales!

—Es inútil luchar contra esas corrientes —exclamé—. Por eso los que tenemos conceptos propios acerca de las cosas guardamos silencio ante algunas manifestaciones inmorales, no por cobardía, sino porque cualquier protesta resultaría absolutamente estéril y ridícula ante el criterio plebeyo de la generalidad. ¿A qué conduciría protestar contra las coquetas y contra el asqueroso flirteo de los salones, si todos se obstinan en ver amabilidad en lo que es un vicio y un pasatiempo inocente en lo que constituye la más abyecta transgresión de la naturaleza? ¿De qué serviría crear cátedra contra el baile si en él se concentran los más ardientes deseos de los jóvenes, y el placer, prolongado hasta la vejez, de centenares de generaciones? ¿Cómo abolir esa perniciosa costumbre galante, que anula, desde la adolescencia, todo pudor en la mujer, y que la transforma en una automática muñeca de carne?

—¡Imposible! Dices bien. Esa aberración social está hondamente arraigada en los organismos como detalle de su existencia. Sería perfectamente inútil todo esfuerzo que se hiciera para abolirla de las costumbres actuales. Yo no tenía, ciertamente, una noción clara y precisa de lo que es el baile hasta que tú me enseñaste el obscuro cieno de su fondo. Y ahora mis ideas sobre este punto son tan extremistas como las tuyas.

—Eso era natural que sucediera en ti, que piensas y sientes con independencia de los prejuicios establecidos. En mi concepto, una joven que ha bailado no es, de manera alguna, un ser inocente. Todo caballero, al encontrarse con una doncella ignara del innoble ejercicio, debe evitar cualquiera frase equívoca que pueda lastimar su pudor; pero si ha recorrido los salones de baile con ella en los brazos, no veo por qué vaya a abstenerse de hablarle de lo que se le antoje. Una joven que públicamente fue abrazada no podrá sentir sorpresa por las palabras de doble sentido. La parte de inocencia que pudiera perder leyendo cien novelas pornográficas no equivaldría, por ínfima, ni con mucho, a la que pierde bailando un vals. Y lo verdaderamente odioso en este espectáculo es el papel repugnante que representan las madres. Se pasan los años cuidando a sus hijas como intocados tesoros de virtudes que se extraviarían al menor descuido. Fiscalizan sus actos más simples, vigilan su sueño, procuran adivinar su pensamiento. No las dejan leer una página que contenga una palabra de dudosa interpretación. Las llevan a las iglesias, obligándolas a que se confiesen y comulguen continuamente. Y cuando cumplen quince años las visten con trajes blancos, cuyos escotes muestran los virginales brazos desnudos y los incitantes y mórbidos senos medios velados: concretan en ellas todos sus refinamientos de adornos, como para que todas las miradas se fijen en ese prodigio de belleza; y cuando, de este modo, las jovencitas se vuelven más atrayentes y deseables, aptas, como nunca, para despertar los carnales apetitos, las arrojan en los brazos de los hombres, que, como es lógico, se disputan aquellas presas, todavía pudorosas y cándidas, para tener la gloria de ser sus iniciadores. Y esas buenas madres son felices viendo a sus hijas sobadas por los infatigables bailarines; y hasta tienen el cínico candor de celebrar, con frases y exclamaciones y alegres risas, el vicioso entusiasmo de algunos empedernidos galanteadores profesionales que durante dos horas las han apretado en los brazos sin fatigarse. Cuando estas pobres muchachas vuelven a su hogar son ya otras de lo que eran el día anterior. Sus ideas y sentimientos sobre algunas cosas primordiales han cambiado radicalmente. La vida se les presenta como un baile continuo y sueñan ir abrazadas a todos los hombres, oyendo sus ardientes y perturbadoras declaraciones. Es verdad que una parte de los individuos que concurren a esas fiestas son personas más o menos cultas, quizá incapaces de cometer un abuso; pero es también cierto que constituyen la mayoría jovenzuelos desvergonzados y perversos de increíbles audacias en las palabras y en los hechos. Pero, ¿cuál es la muchacha que confiesa que en los bailes se le ha faltado al respeto? Todas —si se las creyera— merecieron siempre las más finas atenciones y no escucharon sino frases púdicas y bellas. Por lo demás, no me sería desagradable concurrir a los bailes: en tres o cuatro ocasiones he gozado del espectáculo armonioso de los colores en los trajes, del ornamento de los salones y de las melodías de la orquesta.

—Sí. Varias veces has asistido a esas fiestas.

—Pero jamás he bailado. Entre otros motivos, por repugnancia de imitar, como los monos, los pasos, gestos y ademanes de los mozalbetes. Por horror de hacer lo que ellos hacen. Pero he seguido con una sonrisa quizá benévola-los ritmos de las danzas. No me dormí, en algún muelle sofá, meditando en la turbación mórbida de esas adolescentes abandonadas, con voluptuosa languidez, en los brazos de un hombre, por lo general, un alcohólico, en un cálido ambiente artificial saturado de perfumes, entre el esplendor de centenares de luces y bajo la influencia, en esos sitios pecaminosa, de la música. Pudiera entonces jurar, sin peligro de incurrir en error, que sus pensamientos y deseos no son, precisamente, de una castidad absoluta, y que sus almas, excitadas por hálitos malsanos, se agitan obscuramente en los lindos cuerpos temblorosos febriles.

—Siento como tú esas cosas, y te oigo como un eco de mis propias convicciones. Pero inmutablemente perdurarán esas costumbres, sin que haya muro que pueda detenerlas.

—Por mi parte, ni siquiera he pensado que puedan borrarse de nuestros ambientes sociales. Ni me importa. Mi alma se halla tan lejos de esos placeres como la luna de la tierra. Tenga yo lo mío, puro y bello, y lo demás me tiene sin cuidado. Tu espíritu y tu cuerpo no han sentido ese soplo acre y profanador, y esa es mi gloria. Yo no podría amarte con la noble ternura que eternamente perfuma mi corazón, no podría ver en ti el ángel antes que la mujer, si hubieras saltado, como una locuela, en los brazos de alguno. Sufro con sólo imaginarlo.

Me pasé el pañuelo por la cara para ocultar mi emoción.

—¡Qué celoso eres! —exclamó, retirando, con una sutil caricia, la mano de mi rostro.

—¿Cómo remediarlo? —murmuré—. ¿Ni qué culpa tengo yo de ello? Debes recordar el análisis hecho por un psicólogo italiano acerca de este hórrido mal, y que leímos hace poco tiempo. Lo considera como una imperiosa ley atávica, y esa es la verdad. ¿Qué antepasado me legó ese tormento? ¿Fue acaso don Humberto de Mendoza? Seguramente fue él, que poseyó un alma tan sombría y complicada. O quizá fue otro. Sólo puedo decirte que un dolor agudo me asalta cada vez que algún hombre te mira largamente, y que cuando alguien te estrecha la mano siento como si me estrujaran el corazón. Es estúpido esto, es ridículo, es morboso. Pero, ¿qué hacer? Así nací, así soy y así moriré.

—Te comprendo, Rogerio. Y esa sutilidad en tu amor, que conozco desde la infancia, me encanta y enorgullece. Creo que los celos son reveladores de un alma profunda y exquisita. El mismo egoísmo que los constituye es un don superior en esos tremendos fenómenos del corazón. Esa susceptibilidad, a veces inverosímil, que en su esencia es un amargo tormento, ¿podría ser sentida o comprendida por almas plebeyas? Claro es que no. Por eso las gentes baladíes interpretan los celos como caprichos de lunáticos y hasta procuran hacer ver en ellos ofensas graves de quien los siente contra quien los inspira. Nada más ilógico que ese grosero juicio. Yo también soy celosa, aún más de lo que te figuras, y quizá los dos hemos compartido la triste herencia de que hablabas hace un instante. Ten la convicción de que yo tampoco te amaría como te amo si otra sombra de ilusión hubiera, antes que la mía, empañado tu alma. Pero nuestras almas son como dos límpidos espejos: íntimamente podemos ver en ellas reflejada toda nuestra vida, serena y pura, palpitando con los mismos sueños y con las mismas esperanzas.

XLIX

Paseamos por la playa en el plenilunio de enero, de una claridad deslumbradora. Bajo nuestros pies crujía la arena, y menudos cangrejos se ocultaban en sus agujeros delante de nosotros.

El pálido planeta, en toda su quimérica hermosura, se mostraba como una enorme rosa de plata en la serenidad del horizonte; el vasto rumor oceánico adormecía nuestros corazones. Era aquella la última noche de nuestra temporada en el puerto. Mi madre, ya libre de su mal, suspiraba por nuestra casa de La Antigua. A la mañana siguiente nos despediríamos de la mar maternal que arrulló nuestros amores.

Una ligera tristeza nos asaltaba. ¿Surgía de la noche de nuestras almas? Era como una niebla tenue cayendo sobre nosotros de las celestes alturas; pero también surgía de nuestras almas.

Caminaba a su lado meditabundo, abstraído en un pertinaz pensamiento doloroso. Así vagamos durante algunos minutos.

De pronto sentí como un vértigo y me vi solo e inmóvil en la playa.

Luego recobré mi razón extraviada.

—¿Qué tienes? —preguntó, cogiéndome una mano.

—Nada —dije, aún trémulo—. Que estuve un segundo fuera de la vida y fue como un siglo de angustia. ¡Cómo sería... que en él te perdí!

Y le expliqué mi ensueño pavoroso y fugitivo.

—¿No has pensado —exclamó, con voz vagamente sorda— en qué sería de uno de los dos si el otro muriera?

—No —contesté temblando— no lo he pensado. No quiero ni imaginarme la vida sin ti. Esta sola suposición extravía de nuevo mi espíritu.

Impulsado por una de esas curiosidades amargas que la triste alma no puede dominar, la interrogué:

—¿Y tú qué harías si yo muriera?

—¡Yo! No lo sé. No me lo preguntes.

—Dime qué harías, Lucita.

—Pues bien, Rogerio, es horrible que así me interrogues. Sabes que odio la mentira. Quizá hago mal en decírtelo; pero si tú murieras, me mataría.

La luna se ocultó un instante, y apareció de nuevo en el profundo azur, con su palidez espectral.

L

Ahora sentía yo el alma como una fuente clara en la que cayeran continuamente rosas de colores. Una absoluta confianza en la vida, una inmutable seguridad en el porvenir dirigían mis actos y mis palabras. Me consideraba bueno y generoso, capaz de las mayores abnegaciones y de las proezas preclaras y heroicas. Mi piedad por los infortunados se hacía más intensa. Salía, a veces, al anochecer, y entraba por las callejuelas solitarias. En pleno suburbio, hacia el camino de San Felipe, cerca de una tienducha miserable, había un portón inválido y grasiento. Lo empujaba con cuidado, me introducía en un estrecho recinto húmedo y obscuro. En una gruesa tabla, sobre el suelo sin ladrillo, se revolvía un infeliz viejo, quejándose amargamente. Encendía yo un fósforo y una alegre exclamación me saludaba. Del corredor nauseabundo surgía entonces una muchachuela escuálida con un pedazo de vela.

—¿Cómo sigue tu padre?

—Así, señor, sufriendo.

El torturado se estiraba angustiosamente sobre la dura madera, levantando, imploradoras, hacia mí, sus manos ásperas y negras. Yo estrechaba en las mías aquellas manos míseras; selladas por el dolor, y un placer profundo invadía todo mi ser.

Contemplaba el largo y rugoso cuerpo paralítico: la testa de mártir, coronada de greñas obscuras, los ojos áridos y febriles, inquietantes los agudos pómulos. Y rememoraba al buen hombre rústico que en los primeros años de mi niñez me llevó en los brazos en las fiestas populares, obsequiándome con dulces y frutas y muñecos de trapo.

Repentinamente le atacó el mal tremendo y allí gemía en la miseria, sin un rayo de esperanza.

—¿Qué desea, Mariano? —le preguntaba.

Deseaba muchas cosas. Una caja grande de galletas, una botella de vino, paquetes de cigarros, frascos de aceitunas. Estos eran sus caprichos, pues para lo más indispensable de sus necesidades le enviaba mensualmente una cantidad. Siempre fue goloso y ahora yo me divertía satisfaciendo sus deseos pueriles.

—¿Por qué no ocupas la cama que te envié hace quince días?

—Perdone, mi señor, el tablón es mejor para mí. En la cama duerme la pobre muchacha.

Fuera de aquél tenía yo a mi cuidado cuatro infelices más. Dos ciegos y dos mujeres; una de ellas casi centenaria, la otra apenas salida de la adolescencia. Entre los cuatro —que agonizaban tristemente en sombríos rincones de los barrios— iba distribuyendo el dinero que llevaba.

La jovencita —huérfana y recogida de mala gana por una vieja pariente— era la que más lástima me inspiraba. En el último período de la tisis, su faz cadavérica parecía diafanizada. En el rostro, de una blancura de cal, los dos ojos negros eran como dos llamas lúgubres. Una sonrisa lamentable agrandaba su boca descolorida y su cuello era de una delgadez espantosa. La tétrica muerte había ya sellado con su hórrido signo a aquella mísera criatura, que amaba la vida y no quería desaparecer.

Salía a recibirme con tan jubilosa emoción, que a veces la sofocaba un fuerte acceso de tos. Acudía yo en su auxilio como un hermano, retirando de sus dedos contraídos la humilde silla de cuero que iba a ofrecerme.

—No se moleste, Juanita. ¿Le sentó bien el último medicamento del doctor Sáenz?

—Sí, me alivió un poco, don Rogerio. Quizá continúe mejorando con el que, por recomendación de usted, me envió ayer. Creo que la primavera me reanimará y que a fines de año estaré curada. ¿No le parece?

—Seguramente. El doctor me lo dijo ayer.

—¿A usted también se lo comunicó?

Y sus ojos resplandecían alegremente. Yo miraba sus mejillas secas —con ese fúnebre matiz róseo que es como un sello del mal implacable que la arrastraba a la tumba—; miraba su pañuelo teñido de sangre, que ella quería ocultar; y me invadía una punzante amargura. La pobrecilla me tomaba por confidente de sus ilusiones, relatándome algunos de sus proyectos con voz ronca y trémula, que se tornaba en ciertos días suave y afectuosa.

Una tarde, Luz fue conmigo y le llevó un espléndido ramo de azucenas. La enferma bañó con sus lágrimas la mano de mi prima, sonriéndole a través de su llanto, con toda su triste alma. ¡Era muy sentimental la pobre Juanita! Y ante aquella explosión de ternura, Luz se conmovió profundamente. Le acarició los cabellos sedosos y abundantes y besó sus sienes marchitas, y la consoló con palabras tan dulces, que algunos días después la infeliz me dijo que le pareció haber soñado.

—No, señor, no fue una joven, como otra cualquiera, la que yo vi. Sus miradas no eran de este mundo; y sus frases, sus manos, su perfume, el roce ligero de su boca sobre mi frente, toda su luminosa hermosura, no podían ser de la tierra. Fue, sin duda, un ángel. ¿Será éste un aviso del cielo?

Sí, fue un aviso del cielo, porque diez días después murió la pálida virgen. Cubrimos de flores su pequeño ataúd blanco, y la acompañamos, en silencio, en su travesía al cementerio de San Lázaro.

LI

Gozábamos intensamente de la vida, en lo que ésta tiene de más elevado y más puro. Cada ligera expresión vital, cada matiz, cada sonido; un aroma errante; el revuelo de un pájaro o de una hoja seca; un rayo de luna, el brotar de una flor, una nube que pasa, despertaban en nosotros sueños vagos y radiantes, ideas ilusorias, vibraciones ocultas.

El rumor del ángelus vespertino velaba nuestras almas con un encaje azulado de oración y de melancolía. Vibraban fúnebremente las campanas en todas las iglesias, y los ecos se perdían en la distancia, en los altos boscajes penumbrosos. Un hálito de paz, descendiendo de la celeste inmensidad, adormía en suave letargo los seres y las cosas.

—La música de las campanas —murmuré— arrastra mi espíritu, como si fuera un gran viento sonoro, hacia comarcas lejanísimas, hacia tierras exóticas que los geógrafos no sueñan todavía en descubrir y que quizá no descubrirán nunca. Es como un huracán armonioso que me envuelve en sus giros, me eleva en sus vértigos, y que desaparece inmovilizándome en un paraje solitario poblado de claras corrientes de agua y de musgos de oro. En esos vuelos —aun conservando mi ser su envoltura terrenal— me siento extraordinariamente ágil y como guiado por una mano misteriosa.

—Esta hora grave del Avemaría —dijo ella— es de una solemnidad tan profunda que me produce casi un dolor. Extraños pensamientos, sensaciones taciturnas me adormecen en éxtasis irreales, de los que regreso estremecida. ¿Qué he mirado en esos rápidos instantes de lúgubre o fúlgido sueño? Cosas ligeras y vagarosas que son como almas de las inquietudes terrenas. Fantasmas ilusorios, perfumes y colores y músicas que no existen, que jamás han existido, que nunca existirán. Son como sueños de otros sueños. ¿No te ha pasado soñar algo dulcísimo e impalpable dentro de un sueño prosaico y normal? ¿Y despertarte en la medianoche frente a esos dos sueños: el uno vivo y alucinante, y el otro, desenvuelto en el anterior, en una imprecisa lejanía de quimera, pálido y sin contornos? Es muy raro esto; pero verdadero en su visión extrahumana.

—¿Volverán a la tierra las almas de los muertos? En un cementerio he sentido la impresión de que quizá no morimos del todo, de que un átomo inmortal puede cruzar en un segundo la vida. ¿No serán los sueños, a veces, reveladores del paso de esas almas? Esos éxtasis en que, de improviso, cae el espíritu, ¿no serán los instantes en que pasan por nosotros las almas de nuestros antepasados en su eterna rotación inmutable por los misteriosos infinitos?

—Bien pudiera ser, Rogerio. Cuando yo vuelvo de esos indecisos viajes me siento como espiritualizada, como alejada de la tierra.

Traigo de esas excursiones como una suave sensación etérea, como el tenue resplandor de un país de encanto, como un aroma sideral en los cabellos. Me sorprenden las personas que me rodean, como si nunca las hubiera visto, como si fueran extrañas a mi corazón. Sólo tú vives entonces —más hondamente que nunca— junto a mi espíritu, dentro de mi espíritu, y como si constituyeras mi alma y mi propio pensamiento. Y me gusta sumergirme en esa fugaz embriaguez visionaria, morir un segundo para resucitar adorándote con un amor inconcebible y eterno que ningún otro hombre ha inspirado jamás.

La oía con los ojos fijos en sus ojos, grave y feliz, como si escuchara una celeste música. Las recónditas palabras salían de sus labios con una intensa dulzura misteriosa, como si su alma las dijera dentro de mi alma.

Y las campanas continuaban sonando en el aire sereno, muriendo los ecos en los ámbitos remotos colmados de sombra. Se perdía, al fin, lentamente, quiméricamente, el vago gemir plañidero con el último fulgor solar sobre la cumbre de la sierra, y la ciudad se quedaba adormecida en el misterio de la noche.

LII

También era cierto que jamás mujer alguna había inspirado una pasión tan sobrehumana. Yo la amaba con todos los amores, con todos los amores que pudieran caber en cien almas complejas. La sentía en mí y fuera de mí, como parte substancial de mi propia vida y como un desdoblamiento de mi personalidad. Absolutamente identificados en los mismos deseos; unidos, de manera indisoluble, por la secreta ley que rige los instintos y los temperamentos, comprendía que lo mejor y más noble de mi ser estaba en ella, y que sin ella habrían permanecido, inmutablemente inmóviles, mis fuentes interiores de emoción y de sueño.

Ante una joven normal, ante una de esas bellas jóvenes que iluminan los salones de las fiestas, mi espíritu hubiera quedado impasible y hermético, esterilizado ante la vida. Aun creciendo juntos en la soledad de aquella vasta casa, entre la perenne complicidad de las horas y de las cosas, nada habríamos tenido que decirnos que afectara nuestros espíritus.

Mi destino, el ignoto destino que me impulsa hacia todas las cumbres y hacia todos los abismos, me deparó esta criatura excepcional, producto, tal vez, de una profunda selección elaborada pacientemente en el seno de cien generaciones.

¿Merecía yo el inefable amor de aquella joven divina? ¿Era digno de su alma de sobrenatural hermosura?

Ella, en verdad, era única en la tierra, por la perfecta comprensión de las cosas más hondas y sutiles, por el sentimiento amplio y definitivo de la belleza, por la absoluta intensidad de la emoción y por el prematuro dominio sobre las ideas y sobre las palabras. Alma precozmente llena de sinceridad y de pasión, nada tenía que ver con las otras almas de mujeres. Su misma forma física, tan original hasta en sus menores detalles, tan armoniosa y tan dulce, la alejaba del tipo común de los seres de su especie. Había en ella una magnética atracción dominadora, que no provenía tanto de la íntima gracia exterior como de un imán delicioso de su aire, de su mirar y de su voz. Vibraba todo su ser en su acento, y era casi taciturna, sobria de ademanes y de expresiones. Dando a cada vocablo su gráfico sentido, sus ideas encontraban fácilmente el melodioso molde verbal. Yo buscaba, en mis insomnios pensando en ella, alguna fascinadora beldad a quien compararla, siquiera fuese en su corporal figura peregrina. Inútilmente hacía desfilar, una por una, ante mis ojos, a todas las jóvenes hermosas que yo conociera. Eran insignificantes ante su mágica presencia. Acudía a las ideales visiones femeninas de la historia o de la leyenda y todas palidecían frente a la blanca virgen cuyo celeste amor perfumaba mi corazón.

LIII

—Algún día subiremos juntos a la cumbre del Volcán de Fuego —le dije una tarde—. Me asaltan de continuo fuertes deseos de admirar el vasto paisaje que tan exactamente describiera el célebre geólogo francés Eugenio de Mont-Serrat. Sintiéndote a mi lado, en la altura prodigiosa, bajo el cielo sin nubes, quisiera gozar de ese espectáculo imponente, que es, según he leído, uno de los más bellos que existen. Contigo gozaría, con doble intensidad, esa pura emoción.

—Iremos juntos, aun cuando muera en la cima, como en la del Volcán de Agua, doña Fernanda Berger de Vasseaux. Me encantaría morir en tus brazos en esa cúspide azulada que llenó de sueños mi infancia, lejos de las extrañas gentes y bajo las nubes errabundas.

—¡Cállate! Lo que desearas con ello sería ahorrar camino a tu alma en su viaje al cielo.

—No. Hablo formalmente.

—Pues te diré a mi vez, con toda seriedad, que si tan terrible cosa sucediera tendríamos, por lo menos, una tumba digna de nosotros. Allí, en la parte sur del cráter, existe un tremendo abismo de seiscientos metros de profundidad. En él desapareceríamos para siempre.

LIV

En la tertulia de mi madre, a la que concurrían ahora dos o tres nuevas personas, don Otto Kaufmann habló con entusiasmo del porvenir de La Antigua cuando se realizara el brillante proyecto del ferrocarril eléctrico a la capital, de que actualmente se ocupaban los diarios.

El buen hombre —un ventrudo alemán enriquecido en el comercio de abarrotes— hacía cálculos optimistas sobre este asunto que él consideraba como el de mayor importancia para la ciudad.

—Indudablemente —observó Edwing— será esa la obra más bella que pueden realizar los antigüeños con el concurso de los hombre del poder. Tan luego como haya esa facilidad para los transportes a Guatemala y a Escuintla, La Antigua florecerá en poco tiempo. Aunque puede haber entre nosotros dos opiniones contrarias.

Y me miró sonriendo, y luego Luz. Ambos, también sonrientes, guardamos silencio, como ratificando un secreto acuerdo de no exteriorizar algunas de nuestras ideas, hostiles a las opiniones generales.

—Sólo siento —repuso don Diego— no haber iniciado, durante mi gobierno municipal, ese magnífico proyecto, que nos salvará de la miseria, sin el cual nuestra localidad se habría convertido, en pocos años, en un pueblejo deshabitado.

—Dejaremos, al fin, la molesta diligencia y la resabida mula trotona para tomar asiento en un cómodo carruaje, como las gentes civilizadas —añadió otro.

—No hay como los ferrocarriles para hacer prosperar rápidamente a las naciones —insistió don Otto—. Alemania es tan fuerte, en gran parte, por sus caminos de hierro, que la recorren en una red interminable.

—Y Francia, y Estados Unidos, y todos los potentes países. ¿Acaso puede florecer industria alguna sin las locomotoras?

Y al hablar así don Diego retorcía el canoso bigote.

Edwing me interrogó con una mirada, que subrayó con su fina sonrisa.

—¿Para qué quiere usted, Edwing, que diga mi opinión sobre el particular? Aunque concretamente jamás hubiéramos hablado de este asunto, sabe muy bien lo que pienso sobre las cosas que atañen a La Antigua. Mi juicio sorprenderá a todos, y no vendrá sino a confirmar el que don Diego tiene de mí. Dice que soy un soñador, y no se equivoca. No protesto contra esa noble palabra: la acepto como un elogio. Pues bien, fuera de las bellas audacias de los aviadores por dominar el espacio, no es mucho mi entusiasmo por los otros rápidos métodos de locomoción, ¿Para qué apresurarse tanto en cruzar el triste mundo? ¿Qué se obtiene de ventaja en llegar más o menos tarde a un punto determinado? Detesto cordialmente a los agentes viajeros, y, en general, a todos los que ven la vida sólo por el lado utilitario; y, en mis preguntas, de manera alguna aludo a esos seres ambulantes que pasan como meteoros por los pueblos y ciudades, seguidos de una heterogénea colección de baúles. La parte práctica de las cosas, cuando llega a constituir en el individuo una sed febril de oro, me repugna; y, por lo mismo, repugnan a mi organismo esos especuladores que cruzan la existencia envueltos en un vertiginoso torbellino de negocios metálicos, que ni siquiera les da tiempo de admirar un paisaje o una puesta de sol. Por esto me causa antipatía y horror la pasmosa actividad material de las metrópolis norteamericanas, que acabo de conocer en un libro de un pensador francés. Creo que tal esfuerzo muscular, enormemente superior en esos pueblos al esfuerzo mental —siendo de una perfecta inutilidad para la ventura colectiva— constituye un estado mórbido; y no me extrañaría leer pronto, en alguna revista extranjera, que se ha descubierto el epiléptico microbio de ese mal.

—Me lo imagino ya —murmuró riendo el doctor Sáenz—. Será un microbio danzarín; y de forma extraña y caprichosa como el del ántrax.

—Los ferrocarriles no me preocupan en los países lejanos —continué—, ni aun en el mío propio; y hasta aplaudo, como cualquier gacetillero, su invención. Pero, para La Antigua, no deseo ferrocarriles. Se llenará de caminos de hierro nuestro territorio; pero que en esta peregrina Ciudad del Recuerdo no resuene ese agudo pito del progreso mecánico, ni manche el esplendor de su atmósfera el humo pestilente de las locomotoras. En esto soy un rezagado. Pero diré por qué. Porque yo, en todo, coloco el espíritu sobre la materia; pensando, quizá con razón, que lo que muere pronto no puede jamás compararse con lo que es imperecedero. La Antigua —tierra sagrada, como las de Quiriguá, Tikal y Utatlán— vale por su leyenda maravillosa, por sus ruinas, por su antaño de sueño. Vale, por esto, en primer término; y después, por sus admirables condiciones topográficas, por su clima, por sus aguas. Aunque estuviera colocada en un paisaje más bello, sin sus tradiciones no tendría la décima parte de su mérito. Su ayer, no su hoy, ni su mañana: he aquí lo que atrae a los viajeros de todas las naciones. A medida que transcurran los tiempos, su valor, en este sentido, aumentará. Pero, al llegar a nuestras puertas el ferrocarril, desaparecería su aspecto de gloriosa vejez en breves años. Perdería, definitivamente, para siempre, su carácter típico, único en la tierra, para convertirse en una población comercial como cualquiera otra de las poblaciones comerciales que por centenares llenan el mundo. Sus ruinas, sus tradiciones, su fisonomía sólo suya, su aire misterioso de quimera, su tristeza melancólica, su fúnebre hermosura, todo lo que constituye, en fin, su espíritu y su recóndito encanto desaparecería lamentablemente para dar lugar a las nuevas fuerzas y a las nuevas manifestaciones del progreso contemporáneo.

—Pero usted se olvida, en su imposible ensueño —replicó don Diego— de que a la civilización no puede ponérsele trabas de ninguna especie, y de que, conociendo el estado lamentable de la plebe entre nosotros, es un deber ineludible de todo corazón honrado procurar aliviarla en sus necesidades primordiales. Sobre los sueños, amigo, están los fines humanos. Y no me parece que, de ningún modo, sea cuerdo ni lógico que, por no acabar con la poesía de los escombros, se mantenga a casi todos nuestros conterráneos en tan grande escasez monetaria que a veces raya en la miseria

—Pues yo pienso, señor, que el progreso de que usted habla beneficiaría, quizá, únicamente, a las clases acaudaladas, a los finqueros y a los comerciantes. El trabajador antigüeño de los suburbios no mejoraría un ápice en su actual condición. Porque los trenes vendrían repletos de jornaleros de las otras regiones del país, y la enorme competencia esterilizaría los fines humanos que usted invoca. Y aun en el caso de que sus condiciones de vida mejoraran, esa ventaja sería muy pequeña comparada con el sacrificio que se hubiera hecho para alcanzarla.

—Siento no compartir sus ideas —terminó, un tanto alterado, el exalcalde—. Cuando yo vuelva a asumir la jefatura del municipio, mocionaré para que recaiga en usted el nombramiento de Defensor de la Poesía de las Ruinas.

—Mucho antes de que a usted se le ocurriera tan extraordinaria idea —le contesté serenamente— había resuelto dedicar algunos años de mi vida a recoger, en varios volúmenes, todo el pasado de nuestra ciudad, y a defender, con todo mi entusiasmo, el grandioso tesoro de sus ruinas, consagrado por los siglos, y que no puede ser destruido en un día por un vano capricho del utilitarismo mezquino. Nuestra poesía está en el pasado; y esa poesía tiene, en ocasiones, tal fuerza, que se impone de tal modo, que constituye la vida misma de una localidad. Esto sucede en La Antigua. Por el motivo que antes expresé declino el honor de su importante moción municipal. En cambio, todos los que aun pensamos y sentimos hondamente, evocando el ayer, de esta querida ciudad, agradeceríamos a usted que su excitativa ante el honorable Cuerpo se concrete a pedir que la cantidad de dinero ofrecida al Gobierno para la instalación del ferrocarril se destine a la sistemada conservación de nuestras ruinas. Obra, en verdad, más patriótica y más grande.

—Todo eso es romanticismo, sueños, idealidades, vagos anhelos. Castillos aéreos, leyendas, pedruscos: todo lo que es viento y vaguedad inútiles tendrá que desaparecer entre los ruidos ensordecedores de las locomotoras y de las fábricas.

—Piadosamente he sonreído siempre que algún señor de espíritu práctico —algún buen Sancho de arrabal— en tono dogmático y declamatorio nos amenaza con descrédito y la muerte de los poetas. Y es que apenas merece una fugaz sonrisa desdeñosa tal afirmación, hija de un absoluto desconocimiento del arte en su fase más noble y trascendente. No, la ciencia y el arte no repelen. Ya separados o unidos, inmutables y eternos, son las manifestaciones preclaras del pensamiento y la energía de las naciones. Y bien puede una oda desdoblar ritmos profundos en honor de la maravillosa máquina un taller o de un estupendo descubrimiento científico, servir este a los cuatro puntos cardinales la fama de proclamar gran poeta. No, la Poesía no morirá jamás. Leyes divinas rigen su secreta renovación a través de los tiempos, y el alma humana se embriagará siempre con sus imágenes y con sus rimas. Como la más alta y pura expresión de belleza, vivirá, mientras intensamente vivan la emoción y la idea; y la triunfante música de los versos se alzará imponderable e inmortal, entre los estruendos de las fábricas y las mil formas mecánicas del progreso futuro. Suprimir a los poetas —no me refiero los zurcidores de consonantes— sería como mutilar a la humanidad. De la verdadera poesía emana un perfume que no puede morir. Poesía es luz, ilusión y divina esperanza. Corona de rosas al amor y atenúa el sufrimiento; y pone su sonrisa, como una celeste ráfaga de lumbre, sobre la obscura miseria terrena. Perseguir, pues, esta forma inmutable de crear y propagar la belleza, es como querer retener el mágico vuelo del ideal, dando, sobre el espíritu, una ventaja enorme a la materia bruta.

Don Diego lanzó un sordo gruñido, signo en él de suprema contrariedad y de la total extinción de sus razonamientos. Luego se retiró, en compañía de don Otto, pretextando el arreglo de un asunto grave.

Todos rieron y la plática varió de tema.

LV

Algunas noches acompañábamos a nuestra madre a casa de doña Carlota de Irisarri, con quien la unía una afección de la infancia, y que, con motivo de una tenaz dolencia, apenas abandonaba el lecho.

Juan y Cristina, los dos hijos mayores, nos recibían en una pequeña sala amueblada con discreta gracia, y en la que mostraba su brillante negrura un antiguo piano de cola. Eran un poco mayores que nosotros y a Luz le gustaba Cristina por su sencilla bondad.

Estrecho era el círculo de nuestras conversaciones con los dos hermanos, perfectamente ignorantes, y circunscritos a los frívolos temas locales. Sólo nuestra común pasión por la música nos unía. Los dos, como nosotros, dominaban medianamente el piano y la guitarra, llegando Cristina a fantasear con éxito sobre algunos difíciles fragmentos de óperas célebres; y hasta componía melancólicos nocturnos y tristes romanzas.

Doña Carlota llamó una noche a Juan, quien regresó en seguida.

—Ella les suplica —dijo, volviéndose a nosotros—, que canten algo. La pobre delira por el canto, y como su habitación queda contigua a esta sala, les oirá bien.

Acompañados al piano por Cristina cantamos una serenata húngara, de un sentimiento tan hondo y de una melodía tan ilusoria que nos causaba un extraño dolor. Era una vaga sonata de muerte, en que un eterno adiós se repetía al final de las estrofas, dulce, amarga, melancólicamente. La explicación, simple, y no obstante, intensísima de aquel poema musical, completaba en nosotros su mórbido encanto: Dos jóvenes amantes, de los bosques de Hungría, perseguidos por un destino maléfico, se vieron forzosamente obligados a separarse para siempre. De pie, sobre la falda de un otero, ella le mira alejarse con el corazón lleno de sollozos. En la lejana curva del escarpe, allí donde una musgosa cruz de piedra marca el sepulcro de una virgen, él se vuelve, por la última vez, hacia su amada, improvisa un adiós profundo en una mágica melodía. Su voz se eleva en los aires, plateados por el fulgor de luna, y llega tristísimamente a los oídos de la hermosa. Al extinguirse la primera queja melódica, ella contesta con otro adiós salido de las más recónditas intimidades de su ser, saturado de tan suprema ternura dolorosa que las palabras son como lágrimas. Se apaga la voz, y la otra voz responde a lo lejos. Caminan ya por opuestos rumbos, ascendiendo por las solitarias colinas, y el intenso diálogo va extinguiéndose lentamente, angustiosamente, hasta esfumarse en un remoto suspiro, en murmullo de agua sobre guijarros, en un rumor de hojas que caen en silencio argentino de noche.

La honda sugestión del oyente era completa cuando, separadas las dos voces, se oían vibrar, una después de otra, en la distancia.

A la enferma le impresionó, de profunda manera, aquel lánguido himno funerario, obsesionante como una elegía, y nos suplicó que lo repitiéramos; pero, asaltados repentinamente por una inquietud atormentadora, nos abstuvimos de hacerlo.

Ya en la calle, Luz murmuró:

—¿Por qué será que me emociona hasta la angustia esa serenata? Yo siento que materialmente me duele el corazón cuando canto.

—A mí también me hace sufrir.

—Entonces —exclamó mi madre—, ¿para qué torturarse?

—No lo podríamos saber —dijo Luz—. Espontáneamente se nos ocurrió preferir esa canción.

La calle estaba solitaria. Al pasar junto a una puerta cerrada, un reloj, en el interior, dio las diez. En la próxima esquina, un farol de cristal, sostenido por un hilo de alambre, se balanceaba frente a una imagen sagrada, yacente en medio de la pared, en su nicho de granito. Sobre el suelo se encogían y se alargaban caprichosamente las sombras errantes.

La voz de mi madre interrumpió el silencio:

—Hay ocasiones en que vuelve una a vivir una hora de su antigua vida. Ese reloj, resonando en esa estancia cerrada, hace surgir un dulce recuerdo de mi juventud. La noche en que tu padre, Rogerio, fue a pedirme en matrimonio, yo salí de casa con varias amigas, después de las siete, a un rezo en La Merced. Él me había dicho: "A las diez nuestra suerte se habrá definido". Mi familia, compuesta de tres personas, ya difuntas, se oponía tenazmente a nuestro enlace. Pero Luis me juró que la convencería. ¡Era él tan audaz y tan simpático! De la iglesia me vine a esa casa de Carlota, de donde acabamos de salir; y, ella, recién casada entonces, fue con su marido a dejarme. Así era la noche, como ésta, silenciosa. Poco antes de llegar, cerca de una esquina, tras una puerta cerrada, sonaron las diez en uno de esos antiguos relojes de péndulo, cuya hora canta una palomita automática, que aparece por una pequeña ventana. Toda estremecida oí el quejumbroso grito mecánico pensando, en cada una de sus diez ligeras pausas: "¡Mi destino se ha resuelto!". ¡Qué cosas tan lejanas, tan lejanas y tan hondas!

Y sentí que temblaba su brazo bajo el mío.

Nuestras veladas tuvieron, durante algún tiempo, su parte musical. Los Irisarri pasaban dos o tres horas con nosotros, y cuando Luz y Cristina concluían sus ejecuciones en piano, Juan yo cantábamos, acompañándonos con las guitarras.

Los amigos de mi madre se mostraban muy complacidos con esta novedad, y con frecuencia alguno de ellos pedía a Luz que cantara un poco. Una noche fue don Diego el de la súplica.

Ella se acercó al piano y ocupé la banqueta. Había yo compuesto un vago preludio para el acompañamiento de los versos que un día le dedicara, y con el que sustituimos la introducción de la música escrita por Edwing.

Inconscientemente, mis dedos arrancaron los primeros compases del prólogo melódico.

—Eso es —me dijo ella—, eso es lo que ahora deseo cantar.

Y su voz se elevó argentina y pura, fresca y dulcísima. Los versos, envueltos en la música de la garganta, se prolongaban limpiamente en largas caricias de seda de una deliciosa voluptuosidad espiritual. Se detenía al fin de cada estrofa en la máxima altura del canto, y luego descendía su voz repitiendo el último verso, con la magia seductora de una melodía imponderable. En un silencio de asombro, sin respirar apenas, los hombres y las mujeres escuchaban aquella canción extraña y encantadora, en el que todo su ser se concentrara en su acento. Sí, toda su alma palpitante se difundía en el ritmo sonoro, resplandeciendo y ondulando apasionadamente en los vocablos armoniosos. En la angélica interpretación de la letra y la música había más intensidad de emoción y más lírico ensueño del que Edwing y yo esperáramos al arreglar, ella los sonidos y yo las palabras. Mis versos, pálidos y simples, aun transparentando vagamente una ternura profunda, se encendían de pasión extrahumana y de sideral tristeza en la boca divina de mi amada.

Al terminar, se oyeron aplausos y murmullos de admiración.

Juan Irisarri, sentado cerca de mí, estaba extático, con los ojos llameantes. Don Otto lanzaba violentas exclamaciones germánicas; y cada cual comentaba, a su modo, el encanto de la canción. Pero don Diego era el más entusiasta.

—¡Qué cosa más bella! —exclamaba, entornando los párpados arrugados—. ¡Así deben de cantar los ángeles! ¡Y qué versos tan lindos! Deseo vivamente poseer esa poesía y esa música para enviarlas a una sobrina que vive en Quezaltenango y que adora estos inocentes placeres. Con toda mi alma estrecharía la mano de los autores de esa música y de esa letra. ¿Son italianos o alemanes? ¡Indudablemente, son dos grandes artistas!

—¡Pues adelante con la intención! —gritó alegremente Edwing—. ¡Aquí tiene usted mi mano!

—¡Y aquí la mía! —añadí, acercándome sonriente.

Don Diego no volvía de su sorpresa.

—¿Cómo? —murmuró—. ¿Será posible? Pues entonces, si son ustedes los autores; repito, que, a mi juicio, son, sí, dos grandes artistas.

Y después de sacudir briosamente las manos de Edwig, se dirigió hacia mí con los brazos abiertos.

—En representación de tu padre —dijo solemnemente con su gran voz conmovida— quiero estrecharte sobre mi pecho.

Y me retuvo junto a su corazón, en actitud teatral.

A no haber mediado recuerdo fúnebre todos hubieran reído carcajadas.

—Este don Diego, pesar sus bravatas contra los ideales y los sueños, es también un soñador, y no me extrañará que, cuando vuelva a ser alcalde, cambie de rumbo, y olvidando los caminos férreos, emplee los dineros de las contribuciones en organizar oficinas conservadoras de los históricos escombros, como lo aconsejó Rogerio.

Así habló, burlonamente, Otto. Yo me acerqué Luz.

—Es divertido, ¿verdad? Los versos no valen comino, y la música otro tanto. Lo que vale es tu voz, que en esas rimas es la voz de tu alma. Y el buen don Diego no comprende esto. Aunque vale más que sus entusiasmos no se prolongaran hasta ti. A Edwing le escapó de arrancar la mano, y a mí, con sus paternales apretones, me dejó saturado de tabaco.

Vi entonces redondearse sus mejillas hoyuelos encantadores.

—No estoy conforme con tu amable juicio —murmuró—.

Y los hoyuelos volvieron cerrarse.

El vasto jardín reventaba ahora de flores y de frutos. Los rosales, los jazmineros y las madreselvas, sobre todo, apenas podían sostener su fragante carga. Era en abril y los follajes se llenaban de pájaros y de insectos.

Los durazneros, los naranjos y los perales daban su deliciosa cosecha. Ráfagas de olores se elevaban por todas partes en aquel bello sitio de silencio.

—¡Miren ustedes cuántas mariposas! —dijo Genaro—. Es una variedad increíble. Las hay de todos los matices y de todos los tamaños. Antes, Bravonel las destrozaba; pero ya le enseñé, primero con un látigo, y después con la persuasiva dulzura de la palabra, a respetarlas por armoniosas e inocentes. Ahora son sus errantes amigas: cuando está echado se posan sobre él en densos grupos y lo cubren casi por completo. Él permanece inmóvil, y como agradecido a esa íntima prueba de confianza. Apenas, cuando ya le fatiga la quietud, mueve ligeramente la cola, como expresión de un aviso cordial, y se levanta despacio. En muchas ocasiones le he visto llegar a mi puerta todo vestido de alas azules y blancas, violetas y tornasoles.

Nosotros le oíamos con placer. El viejecillo tenía un alma simple y delicada, alma diáfana de solitario en comunión continua con la naturaleza. En él hacían impresión imperecedera, bajo su aparente rusticidad, todos los movibles aspectos de las cosas, y todas las formas, inmutables o volubles, que le rodeaban. Vivía, como ciertos pájaros de las regiones centrales de África, con los ojos y los oídos atentos a los más tenues rumores de la selva y de la noche. Su ser se tornado infantil, regresando hacia los primeros años de ingenuidad y sencillez. Cuidaba de las flores como si fueran frágiles criaturas puestas bajo su amparo, y le era imposible ocultar su pena cuando había que cortarlas.

—Uno de esos señores que hace versos creo que fue quien llamó a las mariposas flores con alas —continuó—. Y tenía razón. Ya me ha pasado que, al ir a cortar un pensamiento, volara convertido en mariposa. También es que la vista no me ayuda del todo, y confundo los pétalos con las alas.

—¿Y no has visto aquí una de esas enormes mariposas negras que parecen hechas de fúnebres terciopelos? —pregunté.

—Sólo una vez —contestó, con la voz alterada—, el día en que murió don Luis. En la mañana la encontré volando sobre la tumba, ya saben ustedes..., en la esquina del muro. La cogí, sin esfuerzo, pues no intentó huir. Ya en mis manos sí se agitó con un vigor extraordinario en un animalillo tan endeble. Sentía que mis dedos se apretaban sobre las alas sedosas y hasta me pareció que me introducía en la piel mil menudos alfileres. La clavé sobre la dura corteza de un ciprés con uno de esos largos punzones de metal con que perforo las cubetas de las almácigas. Aleteó un momento y luego se quedó inmóvil. Aquel día, cuando al anochecer atravesaba yo el corredor, frente al cuarto de don Luis expirante, me azotó la cara aquella mariposa. Sí, señor, era la misma, pues corriendo   —después de perseguirla inútilmente— fui al sitio en que la había clavado... y sólo hallé el punzón que aún se agitaba de manera misteriosa.

Un frío soplo de lo desconocido azotó nuestras almas, escuchando esta fúnebre remembranza. Entre el radiante esplendor primaveral se agitaba ahora aquella trémula mancha negra.

Nos alejamos de Genaro, hundido en sus recuerdos tan profundamente, que no volvió la cabeza hacia nosotros.

Yo quise borrar la sombra que nos invadía, y, simulando una gran serenidad en la voz y en el pensamiento, dije:

—¿No te pasó alguna vez que un menudo detalle te hiciera rectificar el favorable concepto que habías formado de alguna persona? Yo consideraba a doña Ana Tovar muy piadosa, y antenoche la encontré, entretenida en el patio de su casa, en clavar luciérnagas contra la pared. Les atravesaba el cuerpecillo con un alfiler y el tormento hacía más intenso el ligero fulgor verde.

—Actos de odiosa crueldad que no comprendo —murmuró Luz gravemente—. Quien martiriza de modo a una luciérnaga o a una mariposa tiene un espíritu ruin y grosero, un instinto de ferocidad sanguinaria. Todos los que proceden en esa forma contra infelices animalillos indefensos, que alegran la vista con la sutil gracia que les dio la Naturaleza, serían capaces de cometer un asesinato o cualquiera otra obscura acción vituperable. Es eso tan horrible como torturar a un niño. ¿Te acuerdas de la visita que hicimos a doña Juana Gómez cuando murió su hijo? Mientras la señora hablaba con mamá, dos chicuelas suyas, de diez y doce, se entretenían en hacer que un gato despedazara a uno de graciosos insectos de esmeralda que llamamos esperanzas. Las alas infelices crujían entre las zarpas agudas del felino. Tres veces me levanté, sin poderme dominar, para interrumpir aquel acto cobarde de crueldad repugnante; pero los dos verdugos insistían en su horrible tarea. Salí de horrorizada.

—Pero no rectificado la favorable opinión que tengo de Genaro —añadió—. Hizo bien en clavar al animalucho maléfico. En este caso, como él comprendió, no se trataba de mariposa.

—¿Qué dices?

—¿Qué no era una mariposa?

—¿Volveremos entonces a hundirnos en ese abismo fantástico del que logramos toda nuestra voluntad? ¿Creeremos, de nuevo, en los lúgubres cuentos de Genaro? Recuerda que este viejo servidor es, según nuestra propia observación, el representante mejor caracterizado del antigüeño, supersticioso, con la cabeza llena de fantasmas y de añoranzas de aparecidos. Vive rumiando lóbregos recuerdos, y, a pesar de sus miedos febriles, no puede abstenerse de relatar sus quimeras, aunque luego se asuste de sus propias palabras. Los años han exacerbado en él interés esa especie de neurastenia. Yo le oigo con interés porque me divierten sus historias anormales, fuera de las cosas comunes y monótonas; pero desde hace mucho tiempo, considero esas relaciones como fábulas infantiles.

—¿Por qué procuras engañarme, Rogerio? —interrogó ella, deteniendo su paso un instante y mirándome fijamente—. ¿Es que no soy digna de tu confianza? ¿Temes abrirme, como antes, tu corazón? Te conozco profundamente y sé que ahora ocultas la verdad que hay en ti. Y me apena pensar que pueda obscurecer nuestras almas la sombra de una mentira.

En silencio cogí su mano derecha y la puse sobre mis labios como para hacerme perdonar.

Y entonces recordé —con extraña amargura— que yo le había ocultado un acto grave de mi vida. Y viéndola tan ingenua y tan enamorada, tan incapaz del más leve embuste, tan pura y transparente ante mi amor, sufrí por aquel secreto que ahora me quemaba el corazón.

LVIII

¡El secreto! Sí, aquella herrumbrosa llave que arranqué violentamente madre. ¡La llave de la estancia del abuelo! ¡Sólo Dios sabe cuántos crueles insomnios!

En los primeros tiempos me obsesionaba como una pesadilla, torturándome a toda hora. Una curiosidad irrefrenable y una sorda inquietud me impulsaban, a la vez, a abrir la puerta y a devolver la llave. Tenía la honda convicción de que, al aclarar aquel misterio, atraería sobre mi cabeza un terrible mal. Deseaba vivamente que mi madre me reclamara aquel objeto fatídico. Quería devolvérselo; pero me imposible hacerlo manera espontánea.

Adivinaba que ella nada haría por recobrarlo. ¡Y por otra parte, sabía yo también que nadie, ni aun a Luz, podría confiar el secreto de aquel siniestro depósito!

Envuelto mi ser en un denso velo de misterios extraños, pasé algunas semanas ignorando si al fin tomaría una resolución. Me olvidaba de aquel hórrido asunto durante día; pero apenas me acostaba sentía su recuerdo avanzar en la sombra y entrar en mi cabeza y en mi espíritu. Y toda la noche me atormentaba sin piedad.

Varias veces me levanté desesperado, resuelto a aclarar aquella niebla de mi cerebro. Esperaba —no olvidando la recomendación de mi madre— la hora menos hostil. Permanecía en la tiniebla, sin hacer el más leve ruido para no despertar a Luz. Gruesos cortinajes cubrían la puerta que comunicaba nuestras habitaciones; pero su sueño era tan ligero que la despertaba la caída de un ramo de flores sobre la alfombra. Cuando yo oía resonar a lo lejos las campanadas de la medianoche, sacaba la llave del cajón secreto del escritorio, deslizándome por el corredor. Llevaba fósforos y una vela, e iba seguro de terminar pronto con aquella peligrosa monomanía; pero apenas llegaba junto a la puerta, un terror inexpresable me embargaba, volviéndose la llave pesada como un gran trozo de hierro. Nunca pude siquiera ponerla en la cerradura, inmovilizado por un tremendo espanto.

No volví a intentar abrir la estancia y mis inquietudes fueron calmándose, hasta el extremo de no haberlas sentido, ni una sola vez, después de nuestra para San José.

Pero, de pronto, tras un lapso de absoluto olvido, surgían de nuevo en mi interior, más angustiosas y obsesionadoras.

En ese tiempo me vi obligado a partir para la capital en un asunto indemorable. Aunque se me presentó como una gran pena la perspectiva de permanecer un mes lejos de Luz, meditaba con ilusión que quizá con el cambio de paisaje olvidaría para siempre la idea atormentadora y que la tenebrosa estancia me dejaría en paz.

Mi prima se sobresaltó al saber mi viaje.

—¡Dios mío! Como nunca nos hemos separado, esto me asusta. ¿Cuándo volverás?

—Dentro de cuatro semanas. Te prometo que no te olvidaré un minuto.

Partí al día siguiente. En el zaguán Luz y yo nos pusimos a llorar como dos chicuelos, y mi madre se rio mucho de nuestra debilidad.

—No parece sino que Rogerio se fuera para la Polinesia— exclamó.

Al doblar esquina, agité pañuelo.

LIX

Tomé un cuarto de lujo en un hotel. En los primeros días me aturdí un poco con el alegre rumor de las calles y los menudos incidentes de mi nueva vida. Inicié el negocio que me alejara de casa, y, enterado de la forma en que debería concluirlo, empleé mis horas en

recorrer las ventas de libros y otros establecimientos, y en vagar en las tardes y mañanas por los paseos.

Telegrafiaba constantemente a mi madre y a Luz. En la noche, al regresar a mi cuarto después de la comida, encontraba los dos telegramas suyos sobre mi mesa, y esto me causaba un vivo placer.

Ocho días transcurrieron desde mi salida de La Antigua. Una mañana me entregó el criado una carta. La abrí temblando, pues reconocí la letra fina y elegante del sobre.

"Rogerio mío:

Hace una semana que no vivo, que vivo sin alma. Voy de un lado a otro sin pensamiento, sin voluntad, con el corazón lleno de angustia. Yo ignoraba que el amor fuera tan doloroso y que una corta ausencia encerrara una pesadumbre tan honda. No he bajado al jardín, ni he podido leer una sola página. Sólo tengo ánimo para pensar en ti y para acariciar tu recuerdo.

En vano esperé que me escribieras al llegar. ¿Cómo pasas el tiempo? Tus telegramas son demasiados breves; algunos sólo encierran diez o doce palabras. Dime si sientes mi alma cerca de tu alma y si sufres lejos de mí. Dime eso, y otras muchas cosas.

Te beso en los ojos, amado mío.

Luz".

Apreté contra mi rostro el plieguecillo azulado y un débil perfume de violeta acarició mi ser.

Tracé para ella las siguientes líneas:

"Alma, Luz mía:

Las palabras de tu carta son como flores, dulcísimas e inolvidables. Hicieron vibrar mi corazón deliciosamente. Sí, yo también sé que todo profundo amor es doloroso. Lo siento en estas monótonas horas que paso lejos de ti. Pero nuestra primera separación será la última.

Dentro de pocos meses, en agosto, cumpliré veinte años y en ese día nos casaremos. Después, a donde yo vaya irás conmigo.

Paso las mañanas errando por las librerías. Te remito hoy un paquete, con cuatro volúmenes, que te sorprenderán gratamente.

Pongo mis labios sobre los lindos hoyuelos de tus mejillas.

Rogerio".

Cuatro días pasaron. Recibí otra carta.

"Rogerio mío:

Esa voz sideral —Alma— que colocaste antes de mi nombre en tu carta, me hizo el efecto que me producen tus profundos ojos verdes cuando me sonríen en sueños. Y he pensado muchas veces: ´Mi esperanza está en el color de sus pupilas´.

De los libros que me enviaste presentí dos: los versos de Shelley y el volumen de Poe con sus últimos cuentos. Las Doce poesías, de Gabriel D'Annunzio, y los Dramas de Maeterlinck, en verdad, me sorprendieron, pues en ningún catálogo he visto incluidas las versiones españolas. De los tres últimos hablaremos a tu regreso. Del primero, que leí anoche, puedo decirte que me dejó una impresión imborrable. ¡Qué poeta tan armonioso y tan hondo es Percy Shelley! De su pensamiento emana, como de una blanca flor de milagro, un perfume de intenso misterio; y su excelso espíritu ondula en las estrofas musicales y resplandecientes. Su muerte extraña parece como presentirse en el dolor de sus cantos y su tristeza es como el alma de una gran tristeza.

Leí anoche ese corto volumen —pequeño como los pomos de los más finos aromas— para expresarte mi primera emoción acerca de él, iluminando así esta obscuridad de espíritu y esta inepcia para todo esfuerzo que se apoderaron de mí desde que te fuiste.

Sí. Esta será nuestra primera y única ausencia, pues otra me mataría. Pero debo hacerte una súplica que sabrás atender. Tú, que me conoces, comprenderás que ha nacido del corazón y de la razón, y no de un capricho: deseo que nos casemos en mayo del año próximo y no dentro de tres meses. Gocemos, con toda la inocencia de nuestras sonrisas y de nuestras miradas, con todo el divino candor de la infancia, de este último año, que quizá sea el más bello y fragante de nuestra vida. Perdóname esta frase, que sólo tu espíritu debe interpretar, y no añadamos una palabra más..., recordando al poeta que tenía lástima de las palabras inútiles.

Indícame la fecha de tu regreso. Mamá y yo iremos a encontrarte en el pequeño carruaje en que fuimos a las fiestas de San Felipe.

Me desesperan estos días eternos. No voy a las tertulias de la noche en el salón. Me falta ánimo para cambiar una frase con nadie. Mamá y Edwing me consuelan; el doctor Sáenz y los Irisarri me dan bromas; pero, han sido sin resultado sus esfuerzos para llevarme al piano, que permanece en su grave mutismo.

Te recomiendo traer el Vals triste, de un maestro alemán o francés —no recuerdo—; y las últimas composiciones de Cremieux. ¿Sabes? Cristina se ha enamorado de ti. Lo sé. Lo he comprendido. Ahora siento por ella una piadosa fraternidad. Por lo demás, ¿qué culpa tienes tú de ser tan seductor? ¿Quién puede evadirse de tu encanto varonil, de la superioridad de tu cerebro y de tu espíritu?

Van a ti esas violetas que se marchitaron sobre mis cabellos. Ponlas en tu almohada para que sueñes conmigo.

Luz".

La noche en que recibí esta carta no fui al teatro, aunque ya me esperaba un coche en la puerta.

Me puse a pensar en ella con un apasionamiento de todo mi ser, con el alma embriagada.

Y comprendí, como nunca, la singular delicadeza íntima de aquella seductora criatura. Estábamos aún en mayo. Ella fijaba el plazo de un año para nuestro enlace y su infantil pudor, su secreta virtud de castidad, la hicieron más dulce y querida a mi corazón.

Ocupé, todo el día siguiente, alegre como un colegial, en comprar gran número de objetos con que deseaba sorprender a mi madre y a Luz, cuyos gustos conocía como los míos propios. Recogí de las ventas de libros y de música los paquetes de las obras que hiciera pedir, en su oportunidad, al exterior, y las novedades artísticas que en ellas encontré; e hice acomodar, de la más segura manera, la valiosa colección de plantas japonesas y de orquídeas que había encargado a un floricultor japonés.

Arreglado, según mi deseo, el asunto que motivó mi viaje, y que se relacionaba indirectamente con mi matrimonio diferido, y después de visitar a los nuevos amigos que fueron a saludarme a mi llegada, y de remitir al Diario de Centro América mis versos Ausencia, escritos para Luz en una noche de insomnio, partí en la mañana del 30 de mayo para mi tierra de amor y de recuerdo.

¡Horas gratísimas de aquel regreso, bajo el perfumado esplendor de la primavera! Jamás, como entonces, gocé del paisaje resplandeciente y magnífico. Hundía el alma en la frescura de los campos, y recibía, cerrando voluptuosamente los ojos, las ráfagas ligeras de las brisas que jugaban con mi cabeza descubierta. ¡Edad divina de la primera juventud! ¡Tiempos de oro del verdadero amor! ¡Del primero y único amor! ¡Del ingenuo amor, todo blanco, sin sombras ni pesadumbres!

La mañana parecía de diamante. El cielo fulgía sin una nube. El cono del Guatezmalhá, sin un jirón de neblina, se elevaba majestuosamente en el cerúleo espacio.

En Mixco, un antiguo conocido me detuvo para ofrecerme un vaso de horchata. Apagada la sed, continué el camino, que ya me parecía interminable. El cochero restallaba el látigo y los dos caballos galopaban ahora ascendiendo la Cuesta de San Rafael.

Noté que el conductor no había despegado los labios en todo el trayecto recorrido, y que su aspecto era el de un hombre desgraciado.

—¿Qué te pasa, Ramón? —pregunté.

—Patrón, una cosa muy seria. Hace ocho días que enterré a la Carmela, que era lo único que yo amaba. ¡Una muchacha tan fiel y tan simpática! Quizás usted la conoció. Vivíamos por la Parroquia Vieja, a un lado del final del tranvía. Una fiebre la mató en poco tiempo... y yo estoy desesperado.

Lloró con la mano izquierda sobre la cara.

—El mismo caso lamentable del cochero moscovita —pensé. ¡El dolor, repitiéndose eternamente!

Le consolé como pude y se tranquilizó.

Caminábamos, ahora, más despacio. La cuesta era difícil y los pobres caballos jadeaban. Bajo el sol llameante la verdura de los montes resplandecía mágicamente. Pero un hilo de luto flotaba ante mis ojos, impresionado por las palabras del hombre inmóvil cerca de mí, herido por la muerte.

Poco antes de las doce, frente al pueblo de Magdalena, al doblar un largo recodo, encontré a mi madre y a mi prima. Nos abrazamos los tres, emocionados, como si hubieran transcurrido muchos años sin vernos.

Yo no me cansaba de mirar a Luz. La encontraba más linda, con un algo más dulce e íntimo; y ella me sonreía bajo su velito azul.

—¿Qué nos pasa, que no hacemos más que mirarnos? —exclamó riendo, mi madre, con su fresca risa que atraía las almas.

—La emoción, mamá —murmuré—. Esto cálido y terrible que se remueve en nuestro interior, y que es, a veces, tan fuerte, que no encuentra uno frases para expresarlo.

—Sí, los ojos son los que poseen el mejor lenguaje —añadió.

Ellas entraron en el coche en que yo venía, después que Ramón cambió los caballos. Quedamos juntos Luz y yo.

—Te veo un poco pálido —dijo—. ¿Te duele la cabeza?

—No —contesté—. Sólo que anoche, con la impresión del regreso, no pude dormir.

Y no hablamos más. Pero nuestros corazones continuaban vibrando.

Ya en el zaguán despedí afectuosamente a Ramón, obsequiándole con una cantidad de dinero, y penetré, con mi familia, en mi palacio de sueño y de amor. Una grata frescura me acarició al entrar. La casa estaba llena de flores y de grandes ramas de pino, y una gruesa alfombra verde y odorante cubría los corredores. Genaro y las criadas, vestidos de fiesta, me saludaron cuando entré, y Bravonel iba tras de mí, dando saltos de alegría.

<h2 style="text-align:center">LX</h2>

—Usa tu vieja pipa por la última vez —dije a Genaro la mañana siguiente—. Pues te traigo dos magníficas, cuatro cajas de tabaco de Cuba y de Copán. Deseo que me digas cuál te parece de mejor calidad.

Estrechó él mis manos y las arrugas de su viejo rostro se dilataron.

La venada me miraba, con el luciente hocico puesto sobre mis rodillas.

—¿Y tú qué quieres? ¿Piensas que te he olvidado? Pues te equivocas.

Y saqué del bolsillo un relumbrante collar de plata con menudas campanillas. Lo cerré sobre su cuello sedoso, y el bello animal se puso a galopar sobre la arena del jardín, espantando los pájaros que picoteaban las rosas.

—Así ella también tocará su música.

Ya *Bravonel*, echado tranquilamente cerca de nosotros, ostentaba un ancho collar amarillo bordado de flores metálicas.

—¿Crees tú que ellos no gozan con sus collares? —pregunté a Luz, que me miraba sonriendo.

—¿Cómo no han de gozar? Ellos también tienen su inteligencia y su confusa comprensión de las cosas.

Luz había querido que ofreciera mis dones a los más humildes antes de recibir los suyos.

—Ahora veamos lo que me traes —dijo, tomándome del brazo.

—Hice transportar las dos cajas grandes marcadas a las habitaciones de mi madre y de mi prima; y, media hora después, vinieron juntas a darme las gracias por haber comprendido sus gustos de manera tan intima.

—No hace falta nada de lo que pudiéramos desear —murmuró mi madre—. Te agradezco, sobre todo, las medias negras de seda y las zapatillas. No pude encontrar, cuando estuve en la capital, ningunas tan cómodas.

—¿Y quién te dijo— agregó Luz, con los ojos bajos— que el color que a mí me gusta en las medias eran el violeta pálido?

—Era el que usabas siempre con tu falda corta.

—Sí, es mi color, No sé qué deba decirte de todos los otros obsequios tan delicados y tan útiles. La pulsera es preciosa y los pañuelos son como telarañas de colores. Mira el anillo y los pendientes de amatistas.

Y admiré en sus gráciles orejas sonrosadas, y en uno de sus dedos pálidos, las piedras como violetas luminosas.

—Vamos a ver nuestras flores, nuestra música y nuestros libros.

Y, abrazando a mi madre, salí con mi prima de la estancia. En el primer salón expuse las cubetas de loza, matices claros, de las plantas japonesas y de las orquídeas.

—¡Qué flores tan raras! —murmuró.

—Sí, muy curiosas. Parecen alas de insectos exóticos. Son como alimañas fantásticas, como extravagantes floraciones submarinas. Algunos tonos de sus pétalos recuerdan la piel de ciertas víboras venenosas matizadas armoniosamente, y las fúlgidas escamas de los peces saltando a flor de agua en pleno mediodía, y los plumajes de los quetzales. ¿Cuál color te parece más extraño?

Rápidamente tracé dos palabras sobre un trozo papel.

Ella, muy despacio, miró en silencio las doce vasijas panzudas, historiadas de dragones fabulosos y de pájaros desconocidos. Observaba una y otra vez los pétalos multiformes en un análisis lento y seguro.

—Prefiero éste —dijo al fin, señalando una hoja de plata tornasol—. El cáliz, de amarillo casi blanco, es también extrañísimo, de matiz quimérico.

Yo le tendí el trozo de papel.

—En todo nuestros gustos son como dos alas unánimes— exclamé—. Creo también que ese color es el más bello. Cualquiera otra persona, inclusive el floricultor, de cuya casa las traje, preferiría las flores verdes de la séptima vasija.

La entusiasmaron los vegetales de Nagasaki, con sus hojas gruesas sedosas y campanas azules.

—Toca ahora el turno a la música.

Y recogí, de un gran sillón de terciopelo granate, un paquete envuelto una tela rosada.

—En primer término, tienes aquí tus encargos: el *Vals triste y las últimas melodías* de Cremieux. Luego, la *Tarantella* que a Cristina Nilsson ofrendara Bizet, y algunas sonatas de Beethoven, y las rapsodias de Liszt. Después, acordándome de mamá, algo de Roberto Schumann; y, por último, pensando en tu alma y en mi alma, *La gavota de las damas amarillas*, de Luis Rameau, que es una de las músicas más melancólicas y más intensas que se hayan escrito.

—Este grueso volumen de óperas completas es para Edwig —añadí—. Vamos, finalmente, ver nuestras próximas lecturas.

Abrí, con una llave larga dentada, la caja oblonga de los libros. Y extraje de ella varias obras de lujosas pastas obscuras, y una docena de tomos recubiertos de telas inglesas, azules y rojas.

—Llegaron a Guatemala por el último vapor de Europa.

Y fui leyendo: *Poemas,* de Tenneyson*; Mireya,* de Mistral, *Evangelina,* de Longfellow... y veinte más. Al terminar la lista de los títulos, le presenté un pequeño volumen, semejante a una angosta cartera de piel de Rusia, con un monograma de oro: una L y una R.

—Mandé imprimir y encuadernar esta maravillosa antología para ti. El texto, en letra azul, se desarrolla en vitela plateada, y las páginas primeras, dobles y en blanco, son de un violeta desvanecido. Sólo se imprimió este ejemplar.

Sus dedos mórbidos, y blancos como jazmines, abrieron el delicado estuche, cuyas hojas cruzaban algunas leves cintas de raso como las de los antiguos breviarios.

—Son las seis poesías que nos han impresionado más profundamente —murmuré.

Ella leyó: *Lucía, Tus cartas, Ulalume, Días que fueron, Mortus larvarum, Aniversario;* de Musset, Byron, Poe, Tennyson, D'Annunzio y Stefan George.

—En verdad, éstas son, Rogerio, nuestras páginas predilectas, y sólo debemos sentir que no podamos leerlas en los idiomas en que fueron escritas. Aún así, a través de la traducción, me parecen insuperables y casi fabulosas por la emoción y por la forma. Cada palabra, en ellas, posee un perfume y un espíritu, y por eso producen un dolor cálido y una silenciosa alegría. Son páginas de taciturna nostalgia por donde pasa el soplo del adverso destino y de la desventura irremediable. Ni una pálida sonrisa, ni un hálito de esperanza cruzan las líneas sugestivas y milagrosas; y sintiendo su encanto extraterreno se comprende, una vez más, que las almas de los grandes poetas y los más extraordinarios paisajes de la fantasía y del espíritu sólo pueden verse a través de las lágrimas.

Dijo, después, los tres últimos poemas, con su acento seductor. Las palabras de los versos inmortales aumentaban intensidad al pasar por su boca peregrina, impregnadas con el calor de su propia emoción:

¡Mujer, tú que has vivido en tiempos muy lejanos, como tus danzas ya olvidadas, como tus perfumes en las redomas; mujer que tenías tan blancas manos; tú que moriste ávida de amor, que ya no eres joven ni serás ya amada, pasa hoy en estos sueños vanos, oh tú, muerta de tiempos que ya no existen!

. . . .

Así tristes, así extraños, son los días que han pasado —caros como los besos recordados después de la muerte—; dulces como los imaginados por un fantasma sin esperanza en labios que son para otro; profundos como el amor y salvajes de pena! ¡Oh! ¡Muerte en la vida son los días pasados!

. . . .

Y los milagrosos fragmentos finales de los dos poemas dejaban en nosotros una profunda vibración de dolor, que se prolongaba y seguía conmoviéndonos aún después de extinguida la voz, como un eco del más allá enigmático y obsesionante.

—Nada conocía de Shelley —dijo, después de un largo rato de silencio— fuera de su admirable *Defensa de la Poesía*. Es una selva mágica su volumen de versos. ¿Sabes algo acerca de la vida de este poeta? Me interesaría su historia. Sólo sé que murió trágicamente.

—Su vida y su muerte, todo en él fue una tragedia. Sus camaradas de la escuela de Eton le atormentaron brutalmente en su niñez. Era muy soñador y apasionado. Sus primeros trabajos aparecieron impresos antes de cumplir sus diez y siete años: panfletos con rima contra Jorge III, que motivaron su expulsión de la Universidad. Tuvo dos aventuras amorosas. Las dos protagonistas se fugaron con él. Una de ellas —con quien se casó— viéndose sustituida por María Godwin, se suicidó, arrojándose al Serpentine. Shelley contrajo entonces matrimonio con María. También el poeta murió ahogado en 1822, en la bahía de Spezzia, a la edad de veintinueve años.

—¡Lamentable historia, digna de piedad! Su muerte, sin duda, fue un suicidio.

—Quedó envuelta en el más obscuro misterio. Se ignora aún cómo pereció. Seis volúmenes constituyen su obra, interesantísima según el decir de la crítica. Desgraciadamente, sólo conozco las versiones castellanas de algunas de sus poesías y prosas cortas. Lo que más, me atrae de su labor mental es la tragedia *Los Cenci,* horrible historia, supremo esfuerzo dramático que nadie ha superado después del siglo XVII. Así acabo de leerlo en un estudio acerca de los poetas británicos. El corazón de Shelley fue enterrado en Roma, en el Cementerio Inglés, donde también reposa para siempre John Keats, el de la celeste frase: *una cosa bella es una alegría perenne.*

Como epílogo de aquellos recuerdos, Luz murmuró gravemente las hondas palabras elegíacas del insigne Shelley, que reclaman el mármol destinado a los profundos epitafios:

"La Muerte está aquí, y la Muerte está allí; por todas partes está la Muerte empeñada en su triste obra; en torno a nosotros; en nosotros, sobre nosotros, bajo de nosotros está la Muerte, y nosotros mismos no somos sino la Muerte

La Muerte ha puesto su marca y su sello sobre todo lo que somos, y sobre todo lo que sentimos y sobre todo lo que conocemos y tenemos.

Primeramente mueren nuestros placeres y después nuestras esperanzas y más tarde nuestros temores; y cuando todo esto ha muerto, el polvo llama al polvo y nosotros también morimos.

Todas las cosas que amamos y que nos son más queridas que nosotros mismos, deben disolverse y perecer. Tal es nuestro cruel destino. El amor, el amor mismo morirá, magüer todo lo demás no muriese...".

LXI

¿Fueron las evocaciones melancólicas o fúnebres los grandes poetas, el aparecimiento del Dolor y de Muerte a través de sus inmortales palabras, las que provocaron en mí la renovación de aquel deseo pertinaz y de aquella terrible inquietud nocturna? ¡Aquel amargo y angustioso deseo de penetrar un misterio sobre el que flotaba la suprema voluntad de un muerto!

Durante mi viaje la capital, y aún en los primeros días de mi regreso, no me asaltó, en ninguna ocasión, la abominable curiosidad. En tres semanas de olvido me creí curado de la monomanía maléfica. Pero he aquí que vuelve a atormentarme, privándome del sueño en cinco noches pavorosas. Pensé que, de continuar así —vibrante y calenturiento— no tardaría en perder todo mi vigor vital, y, quizá, en sucumbir de manera lamentable. Me obsesionó la locura de mi padre, y queriendo encontrar la razón donde él la perdiera, resolví aclarar pronto el tremendo misterio.

Luz notó, desde el primer día, mi constante inquietud y mi mortal palidez.

—Estás enfermo, sin duda, Rogerio. Tus ojeras y el extravío de tus ojos me lo dicen. Dime qué sientes.

—Nada, te lo aseguro, Lucita. Un ligero dolor de cabeza. Nada más.

Ella me miraba tristemente, asombrada de mis negativas.

LXII

Aquella noche, al terminar la tertulia, bajé al jardín en busca de serenidad para mi espíritu. El cielo estrellado parecía de terciopelo negro en el que florecieran pálidos jazmines.

Anduve por las solitarias avenidas obscuras como un sonámbulo en un bosque de lúgubre silencio.

Armoniosos grupos de luciérnagas encendían los follajes. Resonaba, a lo lejos, el agudo estridor de un grillo, y el viento se quejaba en las copas de los cipreses.

—Aquí duerme un siglo —pensé, al pasar frente a la habitación de Genaro—. ¡Un siglo! ¡Cuánto espacio! ¡Cuánta vida!

El buen viejo cumpliría cien años próximamente. Y por indicación de mi madre, todos celebraríamos su centenario.

Seguí meditando sobre muchas cosas vagas y extrañas; y de nuevo se abismó mi alma en su trémula angustia y en su ignota pesadumbre.

Pasé junto al muro, cerca de las tumbas cubiertas de flores, continuando por la calle de eucaliptos. El olor de las rosas suavizaba el ambiente y una grata frescura subía de la tierra, mientras bajaba de los altos cielos una profunda paz.

De pronto vi surgir de las tinieblas una forma blanca y ligera que venía a mi encuentro.

—¡Luz! —exclamé.

Ella se enlazó a mi cuello recostando en mi pecho su cabeza. Y sollozó como una criatura infantil.

La levanté en mis brazos, y la conduje, como a un niño dormido, al próximo banco. Nos sentamos juntos y yo enjugué sus lágrimas.

Después de un breve silencio, cogió una de mis manos y la llevó a su rostro, acariciándome al mismo tiempo los cabellos.

—Rogerio, alma mía, ¿qué tienes? —murmuró con su voz dulcísima—. Sufres y me ocultas tu pena. ¿No soy para ti lo que antes era? Ábreme tu corazón como cuando estábamos en la infancia. ¿Qué dolor te persigue? Sufro mucho mirándote pálido y taciturno.

—Créeme, Lucita, ninguna perna me tortura. El dolor de cabeza es el que descolora mi rostro. Mi espíritu está siempre abierto para ti. ¿Cómo te imaginas que yo pudiera desconfiar de tu corazón?

Mi angustia crecía, atormentándome horriblemente. ¿Cómo podía decirla aquellas fútiles palabras de engaño? Hice un gran esfuerzo para contárselo todo, para quitarme de encima aquel secreto. Pero un poder interno me impidió hablar. ¡Imposible! ¡Imposible!

De nuevo sonó su voz en la noche.

—¿Será, tal vez, que la demora de nuestro matrimonio afectará tu alma? ¿Piensas que mi súplica obedeció a falta de amor? ¡Habla! ¡Dímelo! Haré lo que tú quieras. Mañana mismo nos casaremos. ¡Perdóname que te hablara de retrasar nuestro enlace! ¿En qué pensaba? ¡Si mi vida es sólo tuya y daría toda mi sangre por no verte triste!

Yo la sentía junto a mi corazón, cálida y enamorada, trémula y deliciosa. De su cuerpo florido y virginal se exhalaba un íntimo y vago perfume que embriagó mi sangre y mi espíritu. Volví a tomarla en mis brazos y mi boca buscó su boca en la sombra. Así, en un beso profundo, permanecimos mucho tiempo fuera de la vida, gozando de un placer divino ante el cual son pálidos fantasmas todos los demás placeres de la tierra.

Enlazados caminamos después —vibrando de felicidad sobrehumana— por las obscuras calles de árboles.

—¿Iremos mañana a Ciudad Vieja? —exclamó suavemente.

—Sí. Haré limpiar temprano el coche grande que traje de Guatemala. Es elegante y cómodo.

Al separarnos junto a su puerta retuve entre las mías sus manos tímidas, y murmuré, besándola en los ojos:

—En agosto nos casaremos, ¿verdad, Lucita?

—Sí, amor mío.

—¿Me quieres?

—Hasta más allá de la muerte

LXIII

Ya en mi cuarto, una emoción extraordinaria me asaltó de pronto. Me parecía que, minuto a minuto, iba acercándome a un tenebroso abismo, y que, después de verlo, mi alma quedaría pavorosamente triste para siempre. Pero una fuerza ciega me impulsaba y sólo la mano de Dios podría detenerme. Vagamente comprendía que un enemigo me lanzaba hacia aquella aventura temeraria, en cuyo fondo se agitaba un poder infernal. Confusamente sabía esto y cien cosas más, obscuras e inevitables.

Me levanté de pronto, como movido por una poderosa mano invisible, del amplio sillón en que meditaba. Encendí una linterna y busqué en el escritorio la negra llave. Estaba allí, fría como el rostro de un muerto. Crucé el corredor y rápidamente llegué al sitio alucinante. Puse la linterna en el suelo y una angosta sombra se extendió por la pared. El viento silbaba en el jardín, y sus ráfagas llegaron hasta mí. Con mano firme introduje la llave en la cerradura. Di tres vueltas hacia la izquierda y empujé fuertemente con la rodilla. Crujieron las maderas, y luego me vi en una gran estancia tapizada de rojo, con alfombra y colgaduras del mismo color de sangre. Bruscamente retrocedí un paso. Junto a la pared del fondo un enorme león se erguía ante mí. Al dirigir la lumbre en dirección a su cabeza miré que era uno de esos aparatosos felinos disecados que adornan los museos. Toqué sus ojos de cristal y sus melenas largas y ásperas, llenas de polvo. Un acre olor, un olor espeso y penetrante, que no hubiera podido definir, y que, sin embargo, vagamente me hacía recordar el elemento que lo constituía, me circundaba, me traspasaba, iba tras de mí. Era un olor pegajoso, mareante y nauseabundo, que producía una angustia y un malestar capaces de dar la muerte.

Con el pañuelo perfumado sobre la nariz, examiné la habitación. En un extremo vi un gran armario negro, y, diseminados desordenadamente, varios atriles de bronce conteniendo cuadernos, páginas manuscritas y amarillas hojas de música. Hacia la izquierda, la pared estaba casi completamente cubierta de armas blancas de épocas remotas. Colgando de altas argollas se veían espadas, cuchillos de caza, dagas, navajas, puñales, estiletes. Sobre grandes sillones antiguos, mil objetos exóticos se agrupaban extrañamente, mostrando algunos libros sus pastas de cuero comidas por el comején; y fragmentos de una capa de terciopelo con botones de plata caían por la alfombra, casi envolviendo una guitarra con las cuerdas rotas. Todo, excepto las armas, era allí rojo o negro. Pero, fuera de aquel hálito espantoso, nada había en aquel lugar que inspirara horror. ¡Nada! Caminé de un extremo a otro y mis pasos no interrumpieron el silencio. Ne senté en un sofá, meditando largamente en el legendario respeto que inspiraba aquel cuarto, desprovisto de todo aspecto fantástico.

—Es una cámara abandonada —pensé. Eso es todo.

¿De qué provenía la prohibición impuesta por mi abuelo? ¿Qué había allí que tan trágicamente sorprendiera a mi padre? ¡Todo fue una postrera humorada de don Humberto! Y me hice el razonamiento de que mi progenitor se volvió loco, no de su visita a esta habitación, sino del golpe que recibiera en el cráneo cuando custodiaba su histórico hallazgo en los escombros.

¡Y pensar que tal estancia me había quitado el sueño! ¡Y que llegó a obsesionarme con su visión diabólica y espectral!

Sentí algo parecido a una decepción, como si se me hubiera humillado con una broma de mal género.

Me asaltó entonces una casi inconsciente alegría, a la que se mezclaba una especie de burla irónica contra los incautos que dimos importancia a tan ridícula quimera. Cobré de improviso una audacia insolente, y echando sobre mis hombros los jirones de la antigua capa, y haciendo rodar de un puntapié el más alto de los atriles, me puse a improvisar, en medio del cuarto, un apóstrofe, que me pareció de gran oportunidad.

—¿Qué es esto, abuelo? —exclamé, con voz vibrante—. ¿Así engañas, con una broma de medio siglo, a tu más sincero admirador? Después de tan tremenda burla de que me has hecho víctima, ¿cómo podré escribir tu fantástica apología? ¿Cuál fue tu intento al ordenar que no se abriera esta cámara? ¿Qué de extraño tiene con sus sillones y sus armas y sus atriles y tu vieja guitarra, para que fuera el horror de tu familia? ¿O acaso resume un emblema siniestro ese polvoroso fantasma felino, ese difunto león de duras greñas, padre, quizá, del que te devoró en Asia? ¿O en esos manuscritos, que luego leeré, encerraste la historia de tus cien hazañas terribles, que nadie deberá conocer? Mas, ¿por qué no los hiciste cenizas? ¿Con ellos reconstruiré tu vida trágica para asombrar a mis hijos? Pero, ¿por qué ha dominado la sombra, durante cincuenta años, en esta habitación? ¡Siquiera se hubiese perpetrado en ella algún horrible crimen, y el espantable grito que Genaro oyó una medianoche, hubiera sido el último que, bajo tu mano celosa y asesina, lanzara la encantadora Leonor Moreira! ¡Pero, no! Aquí no hay vestigios de dolor ni de muerte, fuera del macabro decorado y de este perfume diabólico que, de ningún modo, debió ser el que usara la gentil desdeñadora de Santisteban. Me retiraré de tu temida estancia sin haber admirado tu sombra heroica. ¡Y juro por mi nombre ilustre que mi decepción es grande, y que, como digno nieto tuyo, habría preferido morir aquí en un fulminante espanto patético, a tener que confesar mañana que tu solemne recomendación testamentaria fue un pueril embuste! ¡Te saludo gravemente, a través de la muerte, abuelo! ¡Y te ruego presentar mis respetos a tu linda amante y a su desventurado consorte, con quien, casi en el mismo minuto, entraste en la Eternidad! ¡Gloria a ti, en la tierra y en los ámbitos de lo desconocido, grande y legendario Humberto de Mendoza!

Y recordando, en mi febril extravío, que me encontraba en un solitario extremo de la casa y que nadie podría oírme, me puse a reír a carcajadas.

Pero, ¿qué pasaba? ¡Yo mismo no reconocía mi acento! ¿Era yo quien reía? ¿Fue aquella mi voz? ¿Estaba loco?

Un grito lejano y cercano atrajo toda mi atención.

En las ondas del viento se dilató un aullido lúgubre y subterráneo que heló mi sangre. Era uno de esos lamentos angustiosos que lanzan los perros en las tétricas noches, envueltos en las tinieblas. Una de esas quejas prolongadas y lastimeras, que son como clamores de la otra vida, y que hacen persignarse a los que se despiertan oyéndolas.

Aquel aullido, como el inútil grito de socorro de un condenado, se eternizaba en el espacio, descendía y se elevaba, ondulaba gimiendo y venía a extinguirse en mi propio corazón. Brotó maléficamente de la sombra como una respuesta a mis frases y a mis carcajadas irónicas; y yo recordé, como en una pesadilla pavoroso, las fúnebres palabras de Genaro: "Cuando los perros aúllan, de esta manera, en la obscuridad, es porque ven pasar la Muerte o al Diablo".

El lóbrego lamento cesó, y casi mismo tiempo, oí un sordo estruendo que avanzaba por corredor. Apenas me había formado un juicio erróneo sobre su causa, cuando vi entrar en la habitación a *Bravonel*, saltando enloquecido. Al verme se detuvo y clavó en mí sus ojos relampagueantes, en los que creí notar una mirada humana y espantosa. Introdujo la cabeza en un purpúreo cortinón que bajaba del techo hacia un extremo del armario, y oí el áspero arañar de sus uñas sobre la madera oculta. Avancé, con la linterna en la mano izquierda, y levantando el pesado damasco, descubrí una puerta baja angosta. Hasta en ese momento no me di cuenta de que la estancia en que me hallaba era muy pequeña y que no tenía relación con el tamaño que observara del exterior. Existía, pues, otra cámara, y era *Bravonel* quien me enseñaba la puerta de comunicación. Sin intentar comprender tal misterio, empujé las maderas, que se abrieron de par en par. ¡El olor fétido mortal provenía de allí! Me azotó tan terriblemente que estuve punto de caer desvanecido. El perro gimió. ¿Qué sentía yo, entonces, en mi alma? ¡Nada! ¡Nada! Mi alma permanecía serena y solamente mi cuerpo temblaba.

En el primer instante sólo vi una alcoba sombría, de la que surgió la penumbra un lecho negro, un enorme lecho antiguo de labradas columnas; uno de aquellos vastos lechos nupciales de maderas preciosas, en que nacían y morían nuestros antepasados. En extraño desorden había sobre él sábanas desteñidas llenas de manchones negruzcos, en los que fácilmente identifiqué sangre. En el ancho espaldar se veía un traje de mujer, de matiz borroso, casi deshecho, con las mismas huellas sangrientas. Descubrí junto a un canapé un zapatito bajo, con una cinta negra; y, más lejos, una peineta antigua, de oro de carey.

Pero el olor pestilente me asfixiaba, e iba a retroceder, cuando mis ojos se detuvieron en un horroroso agujero abierto en un ámbito del piso. La alfombra se veía destrozada en ese lugar y los ladrillos confundidos con la tierra. Era un boquete de sombra; y al inclinarme para examinarlo, supe, al fin, que en él se hallaba el hórrido elemento que constituía el espantoso olor. Apreté el pañuelo e introduje en la abertura el brazo derecho. Tocó mi mano un objeto duro y redondo: una calavera de escaso volumen, de la que salió un polvillo color de ruibarbo, y que, escapándose de mis dedos, rodó secamente por la alfombra, chocando con el perro, que dio un salto para atrás. En el interior del hoyo deberían encontrarse los otros huesos.

Ya retrocedía de nuevo, envenenado por la atmósfera pútrida, cuando un ruido horrible, hermano de aquellos hálitos fétidos, resonó en la alcoba. ¿De qué sitio surgía? ¿De la cama nupcial o de entre los anchos pliegues de las colgaduras? ¿Del techo o de los armarios fijos sobre la pared? ¡Era un sordo ruido de alas, vago e intermitente, un torpe ruido amenazador, que salía del hueco mismo de la sepultura! ¿En dónde oyera otra vez, hace muchos años, aquel infernal murmullo, aquel rumor áspero y tenebroso como un estertor de agonizante? ¿En dónde? ¡Ah...! Sí. ¡Lo recordaba al fin!

Retrocedí entonces con las sienes febriles y el corazón iracundo. Y el corazón iracundo.

—¡Maldito clérigo impuro! — grité—. ¡Maldito! ¡Maldito!

Del hueco sombrío se escapó súbitamente un gigantes murciélago, que se arrojó sobre mí. Luché con él, agitando con violencia la linterna, que llenó la habitación de sombras y rápidos fulgores. El perro saltaba en mi defensa, lanzando rápidos mordiscos al negro mamífero. Pero éste, revolando en lo alto, me atacaba furiosamente. Tres veces sentí el aliento envenenado de sus alas sobre mi rostro, y otras tantas logré rechazarlo. Pero, de pronto, la linterna rodó por el suelo y se apagó.

Un escalofrío azotó mis espaldas. Se hizo un silencio espantoso, en el que oía el latir de mis arterias. De la raíz del cabello hasta la planta de los pies hilos glaciales recorrían mi cuerpo.

Sentí —en un íntimo y sutil estremecimiento de mi cerebro y de mi espíritu— que el asqueroso animal se alejaba por los corredores. Quise correr tras él en un ímpetu de toda mi alma; pero el poder extraño y maléfico me retuvo inmóvil. Agucé el oído, y, tras una tremenda angustia, asaltó mi corazón un dolor más grande que la muerte.

¿Cuánto duró aquel silencio terrible? Oí, como si vinieran de lo Eterno, doce campanadas en una iglesia lejana. Con un impulso galvánico di un paso hacia la puerta; pero, al mismo tiempo, se oyó otra vez el fúnebre estertor, y vagamente empecé a escuchar el vuelo fatídico en la habitación.

El perro iba y venía desolado, gruñendo lúgubremente. Palpé la cortina, intentando pasar. Mas sentí en el acto como una violenta puñalada en el cuello. Llevé a él mis manos y atrapé al repugnante monstruo. Pareció enorme, nauseabundo y gelatinoso. Lo apreté con una fuerza brutal; y se agitó de manera increíble, procurando escapar. Oyendo su ruido áspero y tenebroso acabé de convencerme de que no se trataba de un simple murciélago. Chupó ávidamente uno de mis dedos; pero yo sentía bajo mis puños el fuerte crujido de sus membranas. Trituré, con rabia implacable, su cabeza, que exhaló, por última vez, el ronco estertor.

Entonces busqué en la tiniebla la boca del perro y puse en ella la horrible presa. Y oí, aun inmovilizado en el fúnebre antro, el hórrido crujir espeluznante de las mandíbulas de *Bravonel* despedazando la peluda alimaña, que exhalaba, más que antes, su nauseabundo olor cadavérico.

Abandoné a tientas las siniestras habitaciones, seguido del perro. En el corredor pude advertir que de mi cuello manaba un hilo de sangre. Una debilidad mortal invadía mis miembros. Ya arrastrándome por el suelo, o deteniéndome en las paredes, llegué a mi cuarto, y, desmayado, caí de bruces sobre la alfombra.

LXIV

Extraños rumores me despertaron un instante, mucho tiempo después. Ruidos de pasos y de sollozos en la habitación inmediata, cerrar de puertas, voces lejanas. Cerca de mí, al fulgor de una lámpara, vi pasar algunas sombras, como fantasmas.

Luego mi ser se hundió de nuevo en la nada. Sueños informes, de una insondable vaguedad quimérica, cruzaron por mi fantasía, presa del vértigo. Actos y emociones de mi vida se mezclaron tenebrosamente. Viajé por un árido sendero sin horizonte, por una comarca de fría blancura, en pos de una huella de sangre. Moribundo de sed y de fatiga, me arrastré sobre una senda de mandrágoras, en un obscuro día boreal, bajo el vuelo de las nubes indiferentes. Ascendí por enormes escarpes negros, bordeando en la penumbra espantables abismos; y las gotas purpúreas se extendían hacia adelante, eterna y dolorosamente. Alas húmedas y pestilenciales me azotaban el rostro: alas invisibles y pavorosas que surgían de los remotos ámbitos.

Me perdí después en un bosque de ondulantes enredaderas y de nudosos árboles sin hojas cubiertos de parásitas horribles. Los bejucos, a mi paso, se trenzaban en macabros hacinamientos de víboras; y las plantas se volvían enormes arañas y escorpiones de agudas tenazas. Mil monstruosas formas me torturaban sin piedad.

En uno de aquellos nemorosos mundos fantásticos, en una región ignota de hielo y de silencio, vi, durante un segundo, una virgen angélica, envuelta en una blancura espectral, con el cuello rodeado por un collar de sangre.

Pasaron muchas horas. A veces un rápido relámpago disipaba mi densa bruma cerebral. Con los ojos abiertos examinaba el cuarto, procurando reconocer las personas que me atendían y darme cuenta estado.

Ahora reinaba un silencio absoluto: ni de cerca, ni de lejos, venía el más leve rumor.

La claridad del día entraba en el aposento, a través de los cortinajes. Dos veces intenté hablar; pero los sonidos se extinguían en mi garganta, sin llegar a mi boca. ¡Estaba mudo!

Permanecí largas horas con la razón relampagueando fugazmente en mi negra locura; hundiéndome y surgiendo de los abismos brumosos de la fiebre. Poco a poco mis oídos se volvieron tan sutiles que llegué a percibir hasta los más débiles rumores. El sueño torturante huyó de mí y aunque inmovilizado por una extenuación suprema, y con los ardientes ojos cubiertos por los párpados de plomo, pude comprender que volvía a la vida, oyendo algunas palabras de los que me rodeaban y escuchando el sonar de las horas en un reloj lejano. Era una sutilidad increíble en el profundo caos de mi cerebro, en el que no existía el recuerdo.

Me sumergí, poco a poco, en un vago marasmo, que me despertó el doblar de las campanas de iglesias.

Oí, entonces, distintamente, este breve diálogo a media voz, junto a mi lecho:

—Es la hora del entierro del Padre —dijo una de voces extrañas—. ¿Averiguaste cómo fue su muerte?

—Sí. Llegó un telegrama para el párroco. En él se le comunica que anoche, a las doce, en la Alta Verapaz, murió estrangulado el Padre Félix.

¿Qué sentí al escuchar estas frases? ¿Cómo es posible explicar todas las amargas sensaciones que surgieron en mi ser oyendo tales palabras?

Mi memoria se iluminó un instante, y recordé. Y al recordar volví a caer en las tinieblas.

Abrí los ojos en el gran silencio de la noche. Una débil claridad se difundía confusamente por la estancia. Mi madre dormitaba en un sillón, a mi cabecera; y al verla en aquel lugar, una idea negra y horrible se apoderó de mí. Me incorporé en un portentoso impulso y me vestí rápidamente; y sin hacer el ruido más leve salí del cuarto y atravesé el corredor.

Avancé como un autómata, considerándome un espectro surgido del sepulcro. El espíritu arrastraba al cuerpo miserable, detenido en el umbral de la Sombra.

En mi cabeza sólo resplandecía un recuerdo, una imagen; y un nombre, un solo nombre en la Eternidad de mi angustia, vibraba en mi corazón a cada latido.

Al penetrar en el oratorio me quedé paralizado.

Sobre un túmulo blanco, cubierto de rosas blancas, entre cuatro enormes blandones, la vi muerta. Un bucle negro caía sobre el rostro pálido. En la nieve del cuello desnudo brillaba una ligera mancha de sangre.

—¡Luz! —grité, con el alma loca, lanzada fuera de los horizontes de la vida, por un trágico soplo supraterrestre.

Y rodé fulminado sobre el pavimento.

CUENTOS DE TERROR Y DE MISTERIO

ELYSABETH

I

En Praia de Botafogo, en aquel cálido crepúsculo de un amarillo de limón, aumentaba a cada momento el ir y venir de los lujosos carruajes, llenos de espléndidas mujeres y de hombres elegantes.

Germán López encendió un rosado cigarrillo egipcio, hecho de sutiles filamentos de tabaco y cáñamo indiano, y estirándose en el banco de piedra dejó vagar los ojos por el pardo horizonte.

Una vaga neblina melancólica envolvió de pronto su espíritu, y se quedó taciturno mirando la eterna palpitación de las glaucas ondas quejumbrosas.

...Soñaba en múltiples cosas profundas o efímeras: en la tenaz pesadumbre de un imposible amor en su patria remota; en un volumen mórbido leído la noche última; en un soneto que ofreciera a su pálida amiga Blanca Río Branco; en unos mágicos ojos cerúleos que le miraron dos o tres veces, sombríamente, en la anterior recepción del ministro británico.

Una frase velada de Swinburne, que habla de un beso que produjo una mancha purpúrea sobre cuello de nieve, le obsesiona; lo mismo que la expresión borrosa y funambulesca de la máscara de un aguafuerte que admiró en el *fumoir* del vapor en del Norte.

Estaba en una hora propicia al ensueño exótico y extravagante. En esa hora en que el pensamiento —fuera del límite normal de la vida— vuela por espacios constelados de astros, y en que se acogen como verosímiles las imágenes más insólitas y las más peregrinas esperanzas. ¿A qué cumbre no pudiera ascender el alma extraviada en esos instantes de portentosa alucinación? ¿Qué empresa, por audaz y formidable que fuera, no podría acometer? Una alteración momentánea de las leyes comunes que rigen la existencia produce esa ilusoria embriaguez, ese fugaz delirio quimérico, que es como una ráfaga de fulminante ventura.

II

De su recóndita abstracción le sacó la extraña voz gutural de John Smith, el postrer descendiente de Brummel, árbitro supremo de las elegancias en la floreciente metrópoli brasilera.

Rico, de absoluta corrección personal, era un perfecto gentleman, casi célebre por su estupenda habilidad en el manejo de las armas y por la maravillosa magnificencia de su indumentaria. Saltó de un ligero carruaje, y después de saludar a Germán, le instó vivamente para que le acompañara.

Le presentó a su mujer, Elysabeth Barlow. Y como no hubiera sitio para los tres, obligó a su amigo a sentarse al lado de la dama, mientras él se hizo lugar junto al cochero.

Pronto atravesaron el pintoresco paseo, penetrando en las avenidas sonoras.

Germán se estremeció de súbito, reconociendo, en el rostro encantador que le sonreía, las dos fabulosas pupilas de un azul metálico que fulguraban en su corazón.

Beldad fascinante de leyenda nocturna, muy pálida, muy dulce; la boca cual una rosa ardiente, el cabello color de oro antiguo. Su mano derecha se apoyaba desnuda sobre el cojín de terciopelo granate y era fina y blanca como la de una reina.

¡Elysabeth Barlow! ¡Cuán divina con su gracioso perfil hebraico y con su leve sonrisa sideral! De su carne y de su traje se exhalaba un olor vago y delicioso que le produjo una turbación profunda. Se sintió luego saturado de aquel perfume íntimo y una desconocida languidez se apoderó de su ser. No cambiaron una sola palabra. Pero ambos sentían los ojos lánguidos de amor.

A Germán le asaltó bruscamente un deseo insensato de oprimirla en sus brazos, y sus manos temblaron... La joven notó aquel vehemente anhelo... Se inclinó sobre él y lo besó en la boca... Viéndole morir bajo el poder supremo de aquella caricia, ella suspiró largamente, con uno de esos arcanos suspiros que en las intensas pesadillas amorosas levantan los senos de las mujeres apasionadas.

El coche se detuvo, y la voz de Smith se alzó desde la acera, frente a un ancho portón de granito rodeado de globos eléctricos.

—Un negocio urgente me obliga a quedarme. Te ruego acompañes a Lisa. Espérame en casa. Comeremos en familia.

Al pronunciar estas palabras, sin esperar respuesta, desapareció en el vasto edificio.

El carruaje volvió a rodar. Y, ya solos, se miraron en silencio.

III

¿Qué se dijeron? Nada. Ni siquiera que se amaban. Con las manos unidas, presas de una fiebre sensual, llegaron al palacete marmóreo que John arrendara hacía dos meses.

Bajaron junto a la escalinata y luego ascendieron por la amplia escalera cubierta de magnífica alfombra de tonos de sangre. Y al entrar al salón, que tanto conociera, Germán se preguntaba por qué su amigo le ocultó que fuera casado, y muchas otras cosas que empezaban a sorprenderle.

Elysabeth, entretanto, se quitó el sombrero y el guante izquierdo. Entonces él pudo admirar, en todo su esplendor, aquella fragante hermosura incomparable. Comprendió claramente que entre ellos iba a pasar algo imperecedero y fatal. Ambos lo sintieron así, porque al volverse y encontrarse de frente, como impelidos por una imperativa fuerza magnética, resumidora de todas las voluntades en una sola, se abra con un con ímpetu casi doloroso, y, enloquecidos, cayeron sobre un sofá, gozando y sufriendo de una angustia y de un placer inauditos.

¿Cuánto tiempo duró aquella dulcísima y torturante locura ?

...Al volver de su frenesí temerario, al levantarse pálidos y trémulos, se quedaron inmóviles: de pie, con el cigarrillo de opio en la diestra, recostado indolentemente en un extremo del piano, John Smith les miraba sonriendo.

Por impulso instintivo, Germán llevó la mano al pomo del revólver. Pero el inglés, con la fría sonrisa estereotipada en el semblante de una espantosa blancura, viendo que la joven huía por una puerta lateral, le dijo con la mayor serenidad:

—No hay por qué alterarse, my dear friend. El amor es un sentimiento demasiado serio para que pueda jamás constituir un crimen. Elysabeth es honrada y sólo se entregó por exceso de pasión... Por lo demás —y su sonrisa se volvió más franca y placen- tera— los hombres infortunados en su hogar tienen una suerte estupenda en el juego. Yo he perdido, en las últimas semanas, una fortuna; y necesito recobrarla a todo trance, y aun ganar, además, algunos miles de libras, para poner a salvo mi crédito...

Y, como Germán lo miraba con expresión de profundo asombro, él añadió:

—¡Vamos, hombre ! ¿Por qué te vuelves mudo después del intenso placer gozado? ¡Acabas de poseer a una de las mujeres más bellas que existieran y luego te inmovilizas como una estatua ! ¡Eres divertido! Yo vuelvo al casino y lo mejor sería que me acompañaras. Allí cenaremos. O quizá prefieras quedarte haciéndole compañía a mi mujer... Pero resultaría demasiado fúnebre... La conozco muy bien y sé que no sobrevivirá a la vergüenza de su caída. A esta hora ella se ha matado con uno de los venenos que lleva siempre en sus sortijas.

German se puso lívido. Smith sonrió.

—Verás que no miento. Sígueme.

Dócilmente, como un sonámbulo, el amante fue tras él. Atravesaron dos salones y un angosto pasillo. Se detuvieron en una puerta de cristales azules. John la empujó y avanzaron pasos. En el fondo de la espléndida alcoba, sobre un antiguo lecho de sándalo, triste, bella y triste, Elysabeth yacía muerta.

—Empieza a enfriarse —murmuró el inglés, estrechando una de sus manos.

Después, con un gesto indiferente, cerró sus ojos sin brillo, y recogiendo un objeto de alfombra:

—¡Ve lo que te decía! —exclamó—. Aquí tienes el cuerpo del delito. Guárdalo.

Y entregó al joven, que se detuviera junto a la pared para no caerse, un hermoso rubí hueco, con la imperceptible cerradura señalada con el filo de una hoja metálica.

—Ahora, Lisa, farewell.

Y salió de la alcoba, silbando un aire del Fausto. German le siguió, sin voluntad y sin ideas...

El inglés tomó de un escritorio una gruesa cartera. Pasaron de nuevo por el salón de entrada, bajando lentamente los escalones. En la calle subieron a un coche de alquiler. Ya en el casino, John cenó con buen apetito. Su compañero le miraba extrañamente, rehuyendo a dar un bocado. Ante su aspecto sombrío, Smith volvió a sonreír.

—Eres bueno —dijo—. Te arrepientes de tu debilidad, y aunque me ves impasible, me tienes lástima. Y yo te perdono. Ahora sólo te pediré un corto favor en cambio del irreparable mal que me hicieras.

—¡Habla! Estoy a tus órdenes. Puedes disponer de mí.

—Deseo que me acompañes esta noche en el juego, y que, además, juegues por mi cuenta.

—Yo jamás he jugado.

—Precisamente por eso te necesito. Estando unidos, en las condiciones de espíritu en que nos hallamos, es absolutamente imposible que podamos perder. Eso lo tengo comprobado de manera irrefutable. Tú jugarás con mi dinero, y todo lo que ganes será mío. ¿Quieres?

—¿Cómo negarme ? Tienes derecho a exigir de mí lo que te plazca.

IV

Llegó entonces a la caja del casino y depositó la cartera. Volvió con dos pesados rollos en las manos.

—Me gustan más las monedas que los billetes —dijo.

Y, entregando a Germán uno de los rollos, añadió:

—Aquí tienes cien monedas norteamericanas de veinte dólares cada una.

Todos aclamaron a Smith alegremente en el vasto salón de la ruleta.

¡Llegas con paso de conquistador! —exclamó uno—. ¿Piensas recuperar esta noche las veinte mil libras perdidas?

—¡Juro que ganaré, además, cuarenta mil —declaró.

Le hicieron sitio y Germán se colocó frente a él.

John desenvolvió el paquete y formó dos hileras de monedas, que en media hora desaparecieron.

Su amigo quiso entregarle el oro que tenía delante.

-¿Estás loco? —murmuró—. Juega tú. Y fue a la caja a proveerse.

Entonces Germán puso diez monedas en el 12. Se oyó el ruido de la bola recorriendo velozmente el círculo enigmático. La carrera se atenuó y tras de algunos pequeños saltos, se detuvo.

¡El 12 de!

El joven oyó exclamaciones de asombro. Acababa de ganar 7.200 dólares.

John le saludó. Él recogió, impávidamente, el rollo de billetes sin contarlos y los puso en la faja roja.

—¡El 28! ¡Colorado!

Recogió otro paquete igual al anterior. Y juntos los depositó en la faja negra.

Ganó. Y continuó ganando siempre.

John le miraba, muy pálido. Algunos hombres se levantaron, acercándose a Germán, por detrás del sillón. Entre la rumorosa envidia que le rodeaba, el joven se sintió de pronto como beodo, y una vanidad extraña y una soberbia pueril llenaron su corazón. Un calor de incendio quemaba su piel. Quiso dejar estupefactos de asombro a los grupos ávidos removían nerviosamente. Colocó al color negro todas sus ganancias.

Reinó un hondo silencio. Nadie se movía ahora. Todas las miradas se fijaron ardientemente en el marmóreo rostro de aquel joven audaz que, con imperturbable ademán, acumulaba una montaña de oro. Su nombre corrió de boca en boca. Él miró entonces a John. Los ojos de éste, en su faz imberbe de un tono calino, parecían dos llamas. Estaba poseído del demonio del lucro. Puso también en la mancha negra sus cien águilas norteamericanas. Y, conteniendo la respiración, esperó, Pasaron tres minutos. Se atenuó el rumor de la bola, debilitándose y extinguiéndose entre el latir de los corazones.

¡Diez ¡Negro !

Hubo una explosión general. Smith recogió su oro y fue a felicitar a su amigo con un shake hands.

—¿Tienen límite las apuestas? —interrogó Germán, dominado por una voluntad misteriosa.

Un señor gordo y rubicundo, con las manos llenas de brillantes, en el que fácilmente se reconocía al dueño de la ruleta, contestó despectivamente:

—Puede usted jugar lo que guste.

Con el automático impulso de un resorte depositó sobre el rojo todos los paquetes y las columnas de monedas.

—¡Está loco! —gritaban—. ¡Qué barbaridad!

Germán miró muy tranquilo al hombre gordo, ahora amarillo como un difunto.

Smith, después de fijar en el color que su compañero eligiera sus doscientas águilas, le contemplaba con extática admiración, irguiendo su prócer estatura.

Se oyó, interrumpiendo el silencio, un grito breve y ronco:

—¡El 15! ¡Colorado!

Todos se levantaron, vociferando con estruendo. Un muchachote escuálido sacó un lápiz e hizo rápidamente una suma sobre una tira de papel.

Gana usted 565.830 dólares —murmuró sordamente.

Germán le alargó cinco grandes monedas.

John, en el frenesí de su entusiasmo, golpeaba rudamente la mesa.

—¡Queda la ruleta cerrada por esta noche! —aulló el hombre gordo, desabotonándose el cuello.

V

Cuando salieron del casino —en cuya caja depositara Smith la enorme ganancia— sonaban las dos de la mañana.

Caminaron sin hablar durante algunos minutos. Al separarse, en un ángulo del teatro de San Pedro de Alcántara, una mujer elegante, envuelta en un velo negro, pasó junto a ellos.

—¡Ahí tienes una nueva aventura para terminar la noche! —exclamó John irónicamente.

—Goodbye —murmuró Germán.

Y fue tras la desconocida.

VI

Iba en pos de ella, con el corazón amargo, pensando en Elysabeth y en su divina hermosura inmóvil en la muerte. Se sentía aún saturado de su íntimo perfume y del sabor inolvidable de sus besos profun- dos.

—¡Elysabeth! ¡Elysabeth! —exclamó, embriagándose con el mágico sonido de aquel nombre...

La mujer se detuvo un segundo. Y luego reanudó su marcha. La alcanzó al doblar una esquina. Se volvió hacia él y rápidamente lo atrajo a su lado. En la radiante claridad de la calle apareció su rostro cubierto por un sedoso velo obscuro.

Hizo él acercarse un coche que pasaba. Entraron, y dio la dirección. Un tenue olor, como de flores siderales, perfumó su alma. Un aroma recién conocido en un instante de ventura supraterrestre. Ella suspiró débilmente, y Germán la oprimió sobre su corazón.

—¡Elysabeth! ¡Alma mía!

Vio entonces sus mágicos ojos cerúleos llenos de lágrimas y sintió, aún otra vez, el inefable calor de sus besos...

VII

...Una ola gigante, reventando estruendosamente sobre el alto murallón de granito, sacó a Germán de su lúgubre ensueño...

Se incorporó fatigado con la cabeza dolorida. Caía la noche y un rápido viento del sur rizaba la mar...

Llevando entre los dedos la punta del cigarrillo de cáñamo indio, caminó por las desiertas avenidas Botafogo... Las olas seguían gimiendo, y, en las celestes alturas, hacia Petrópolis, lucía brillante cuerno la pálida luna de Astarté.

EN LA SOMBRA PROFUNDA

I

La mísera criatura conocía el poder del extraño veneno. Dos horas bastaban para que el terrible tósigo destruyera el más vigoroso organismo; así, lentamente, sin el más leve dolor, con una sensación dulce y ligera, descendía —como por una pendiente de seda— hacia la sombra profunda...

Contempló largo rato el pequeño pomo de cristal azulado, en cuyo fondo se hallaba la muerte.

El líquido tenía el matiz del absinthio, y al colocarlo contra la luz daba un fulgor metálico, como el de una diabólica pupila abierta en la tiniebla.

—Tiene el color de la esperanza —pensó la desdichada.

Y una sonrisa de amarga ironía contrajo su boca encendida.

Enervada por la inmovilidad en que había permanecido durante varias horas, se levantó del sofá, y frente al gran espejo biselado de su tocador, se esperezó voluptuosamente. Su talle largo y elegante se arqueó en una graciosa curva; sus redondos brazos se levantaron sobre su cabeza, y ondearon agitados revueltos sus cabellos castaños. Con el rostro ligeramente sonrosado, en que los claros ojos tenían un brillo de acero, se miró un minuto en aquella actitud, fina y aérea, como una garza nevada que se dispone a volar. Había una intensa gracia felina en aquel cuerpo, maravilloso de belleza y vibrante de juventud. Tenía las formas ágiles y puras de esas antiguas imágenes virginales inmortalizadas por el mágico pincel de Gustavo Moreau. Bajo el corpiño de seda violeta temblaba su corazón, pequeño y delicado, como un pajarillo prisionero. Allí, bajos los leves encajes y las blondas trémulas, sus senos en flor eran dos fabulosas copas, dignas de los labios de un dios. Y la línea triunfal de sus caderas hacía enfocar el recuerdo de los legendarios mármoles florentinos, en donde el arte genial cinceló la imagen estupenda y absoluta de la belleza humana.

II

Eulalia gozó dolorosamente en la contemplación de su figura encantadora. Era su postrera coquetería de mujer refinada que —a pesar de su aleve destino— se reconoce magnífica y poderosa. Era el último adiós que sus bellas pupilas daban a la brillante luna veneciana donde tantas veces vio su lindo rostro sonreír de felicidad. Donde, en horas de ventura, pensando en el amado, ella contempló con orgullo su cuello columbino, sus hombros perfectos, su cabellera opulenta, sus brazos redondos y cálidos hechos para enlazar amorosamente... ¡En una ocasión ella se había mirado toda desnuda; y era un gran lirio blanco lleno de fragancias embriagadoras; una flor de prodigio y de voluptuosidad pecaminosamente abierta para el placer y la gloria de un hombre!

¿Y aquel hombre, hondamente querido, amado con toda la sangre y con todo el espíritu, fue a encontrar —después de un año de matrimonio— el tedio irremediable entre sus brazos...? Ella pudo ver cómo el amor se extinguió en el alma del ingrato, y cómo una niebla de hastío glacial cayó como un sudario sobre el cadáver de su dicha...

Con impasible máscara él había ocultado su indiferencia, hasta el día funesto en que el acaso descubrió la perfidia de su conducta. La engañaba ahora, villanamente, con una de sus mejores amigas... El golpe fue tremendo, en mitad del corazón... Pasada la primera crisis de dolor, sintió asco por todas las cosas de la vida y decidió morir.

III

—Mañana, que ya duerma en el sepulcro —se dijo—, ¿qué hará él de mi recuerdo? ¿En qué recóndito lugar de su ser podrá hundir mi memoria? Ella le perseguirá como una sombra doliente, y jamás volverá a gozar de ninguna alegría profunda sobre la tierra. Aunque lo desee, será imposible que me olvide.

Le he amado demasiado, he sido demasiado suya para que pueda olvidar nuestras noches deliciosas en que yo dormía feliz sobre su corazón..

Asomada a la ventana, vio aparecer las primeras estrellas en el sombrío cielo. Era una noche extraña, llena de luto y de silencio.

La joven se anegó en el misterio de aquellos instantes solemnes y pensó en la vida futura. Dentro algunas horas conocería el hondo secreto de la tumba. ¿Qué iba a encontrar detrás de su puerta tenebrosa? Presa de una grave emoción, se vio inmóvil y rígida dentro del mausoleo de piedra, en la necrópolis desierta, poblada de cruces y de sauces. Se veía en el lóbrego abismo, durmiendo bajo la fría luz de la luna, al rumor de los vientos de la noche. Se veía para siempre perdida en la ciudad funeraria, transformada su adorable figura en una amarilla osamenta, después que los gusanos devoraran su carne; después que los viles gusanos del sepulcro se hartaran de su cuerpo florido, de sus ojos alucinadores, de su boca escarlata, de todas sus gráciles formas.

Y pensó con dolor y nostalgia que los antiguos revelaron un alma piadosa y delicada al quemar a sus muertos... El fuego es un elemento purificador. La llama que convierte en sagrada ceniza la materia humana lleva en sí un espíritu benévolo que destruye toda la efímera miseria de la tierra. El fuego es precioso y es puro. Él disputa al torpe gusano la total posesión de los miembros yacentes. Y tiene también el goce de una terrible voluptuosidad cuando sus lenguas de oro fúlgido lamen voraces los más secretos encantos de las castas hermosuras inanimadas.

Eulalia se estremeció ante esa idea que la hacía entrever la acre delicia de una íntima voluptuosidad póstuma.

Pero no. No era posible. Su cadáver se descompondría lastimosamente entre las húmedas paredes de su cárcel eterna.

Haciendo un gran esfuerzo se retiró de la ventana y se dirigió hacia su alcoba. Tomó sin temblar de la mesa de noche el pomito azul y vertió su contenido en una copa de agua, que apuró enseguida.

Después apagó la lámpara. Y trágica —bajo la obsesión de una influencia fatal— se desnudó y se metió en el lecho, silenciosamente.

IV

Daba el reloj del salón las once en el momento en que Ricardo entraba en el dormitorio. Se acostó sin encender la luz, según su costumbre, para no despertar a su mujer. Ella, como en un vago ensueño, lo sintió respirar cerca de su cabeza; luego le pareció que caía de una inmensa altura; después, nada...

La noche transcurría en el silencio. El joven se agitaba de un lado a otro, sin poder dormir. Una sorda inquietud —que en vano procuraba explicarse— se había apoderado de su espíritu. Comprendía confusamente que algo terrible pasaba a su alrededor. Pero atribuía aquella impresión al estado especial de su ánimo. El tic-tac monótono del reloj llegada hasta él, haciéndole despertar de impaciencia. Dos veces había llamado a Eulalia en voz baja, sin obtener respuesta. Quizá ella tampoco dormía y guardaba aquella actitud por su indiferencia, por sus continuos hastíos y por sus infidelidades.

Dominando el malestar físico del insomnio, su pensamiento implacable le mostró todas las fases de su vida, con su cortejo de malas acciones. Inmóvil en medio de las tinieblas, él meditó largo tiempo...

La mayor de sus faltas era su conducta ruin para con la pobre Eulalia. Ella, hermosa y buena como ninguna, apasionada y triste, poseedora de un espíritu exquisito y de una singular imaginación, se veía ahora olvidaba, casi despreciada por él. Y sufría sin quejarse, sin exteriorizar su pena con palabras banales.

Un remordimiento cruel, agudo como un puñal, atravesó rápidamente su corazón y sus ojos se humedecieron... ¡No! ¡Él no era malo! No lo había sido nunca. Sus veleidades eran inconscientes y sus fastidios producto de su idiosincrasia y de la intensidad de sus emociones. A Eulalia la adoró siempre; la amaba aún, nunca dejó de amarla. Cediendo en mala hora a un miserable capricho, pudo engañarla con aquella infeliz mujer, que lloraba arrepentida su deshonra.

Pero jamás volvería a caer en esas criminales debilidades. En adelante se consagraría por entero y para siempre a hacer la felicidad de aquella hermosa y triste criatura que lo quiso desde niña... Ya la haría olvidar los días obscuros, con sus caricias de otro tiempo.

V

La noche avanzaba lenta y misteriosa. Ricardo se revolvía en el lecho, víctima de una angustia creciente. ¿Qué le pasaba? ¿De dónde provenía aquel misterioso espanto de su espíritu ? Su inquietud aumentaba y la noche no tenía fin...

El reloj dio las cinco. Sin poderse contener más, el joven intentó despertar a Eulalia. Se inclinó hacia ella y le dijo muchas cosas dulces, le habló de su amor y de sus recuerdos, le hizo mil tiernas promesas para el porvenir. Eulalia continuaba inmóvil. Entonces él, creyéndola despierta, y para vencer su última resistencia, la tomó apasionadamente en sus brazos; y atrayendo su cabeza, la besó en la boca; pero casi al mismo tiempo saltó de la cama, dando un grito. Los labios, los brazos, todo el cuerpo de la joven, estaban fríos —toda ella estaba fría, como si fuera de nieve—. Dominado por el terror, encendió la lámpara, y vio a Eulalia palidísima, extrañamente bella por la vez última, con la boca contraída por una sonrisa amarga y con los claros ojos abiertos llenos de frías lágrimas...

EL CASO DE ERNESTO

I

El doctor Ernesto B*** se despertó sobresaltado en una fría noche de noviembre. Le pareció que en la sombra una voz conocida le llamaba, y oyó distintamente el ruido de los pasos de un hombre atravesando el pequeño salón que comunicaba con su estancia. Luego nada. Silencio profundo. Encendió una lámpara, se vistió a toda prisa y recorrió todas las habitaciones; pero no pudo encontrar la causa de su sobresalto. Los criados dormían, y su hermoso gato de Angora roncaba sonoramente. Al penetrar de nuevo en su cuarto se sentía violento y nervioso. Sentado frente a su escritorio se puso a meditar. La voz que había creído oír llamándole, era, sin duda, la de Pablo Nocedal, uno de sus mejores amigos. Pero Pablo no habría podido ir a su casa a aquellas horas. Era de costumbres tan metódicas, que a Ernesto le pareció imposible que fuera a las dos de mañana a llamar a su puerta. No, no podía ser él. Sin embargo, impulsado por un instinto secreto, se decidió a ir a casa de Pablo. Vivía al otro extremo de la ciudad, pero no importaba. Atravesó las calles sin encontrar a nadie. Caía una lluvia menuda, y un viento helado le azotaba el rostro. Parpadeaban las luces de los faroles, y el cielo estaba negro, sin una estrella. Iba muy de prisa, con las manos metidas en su gabán, fumando un cigarrillo. Al llegar frente a la casa se sorprendió al ver iluminadas las habitaciones exteriores, en las que notó un extraordinario movimiento. Los criados iban y venían de un lado a otro con gran agitación.

Al subir la escalera, uno de ellos le dijo precipitadamente:

—Mi señor acaba morir. Oímos entre el silencio de la noche un grito terrible, un grito profundo y extraño, y cuando llegamos a su dormitorio yacía en el suelo, sin vida.

Ernesto debió ponerse lívido. Subió corriendo las gradas, atravesó varios aposentos y se detuvo en el umbral del que ocupaba su amigo. Éste se hallaba sobre su lecho, vestido de negro, con los puños crispados y los ojos espantosamente abiertos. Sobre sus labios se veía una espuma purpúrea.

—Un aneurisma —pensó Ernesto— al recordar la enfermedad que amenazaba, desde hacía algunos años, la vida de Pablo.

Después de cerciorarse de que el corazón había dejado de latir, se decidió el joven a pasar el resto de la noche acompañando el cadáver.

Allí, a la cabecera del lecho, pasó varias horas pensando —no sin frecuentes sobresaltos nerviosos— en el raro fenómeno que en él se había operado y por el cual fue advertido de aquella desgracia.

II

Dos días después de este suceso, Ernesto se quedó aterrado, al ver en una de las calles más céntricas de la ciudad, en pleno día, a Pablo Nocedal. Venía por la misma acera que él llevaba, y debían encontrarse irremisiblemente. A Ernesto le flaquearon las piernas y un frío sudor corrió por su frente. Sin embargo, recobró un poco de calma, notando que los transeúntes no se extrañaban de la presencia de su amigo. Pero al encontrarse con él tuvo que hacer un supremo esfuerzo para dirigirle la palabra.

Del mejor modo que pudo, con voz temblorosa, le dio a entender su incertidumbre acerca de su extraordinaria resurrección.

Pablo le escuchaba, sonriendo irónicamente. De pronto soltó una carcajada que hizo vibrar a Ernesto.

—Pero, vamos, ¿te has vuelto loco? ¿De dónde has tomado esa historia fantástica? ¿Hablas en serio ? ¿Conque ya me tenías por muerto? Felizmente no es así. Me encuentro muy satisfecho en este mundo, y te aseguro que ni siquiera he pensado en abandonarlo.

Y volvió a reír con su risa extraña. Luego, con un ademán, se despidió de Ernesto, no sin añadir en tono equívoco estas palabras: —Tú, que eres médico, deberías comprender que no te encuentras bien de salud. Padeces de alguna lesión cerebral. Quizá a esta hora la locura te persigue. Yo, en tu lugar, consultaría con un especialista.

III

Desde aquel día la existencia de Ernesto fue una constante obsesión lúgubre. Vivía en un estado de perpetuo sonambulismo, fuera de la órbita normal. Una idea fija le torturaba. Su temperamento, esencialmente neurótico, había llegado al último extremo de excitabilidad. Sus nervios vibraban de continuo como las cuerdas de un arpa.

No dudó un momento de que la locura le hundía en su noche tremenda; pero debido su mismo estado fisiológico no pensó en consultar con alguno de sus colegas. Temía que el juicio inapelable de los médicos le arrojara a uno de esos terribles hospicios de dementes, que él había visto siempre con horror. Y se sumergió en una de esas hondas y perennes meditaciones, en uno de esos sombríos silencios, que son a veces precursores del naufragio total de la razón.

No se atrevía a pronunciar el nombre de Pablo delante de las personas que le visitaban. En la confusión de sus ideas él no sabía si su amigo estaba vivo o muerto, aunque se inclinaba a creer lo primero. Juguete de un delirio obstinado, su vida era inconsciente como la de un niño.

IV

Desde los primeros tiempos de su mal, Ernesto buscó la soledad. Se encerró en su casa y raras veces se le veía salir. Una tarde dirigió sus pasos al cementerio. La vasta necrópolis, poblada de grandes árboles, le atraía irresistiblemente. Recorrió sus calles silenciosas, leyendo las inscripciones de los mausoleos. De improviso sintió como un violento golpe en medio del pecho. En una lápida marmórea había leído lo siguiente:

PABLO NOCEDAL.
10 de noviembre de 19...

Ya no le quedaba duda. Su amigo había muerto. Tres meses llevaba de dormir bajo la tierra.

Presa de una honda inquietud, de un horrible malestar, se dirigió a su casa. Aquella noche la fiebre se apoderó de su organismo y un miedo pueril le invadió tenazmente. Temblaba como un epiléptico en el fondo de su lecho. Sus pupilas semejaban dos llamas fatídicas, dos brillantes fuegos de locura y de terror.

Y de pronto le pareció que rodaba a un abismo sin fondo, que atravesaba espacios infinitos, que caía desde una altura fantástica... Y su razón se extinguió en una rápida agonía.

V

En una cálida mañana, Ernesto despertó de su siniestro sueño. Abrió los ojos asombrados y miró en su derredor. Estaba en su antigua estancia, rodeado de sus amigos y colegas. Él creyó que volvía de un largo viaje o que salía de un hondo desmayo febril, poblado de pesadillas espantosas. Las ideas y los recuerdos llegaban a su cerebro, lentamente, como pájaros extraviados que vuelven al nido.

Cerró los ojos y luego la luz se hizo en lo íntimo de su alma

Había estado loco.

Sí. El infeliz estuvo dos años encerrado en un manicomio.

ENCUENTRO FATAL

I

Al bajar del carruaje en la estación, el famoso poeta Jorge Olmedo sintió que algo muy grave pasaba por su espíritu. Presa de un súbito deslumbramiento, como si saliera de una atmósfera centelleante, avanzó como un sonámbulo. Frente a él una peregrina beldad se detuvo. Al volverse, sus ojos se encontraron, y Jorge vibró como si acabara de recibir una puñalada. Fue tras ella sin voluntad y sin pensamiento. El silbido del tren que partía le volvió a la realidad. ¿Sintió alguna pesadumbre al ver frustrado su viaje? Ni la más leve. Comprendió que, después de aquel encuentro, él no podría alejarse de Guatemala. Hizo de nuevo conducir su equipaje y permaneció dos días encerrado en su cuarto.

II

¿Quién era aquella fascinante hermosura que así se atravesaba en su camino? ¿Cuál era su nombre? Él había renunciado a su viaje de regreso a su patria, con el que soñó algún tiempo, sólo por verla otra vez, por oír su voz, por gozar de la gloria de su presencia. Era, en verdad, la singular criatura amada en sueños en su ardiente juventud, el puro ideal de su espíritu y de su sangre, entrevisto rápidamente en los vuelos de la ilusión, que hoy, cuando ya estriaban su cabeza las primeras canas, tomaba forma para cambiar el rumbo de su porvenir.

III

Veía, ahora, la vida, a través de su ánimo atormentado, con profunda inquietud, como si a cada paso fuera a derrumbarse en un abismo de glaciales tinieblas. Un círculo siniestro le rodeaba y una dura mano de bronce le impelía hacia adelante. La fatalidad se agitaba sobre su cabeza, plena aún de soñares y de vagas esperanzas.

El hombre va, en ocasiones, al encuentro de su destino, ciegamente. A veces temprano, a veces tarde, en la primavera o en el otoño. En medio del banal movimiento del mundo y de las fútiles cosas de los días mediocres, uno piensa en lo que está por llegar, en la emoción ignota y definitiva. Y el corazón que ama el combate y la aventura, goza presintiendo esa crisis única, cuyo final misterioso puede ser la

felicidad o la muerte. Goza y sufre. Sufre, sobre todo. Porque en ese tremendo juego de la suerte puede el alma perderse irremediablemente.

IV

Se llamaba Stella, y su marido viajaba por el sur de América. ¡Su marido! Cuando Jorge supo que era casada, creyó volverse loco. ¡Casada! ¡Si era apenas una niña de quince años, casi una colegiala, recién salida de la infancia!

V

Fue en una fiesta elegante en donde pudo hablarle por vez primera. Un amigo hizo la presentación. Jorge se turbó a tal extremo que sólo pudo articular, en los iniciales momentos, algunas frases incoloras. Era inexplicable en él aquella torpeza. Acostumbrado desde muy joven a la vida de sociedad y al roce continuo con hermosas mujeres; familiarizado con los ligeros galanteos mundanos; habiendo desempeñado cargos diplomáticos y viajado por todos los climas; y poseyendo, quizá como ninguno, un pasmoso aplomo en sus relaciones de amor, no podía comprender entonces aquella turbación infantil, cuyo recuerdo le llenaba de asombro y de cólera. La verdadera emoción amorosa vuelve niños a los hombres fuertes.

Pero, poco a poco, fue recobrando el absoluto dominio de su ser ante la cordial simpatía que la joven le demostró en frases inolvidables y acariciadoras.

Volvió a sentirse dueño de sí mismo y la palabra brotó de sus labios sonora y profunda...

VI

Lenta y angustiosamente fue acostumbrándose a considerarla como una mujer y no como un ángel. Y evocó, en la árida soledad de sus noches, aquel perfil incomparable de gracia y de sueño. Era una excepcional reproducción del tipo femenino descrito maravillosamente por D'Annunzio. *"Su cuerpo era ligero y largo, de una largura tal vez excesiva, pero llena de serpentinas elegancias".*

Alta, mórbida y morena, su rostro parecía un inefable milagro de pureza y de encanto. La frente mediana, los ojos como dos eternidades, la nariz grácil, de una suave redondez las mejillas y el mentón; y, como una flor de amor y de muerte, el tesoro inaudito de la boca, rosada y voluptuosa y espiritual, soberana seducción de su divina persona.

Boca que Jorge adoró de manera dolorosa y trágica. Boca de dientes pálidos y de encías de un claro matiz sangriento, vaso de aromas y de celestes azúcares y de placeres únicos y sobrehumanos... Así era la boca de Stella de Meurice.

VII

Fue en un obscuro atardecer de noviembre, cuatro meses después de haberla conocido —cuando la encontró en una de las arboledas de *La Reforma.* Él quiso excusarse, pero ella se adelantó resueltamente.

—¿Por qué me huyes? —exclamó—. Hace dos semanas que permaneces encerrado. ¿Qué te he hecho?

—Señora —murmuró Jorge, lentamente, con triste sonrisa—, le tengo miedo. Me ha hecho mucho daño.

—¡Dios mío! ¿Qué daño te pude hacer?

—Sufro una pena que sólo la muerte calmará. Eres demasiado linda y te adoro sin esperanza.

Se miraron un segundo. Y cubrió sus semblantes una palidez sepulcral.

Caminaron sin hablar. Se esfumaba el crepúsculo y un gélido viento hacía gemir los árboles. Frágiles nubes erraban como áureos encajes en el brumoso horizonte.

—¿Qué piensas hacer? —preguntó ella, de pronto, con una voz extrañamente dulce, con un temblor de llanto.

—¿Yo? —dijo él, cual si volviera de un sueño—. ¡Morir!

Las hojas amarillas continuaban gimiendo. La noche desataba su cabellera de luto. Y el mundo les pareció negro como las tumbas.

Se separaron sin mirarse, con los corazones agonizantes y las manos frías.

—¡Adiós! —suspiró él.

Nada más.

VIII

Nacido en la noble tierra en donde las mujeres casadas son símbolos de virtud, Jorge no alimentó la más remota esperanza. Ella no cedería jamás. No la poseería nunca...

Y fijó su anhelo fuera del horizonte de la vida.

IX

Pasó un mes. Stella, insomne y ojerosa, vagaba por su casa como una sombra, víctima de un mal pertinaz. Acostumbrada a ver a Jorge todos los días, le desesperaba su ausencia. Su recuerdo la perseguía suave y amargamente. Vivía de las palabras, de las miradas, de las sonrisas del amado taciturno, que iba inconsolable hacia la tumba.

—¿Lo dejaré morir? —pensaba—. ¿Cómo librarle de su destino?

Una negra inquietud la asediaba a toda hora. No había vuelto a verle desde la tarde obscura de la despedida. ¿En qué meditaba? ¿Estaría enfermo y solo? ¿Qué hacer?

X

La atacó una violenta fiebre que la retuvo varios días en el lecho. Una mañana sintió el cerebro lúcido, y que el dolor de amor, como una aguda espina, se le clavaba en las entrañas...

—Hoy le llamaré —se dijo—. No puedo más. Seré suya y le salvaré. Lo amo y me será imposible vivir sin él.

Un ligero sobresalto, como un sutil calofrío del espíritu, la agitó un instante.

Dominada por una fuerza oculta, casi inconscientemente, tendió el brazo hacia la mesa de noche una carta que atrajo sus miradas.

Hoy dormiré en la paz del sepulcro —le decía Jorge—. Me doy la muerte porque sin ti la causa horror.

Sin aliento y sin voz, hizo un gran esfuerzo, y miró la fecha. Tenía una semana de atraso.

Con los ojos entrecerrados y los labios pálidos, de lo más hondo del alma, se le escapó un tenue suspiro y su linda cabeza cayó desvanecida sobre la almohada.

ROMANZA DE ULTRATUMBA

I

Cuando ella vivía sobre la tierra, nuestras almas unidas soñaron en este fúnebre aniversario muchos sueños profundos.

Tras los cristales opacos cae lluvia, tenuemente.

Grises neblinas cubren las montañas, en el horizonte; y todas las cosas, en el pálido crepúsculo, parecen quejarse de un dolor inconsolable.

Cuando ella vivía sobre la tierra, nuestras almas unidas soñaron en este fúnebre aniversario muchos sueños profundos.

—Héctor —me dijo la amiga inolvidable—, ¿crees en la vida futura? ¿Adónde van los sueños del espíritu y el amor de las almas cuando la losa del sepulcro se cierra sobre los cuerpos inanimados? Yo no temo la muerte; más bien la considero como una piadosa libertadora; pero a veces me conturba su terrible misterio.

Yo le expuse mis dudas y meditaciones sobre el más allá; y mis extrañas teorías la dejaron pensativa.

—La vida material se extingue —concluí—. Pero en la forma fría, en el cerebro inmóvil, y después en los huesos amarillos, queda aún una fuerza prodigiosa. El recuerdo persiste y hace ver, como en la alucinación de un sueño, todo lo que pasa en el mundo. Una clarividencia singular, una sutilidad en los detalles, nos muestran los actos y los sentimientos de las personas a quienes estuvimos unidos. La expiación de nuestros crímenes o errores está en esa trágica persistencia del recuerdo. Desde el instante en que concluye el vigor vital, todas las muertas energías se resumen poderosamente en esa única fuerza de visión. Ya en la tumba, nosotros vemos, oímos, todo lo que hacen o dicen, y aun piensan, los seres que en la tierra estuvieron ligados a nosotros por la sangre o por el afecto. Escuchamos sus voces, sentimos su presencia; y sufrimos horriblemente al ver cómo, pasadas las primeras horas de duelo, nos van olvidando. Apenas el dolor empieza a atenuarse cuando ya no somos, en el espíritu de todos los que amamos y que nos amaron, sino una vaga sombra melancólica, que la banal indiferencia del mundo no tardará en borrar. A medida que nuestra memoria se extingue en su corazón, surgen en él otras ternuras y otras imágenes ocupan nuestro lugar. El amante o esposo muerto ve cómo otro hombre llena luego el alma de su amada; ve cómo la acaricia y la hace suya, mientras él sufre un tormento satánico en el fondo del sepulcro. El hijo, el hermano o el amigo, aherrojados en la tremenda cárcel, se estremecen continuamente de dolor, heridos por la fragilidad de los sentimientos humanos. Y esa espantosa pena se alarga indefinidamente, según la magnitud de las faltas cometidas en la tierra; hasta que al fin, terminado el negro castigo, nos envuelven las plácidas sombras del nirvana.

—Pero, ¿no crees que pueda existir un ser superior que haga de su corazón el santuario religioso de un recuerdo? Yo sé amar hasta la muerte, hasta más allá de la muerte. Mañana mismo, si tú murieras, querido Héctor, mi boca dejaría de sonreír y ninguna alegría humana hallaría eco en mi espíritu. Por lo demás, yo creo en la vida eterna. Si yo muero antes que tú, mi alma se manifestará a la tuya de una manera profunda.

III

Hace ya muchos años que la dulce criatura reposa bajo la tierra, que vive bajo la tierra; y he aquí de qué modo su espíritu vino a besar mi espíritu:

...Ella amaba la música honda e intensa, que hace soñar nobles cosas y embriaga el alma con un vino de ilusión. Sabía hacer llorar al piano, de amor o de pena. Era su favorita una romanza impregnada de lágrimas; una romanza deliciosa y pura, cristalina y triste. Le gustaba tocarla hora del el sol agoniza, cuando el salón se sombras surcadas por fugaces resplandores de Hundido en sofá, en ángulo obscuro, yo en lo más recóndito de mi ser, las notas dolorosas.

Me encontraba al anochecer de un día otoño en una tierra muy extraña, muy lejos del lugar en que ella duerme. Eran en el campo y reinaba el silencio. La luna se alzaba en la misteriosa lejanía, como un enorme lirio de plata. Pensaba, como siempre, en la muerta adorada, viva como nunca en mi espíritu.

De improviso llega mí, del brumoso horizonte, de no sé qué ámbito remoto, una melodía sobrehumanamente triste, que me habla de cosas profundas y me hace sufrir una pena inmortal... Cerré los ojos, vibrando de dolor; y sentí durante un segundo, mientras se extinguía la romanza de ultratumba en el aire inmóvil, sobre mi boca o sobre mi corazón, el sabor, sólo por mí conocido, de sus besos...: de sus besos deliciosos y crueles, que enseñaron a mi alma una nueva tristeza y dejaron mis labios pálidos, pálidos hasta la muerte.

LA NOVIA DE LUDOVICO

I

Una amistad íntima me había unido desde la infancia a Ludovico. Fuimos condiscípulos en el colegio del doctor Bernal, y durante aquellos años monótonos de internado vivíamos siempre juntos, llegando entre nuestros compañeros a ser citado nuestro afecto como algo único y extraordinario. En efecto, creo difícil encontrar una amistad más sincera, más honda que la nuestra, y esto era debido, sin duda alguna, al raro contraste de nuestros temperamentos, a la desigualdad de caracteres y la uniformidad casi absoluta de nuestras inteligencias.

A los veinte años, Ludovico era un hermoso tipo romántico, de mediana estatura, delgado, un poco pálido, de grandes ojos negros y frente soñadora, coronada de sedosos cabellos. Era muy simpático, correcto en el vestir, con un aire de elegancia que lo distinguía.

Apasionado por las mujeres hermosas, fue siempre, sin embargo, ante ellas, tímido y discreto. De temperamento melancólico, de imaginación ardiente, sensitivo, ingenuo, mi amigo era un raro ejemplar de esas naturalezas vibrantes y refinadas, producto de las razas en decadencia. Su espíritu cristalino, delicado, susceptible, guardaba relación íntima con su cerebro poblado de visiones. Hacía versos musicales y hondos. Su poesía favorita era la fantástica, la doliente, la poesía crepuscular, impregnada de vagas sombras misteriosas, de nieblas y fugitivos fantasmas. Su jardín estético estaba poblado de rosas fúnebres, de amarillas flores de cementerio. No era el poeta de la vida, brillante y revolucionario, que ama el combate, el vino y el amor, las auroras radiosas y los soles espléndidos, sino el poeta de la Muerte, taciturno y visionario, amador de los azules ocasos, de los placeres espirituales, de las noches de luna y de las mujeres tristes. Vivía la vida del pensamiento, sumergido en la lectura; y de allí el aspecto severo de su semblante, su aire grave, su prematura experiencia, que no tenía nada de mundana.

Fue algunos días después de nuestra salida del colegio cuando resolvimos vivir juntos. Los dos éramos huérfanos, solos en el mundo, con unos cuantos parientes lejanos que vivían en pueblos remotos. Alquilamos una pequeña casa, compuesta de un salón y dos cuartos, con un jardín poblado de grandes árboles. Era aquella una vivienda lóbrega, obscura, llena de misterio. En los días invernales semejaba un gran sepulcro silencioso. Sin embargo, Ludovico parecía feliz en aquella morada solitaria. Sentado en su escritorio, cerca de una de las grandes ventanas de su cuarto, que daba al jardín, pasaba horas enteras en la meditación y el estudio. Yo, ocupado durante el día en una oficina de comercio, apenas veía y hablaba a mi amigo en las horas de la noche. Nuestras veladas tenían una intimidad fraternal. Leíamos algunos trozos de literatura contemporánea o charlábamos de nuestros proyectos para el porvenir, mientras fuera gemía el viento, haciendo temblar las maderas de las puertas.

Una tarde observé que mi amigo Ludovico —contra sus hábitos comunes de quietud— se paseaba aceleradamente por su habitación, como presa de un violento dolor.

—¿Qué tienes? —le pregunté.

—¿Lo creerás? —me dijo—. Estoy celoso. Amo y soy amado; pero me muero de celos. Luisa —ya sabes— me ha enloquecido. Me ha jurado cien veces adoración hasta la muerte; pero yo ambiciono más: que me ame aún más allá de la muerte. Ella tiene un enamorado tenaz, un primo que es su sombra. Hace un momento la he visto en el balcón de su casa acompañada de ese odioso rival, y un negro presentimiento me dice que ese hombre será su verdadero dueño.

—Sí, Fernando —añadió en voz baja—; yo soy un moribundo; no veré la próxima primavera. Un negro mal, una vieja enfermedad del corazón, está minando mi vida. Muy pronto desapareceré bajo la tierra.

Yo no volvía de mi asombro. ¿Ludovico enamorado? Recordé entonces que él tenía una discípula, la señorita Luisa Ollivant, a quien enseñaba idiomas.

Era una encantadora joven de diez y seis años, blanca, esbelta, deliciosa. Su madre —que apreciaba y quería a Ludovico como si fuera su propio hijo— los había dejado amarse, pues de este modo se explica la libertad de que gozaban y que yo observado desde hacía algunas semanas. Pero lo que verdaderamente me impresionó fue la última confidencia de mi amigo sobre su muerte próxima. No cabía en mi ánimo aquella negra idea de su desaparición eterna, de su partida hacia el misterioso país sepulcral. Entonces asaltaron mi memoria detalles a los que no había dado importancia alguna: los insomnios de mi pobre hermano, su aspecto macilento, su color espectral, sus movimientos febriles y el extraño brillo de ojos, en los que observé una luz funeraria. Sí; Ludovico moriría antes de que llegara la primavera.

Presa de una emoción que me ahogaba, no pude decirle una frase de consuelo: y me retiré a mi cuarto, en donde lloré como un niño.

II

La salud de mi amigo fue empeorando, hasta el punto de que se vio precisado a guardar cama. De nada servían la ciencia y los cuidados del médico.

Luisa y su madre lo asistían con verdadera abnegación. La pobre niña sufría horriblemente: amaba a Ludovico, y desesperada lo veía desaparecer. Sus bellos ojos estaban casi siempre llorosos y la risa huyó de su boca. Era, ciertamente, una criatura espiritual y sentidora, de alma triste y fantasía llena de sueños. En las interminables veladas alrededor del lecho de moribundo, Luisa y yo conversábamos en voz baja. El motivo de nuestras pláticas a media voz era la enfermedad Ludovico y todo lo doloroso del próximo fin que esperábamos.

Cierta noche, como las once, en que el rumor de nuestras conversaciones se había hecho más prolongado que de costumbre, sentimos un sollozo que provenía del lecho de mi amigo. Acudimos inmediatamente y encontramos a Ludovico, lívido, con los ojos inmensamente abiertos, de los que brotaban gruesas lágrimas.

—Me haces mucho daño —dijo.

Y se volvió hacia la pared..

Comprendimos que estaba celoso, y desde aquella noche permanecimos separados y mudos.

III

La antevíspera de morir Ludovico pude comprender hasta qué grado llegaba su pasión por Luisa. Miraba la joven el vasto jardín través los cristales, distraída, inconsciente. El enfermo, sin hacer ruido, se volvió hacia ella y se quedó mirándola, con una mirada terrible, inexpresable, espantosa; con una mirada en la que se mezclaba la ternura más ardiente al dolor más hondo y —¿por qué no decirlo?— al odio más profundo. Sus ojos tomaron una expresión siniestra y se revolvieron en sus órbitas como si quisieran saltar. Después se cerraron y la cabeza del enfermo cayó como desvanecida sobra la almohada.

En la tarde de ese mismo día, aprovechando un momento en que la joven y su descansaban, me llamó mi amigo, y haciendo que me sentara en su mismo lecho, me dijo lo siguiente, con voz temblorosa:

—Fernando, me siento morir, esto se acaba. Dime, ¿tú amas a Luisa?

—¿Yo? Absolutamente.

—Júralo por la sangre del Cristo. Jura que no la amas y que ha de ser sagrada para ti la novia de tu hermano muerto.

—Lo juro —exclamé conmovido.

—¡Gracias! Me has quitado un gran peso del corazón. Ahora, óyeme: yo quisiera matarla, llevarla a la tumba conmigo. Me desespera la idea de que pueda ser de otro. ¡Es tan bella y la adoro tanto! Aquí tengo —continuó, mostrándome un pequeño cuaderno forrado en seda negra— descritas las violentas impresiones de este amor extraordinario que —recuérdalo siempre— vencerá a la Muerte. Además, allí dejo consignado mi supremo deseo de que esa niña muera virgen y casta. Guardarás ese cuaderno después que yo ya no exista, y si algún hombre ocupa un día mi lugar en el corazón de Luisa, entrégaselo de mi parte. Mi espíritu se encargará de cumplir la terrible promesa que en él dejo expresada.

Dos días después murió. Yo le vestí su traje negro, y después de besar su frente por la última vez, y acompañar piadosamente sus restos al cementerio, me encerré en mi habitación, en donde permanecí durante nueve días, acompañado de los crueles recuerdos de mi amigo. Había recogido el cuaderno, según su deseo, y lo guardé, sin leerlo, en uno de cajones de mi mesa de noche.

Luisa parecía inconsolable. Lloraba a todas horas y estaba muy ojerosa. Yo iba con frecuencia a visitarla... y ¡cómo decir que a los tres meses de muerto Ludovico, la remembranza, el cariño que profesábamos al difunto, ciertas intimidades familiares... y sobre todo la dulce belleza, la fresca gracia de la joven, el encanto irresistible que emanaba de su persona, de su boca, de sus ojos, me habían hecho olvidar mi juramento para entregarme por entero a las sensaciones deliciosas de un amor correspondido.

En medio de los arrebatos de aquella avasalladora sentía un remordimiento vago, una inquietud; ¡ay!, tan leves ante el amor frenético que encendía mi sangre.

Yo no había contado Luisa nada de lo que mi amigo me dijo la antevíspera de morir, ni mi juramento; ni le di a entender la existencia del extraño cuaderno. Quizá si ella hubiera sabido estas cosas no hubiese entregado su alma con tanta sinceridad.

Debo confesar que aquel cuaderno fúnebre me causaba un horror inexplicable. ¡Cuántas veces me había propuesto leerlo, y en el momento de soltar las cintas que le ataban, mis manos trémulas retrocedían presas de una agitación irresistible! Hacía algunas noches que mi sueño era intranquilo y lleno de visiones lúgubres que me obligaban a despertar sobresaltado. Y ¡caso particular! La primera idea que se me ocurría, ya despierto, era la del manuscrito misterioso, que, según la voluntad del muerto, debía entregar a Luisa, lo que, en verdad, no podía hacer; llegando a formar una obsesión tan tremenda en mi ánimo, que ya no se separaba un segundo de mi pensamiento ni de mi espíritu. A todas horas y en todas partes veía aquel pequeño libro forrado en negra seda, provocándome a que me enterara de su contenido y rechazándome cuando mis manos llegaban tocarlo. Me parecía que de la lectura de aquellas páginas me vendría una irremediable desgracia; que mi ignorancia de aquel secreto terrible, de aquella amenaza muerte, conservaría mi ser en una relativa tranquilidad, hasta donde esto fuera posible, después de quebrantar el juramento hecho al muerto.

IV

Una noche de noviembre gozaba yo de la delicia de un buen calor, arrellanado en un gran sillón, oyendo a Luisa ejecutar en el piano la música fantástica de Wágner, mientras fuera caía la lluvia a torrentes y se quejaba el viento errante llamando los cristales. Vestía ella un traje blanco que le sentaba admirablemente, dejando ver el nacimiento del seno delicado y la garganta perfecta.

Aquella linda joven embriagaba como un perfume: desprendía de toda ella un aroma de misterio, una poesía suave y lánguida, un no sé qué vago y poderoso que inspiraba una sensación sexual, a la que se mezclaba ese respeto místico que nos inspiran ciertas imágenes que admiramos de niños en los templos cristianos. No es, pues, extraño, que la sangre de mis veintidós años se encendiera a la vista de tantas gracias, y que en un arrebato de locura, viéndome solo con ella, me inclinara sobre el piano, y aprovechando un momento feliz, intentara besar su boca virginal. ¡Ah! ¡Nunca lo hubiera pensado! Casi en el mismo instante sentí un dolor agudísimo, en el lado izquierdo del pecho, como si una mano de hierro estrujara mi corazón; y al enderezarme, vi, sí, vi, en el espejo que tenía delante, el rostro lívido de Ludovico; vi sus negros ojos que me miraban iracundos, amenazadores, espectrales. Aunque la visión fue tan fugaz, pude apreciar, en todos sus detalles, el dolor de aquel semblante para mí tan conocido. Debí ponerme densamente pálido; y mis manos temblaron, como si fuera víctima de un ataque de epilepsia.

Afortunadamente, Luisa no advirtió mi turbación, dominada como se hallaba por la sorpresa que le causó mi conducta.

Algunos momentos después me retiraba de su casa. Al entrar en mi cuarto, luego de atravesar la habitación que ocupó Ludovico y cuya fría humedad me hizo estremecer, noté, con asombro mezclado de espanto, que sobre un retrato de Luisa, con que ella me había obsequiado, estaba el cuaderno fúnebre, objeto de mis continuas preocupaciones. ¿Quién podía haberlo sustraído del cajón en donde lo guardaba? En la casa no había un solo criado, pues la persona encargada de su arreglo y limpieza llegaba todas las mañanas, retirándose así que concluía su trabajo. Saqué de mi bolsillo las llaves de los cajones, y las apliqué a éstos. Todos estaban bien cerrados, y aquellas llaves, de forma especial, presentaban una seguridad absoluta para el caso de que hubieran tratado de abrir los depósitos con otras llaves comunes. Además, la cerradura estaba intacta, sin señal de violencia. Espantado de aquel suceso y decidido firmemente a concluir con el cuaderno perturbador, encendí un gran brasero, y tomando con mano audaz el libro fatídico, desanudé las cintas que lo ataban y empecé a arrojar, una por una, sus hojas en la llama, que bien pronto fue creciendo hasta llenar de resplandores fugaces y sombras fantásticas la habitación. Veía, con una especie de placer criminal, cómo el fuego iba convirtiendo en polvo aquel manuscrito que tantos terrores me había causado. Los menudos caracteres de la letra de mi difunto amigo blanqueaban vagamente en el fondo negro de las vibrantes cenizas, y estaba ya para terminar mi obra destructora, y gozaba de antemano viéndome al fin libre aquella tenaz obsesión, cuando sentí en el pecho, al lado izquierdo, el mismo dolor agudo, terrible, que me atacó hacía media hora, al querer besar el lindo rostro de Luisa. Arrojé al fuego las últimas páginas y mientras crujían lentamente, el dolor se me hizo tan espantoso que creí morir y lancé algunos inconscientes gritos de angustia; pero al extinguirse la llama, se calmó como por encanto.

Desde aquella fecha no podía demostrar mi amor a Luisa con alguna de esas atenciones —tan insignificantes en el fondo, entre dos enamorados—, sin sentir la sensación violenta que ya dos veces me había enloquecido; pero más apagada que en los anteriores accesos. Llegó a tal extremo aquella insoportable molestia, que me vi obligado a privarme hasta de estrechar la mano de la pobre niña, que sufría mucho por este cambio, juzgándolo hijo de la indiferencia.

Pero, ¡cuán equivocada estaba! La pasión que me inspiró se hacía cada vez más imperiosa, quizá por efecto de todos los excepcionales obstáculos que se levantaban en el camino de mi felicidad. Comprendía que Ludovico me la disputaba aún más allá del sepulcro, pues no era sino su mano invisible la que me oprimía el corazón cada vez que demostraba mi amor a la que era, desde las últimas semanas, mi prometida. De seguro que el cuaderno felizmente quemado contenía todas las horribles amenazas que un amor imposible hizo al hombre desconocido que algún día pudiera ser dueño del objeto idolatrado. Y al pensar en la obstinación celosa del alma del difunto, me llenaba de cólera, y olvidándome de que ya una vez había sido perjuro, me juraba a mí mismo hacer mía aquella niña encantadora, por la que tan sobrehumana lucha se había entablado entre nuestros espíritus. ¿De quién sería la victoria? Lo ignoraba; pero tan decidido me sentía a llevar a cabo mis resoluciones, que a pesar de los frecuentes dolores que me asediaron cuando estaba cerca de Luisa, nuestro matrimonio se verificó quince días después.

Yo había hecho arreglar convenientemente la antigua casa que habitaba para recibir en ella a mi esposa. Mudé los tapices y las alfombras, cambiando los muebles viejos por otros nuevos y elegantes.

En la estancia que ocupó Ludovico arreglé la alcoba nupcial, por un capricho maligno que me hacía desear encontrarme con Luisa, en la primera noche de amor, en la misma habitación en que expiró aquel amigo convertido ahora en enemigo de mi felicidad. Así, pues, hice colocar la gran cama de caoba comprada la víspera, en el mismo lugar en que expiró Ludovico.

V

Cuando penetré en aquella estancia, en la alta noche, llevando abrazada a bella joven con quien me uniera el día anterior, sentí que la suprema ventura invadió mi alma. Mientras Luisa se metía en el lecho, yo hojeaba impaciente un álbum de acuarelas holandesas. Pero cuando quise reunirme a mi amada, sentí, hondo, triste, lastimero, un sollozo que salía del mismo lecho nupcial. Era exactamente el mismo con que la antevíspera de morir nos demostró Ludovico el sufrimiento que le causábamos oyéndonos hablar en voz baja. Para que no me quedara la menor duda, el sollozo volvió a oírse, más prolongado, más suplicante. En ese momento, viendo el rostro risueño de Luisa —para quien estos rumores no tenían efecto—, pues en ninguna ocasión la presencia del espíritu de su primer amor se había hecho sentir cerca ella— al verla, digo, tan seductora, tan provocativa, salté en la cama, todo trémulo; pero retrocedí casi al mismo tiempo, lanzando un grito que hizo desmayarse a la joven... Acostado en el sitio que correspondía en el tálamo, vi a Ludovico, en la misma actitud en que lo contemplé la última vez sobre túmulo... Sólo sus grandes ojos negros me miraron con una expresión feroz, de triunfo, de burla, de odio, como si quisiera arrancarme el alma. Sentí que me volvía loco de terror, que mis dientes rechinaron, que rodaba por la alfombra como herido por un rayo.

VI

A la mañana siguiente aún no había recobrado la razón. Estuve muriéndome, durante mucho tiempo, y cuando me levanté apenas pude reconocerme. Tenía el aspecto de un anciano y los cabellos completamente blancos.

El dolor sobre el corazón, profundo, terrible, continuo, me hizo desesperar de la vida. Observé que Luisa me cuidaba con toda la solicitud de su ternura, con una especie de lástima compasiva al verme en aquel estado. Ella nada sabía de aquellas cosas extraordinarias, de aquellos fenómenos fatídicos de que yo había sido víctima.

Resolví, en cuanto recobré algunas fuerzas, alejarme de mi esposa. Tan pronto como puse en práctica mi idea, el dolor que me desesperaba fue cediendo, hasta desaparecer por completo.

Me radiqué en un pueblo lejano y obscuro, en casa de mis parientes, y allí recobré todas mis perdidas energías, hasta el grado de que a vuelta de dos años, hallándome con valor y con fuerzas para cualquiera empresa temeraria y llegando a mis oídos la fama de la hermosura y del amor que me profesaba mi esposa, decidí ir a reunirme con ella, haciendo un supremo esfuerzo por reconquistar mi felicidad.

La víspera de mi viaje, después de acomodar en una maleta mis trajes y mis libros, me acosté cansado y pronto me dormí, para luego ser presa de una espantosa pesadilla... Vi en sueños a Ludovico atravesar un negro espacio, llevando en sus brazos a Luisa, ya muerta... Me desperté de improviso, creyendo oír mi nombre pronunciado por una voz doliente y amorosa.

Bajo la impresión de este cruel ensueño, renuncié a mi viaje.

Algunos días después recibí una carta enlutada, en la que un amigo me daba la noticia de la muerte de Luisa.

"Estaba, en el instante de morir, con los bellos ojos abiertos, intensamente pálida; y te llamaba con voz triste y desfallecida. La vistieron con el traje nupcial".

Comparé las fechas. Había muerto la misma noche y a la misma hora en que oí mi nombre en sueños. Era su dulce voz la que me llamaba.

UN DRAMA CAMPESTRE

El pequeño Jacobo, el mayor de los hijos del tío Lucas, regresaba de la vega del río en un triste anochecer de marzo.

Se oían a lo lejos los cantos de las cigarras y los agudos gritos de los alcaravanes, y un viento cálido arrastraba las hojas secas.

Al volver un recodo surgió ante él la graciosa figura de una muchacha con los brazos desnudos y los cabellos sueltos. Era Rosa, la nieta del viejo mayordomo de la hacienda: guapa moza de quince años, fresca y sonrosada, olorosa a miel silvestre.

Jacobo corrió a su encuentro y se enlazaron como dos jóvenes animales en celo. Se tumbaron sobre los yerbajos grises y, sin hablar una palabra, permanecieron quietos largo tiempo con las caras juntas y los ojos fijos en la luna, que ascendía, blanca y redonda, del remoto confín del horizonte.

Cerca se escuchaba el rumor de las corrientes del Guayape y de los altos saucedales de la orilla.

Sobre sus cabezas revolaban grupos de pájaros soñolientos y a su alrededor era continuo el zumbar de los insectos. De improviso reinó un gran silencio. Ni un murmullo, ni un sonido. Nada. La naturaleza parecía muerta.

Los dos muchachos, envueltos en el solemne misterio de la noche y en la profunda serenidad de los campos, se miraron sin sonreír y sus cuerpos se estrecharon más aún.

—Algún peligro nos amenaza —dijo Jacobo, incorporándose.

Rosa permaneció inmóvil.

En el sendero blanquecino resonó el trotar de un caballo.

—Escóndete, Jacobo —exclamó la joven—. Es el patrón de la hacienda. Me persigue desde hace días y te odia.

Jacobo dio algunos pasos a la izquierda, metiéndose en el monte. Rosa intentó hacer lo mismo por otro lado. Pero no tuvo tiempo.

Un hombre montado en un potro negro la detuvo. Se bajó de la bestia rápidamente y antes de que ella pudiese huir se colocó a su lado.

—Una cita con el mocozuelo del tío Lucas, ¿no es así? —gruñó sordamente—. Ya le daré una paliza para que no se entrometa en mis asuntos.

Rosa temblaba ante el hombretón barbudo y repugnante. Él puso en el suelo la escopeta que traía atravesada a las espaldas y añadió, riendo con una risa canallesca:

—¿Conque la mocita no me quiere, eh? ¿Entre su patrón y ese vagabundo prefiere al vagabundo?

Ella callaba, muda de terror.

—Vamos, Rosita, un abrazo...

Y avanzó hacia la joven. Esta retrocedió diciendo:

—Deténgase, señor Pablo. Bien que no puedo quererle porque amo Jacobo.

El hombre se lanzó entonces sobre ella y tras una breve lucha la derribó sobre el camino.

Con sus gruesas manos brutales le rasgaba, y ella se defendía vigorosamente, sin una queja.

—¡Serás mía, de agrado o por fuerza! —rugió el salvaje enloquecido por el deseo.

En ese momento Jacobo salió de la espesura y arrastrándose como gato llegó al sitio en donde se hallaba la escopeta. Cogió ésta y de dos ágiles saltos cayó sobre el hombre encarnizado sobre la muchacha. Le dio dos tremendos golpes la cabeza con la culata y retrocedió cuatro pasos...

El patrón se levantó tambaleante y ciego de ira se fue sobre Jacobo.

Pero éste se echó a la cara la escopeta y le derribó de un tiro en la frente.

Abrazados y trémulos, los amantes se alejaron por la vega del río.

Ahora oían de nuevo el rumor lejano de las aguas, y los extraños ruidos de la noche, y, como un trueno interior, la palpitación profunda de sus corazones.

EL ASESINO

I

Lúgubre silencio reinaba en el interior de la choza de paja. En las esquinas —inmóviles sobre pequeños bancos rústicos o sentados en los tapescos— hombres y mujeres dormitaban; y en una tarima de caoba, entre cuatro candelas de sebo, fijas en redondos terrones de barro, yacía muerto.

Era un muchacho moreno sin barba, con el fuerte pescuezo partido por una violenta puñalada. Sobre la frente angosta se veía una recta cortadura, descendiendo hasta el ojo izquierdo, entreabierto y vidrioso.

Lo encontraron ya rígido en el sendero del platanar, entre dos grandes matas de piñuelas; y claramente comprendía que fue asesinado sin que pudiera defenderse por no llevar ninguna arma.

Transcurrieron diez horas desde el instante en que le amortajaron y los presentes no atinaban con el autor del crimen. Cástulo no tenía enemigos. En el valle todos le buscaban por su alegre carácter, siempre dispuesto a la broma. Era un admirable tocador de acordeón y de dulzaina y sabía tonadas picarescas que hacían reír a las muchachas. Todos lo querían por servicial y trabajador. ¿Quién fuera capaz apuñalearlo traicioneramente? En vanos los campesinos se devanaban los sesos, sin presumir quién pudiera ser el matador.

II

Todos los amigos y parientes se encontraban en el velorio. Todos. Sólo faltaba el primo Sebastián. Vivía muy lejos, en la cumbre de la montaña de El Cacao; y quizás hasta que concluyera de tapiscar bajaría a la llanura. Se le compadecía de antemano, pues era el inseparable compañero de Cástulo y aquella desgracia imprevista iba a herirle rudamente. Los dos primos juntaban sus ahorros en una vasija de tierra cocida, que para mayor seguridad sepultaron en el monte. Hacía cinco años que el depósito iba creciendo. Sin malgastar un centavo, privándose a veces hasta del tabaco, reunían en el fondo común sus continuos trabajos, con el objeto de levantar una casa en la vega, rodeada de fértiles terrenos, creándose así un seguro patrimonio. Sus familiares los estimulaban en sus proyectos con ese afán tenaz de los rústicos en todo lo que se relaciona con el aumento de caudales.

III

Los veladores continuaban callados. El guaro que se mandó traer a La Conce no venía. Algunos se pusieron a fumar. Un perro entró, echándose a los pies de la fúnebre tarima.

Fuera, la noche serena avanzaba tristemente. Los grillos cantaron entre las malvas y el viento gemía entre los camalotales de la quebrada. La luna —oculta un instante tras una nube plomiza— fulguró en un claro del azul, pálida y errabunda. Grupos de ágiles potros galopaban por la sabana, y en la obscuridad distante brillaban débiles luces en las cocinas de los ranchos.

Voces plañideras se elevaron de la choza mortuoria. Eran la madre y las hermanas del muerto, que, después de un momentáneo sueño, reanudaban sus lamentaciones. Gemían en el cuartucho contiguo, desde el cual apostrofaban al cadáver con ese vocabulario gráfico e infantil con que desahogan sus penas agudas las sencillas gentes de los campos. Enumeraban, una por una, con ingenuos detalles, las cualidades de Cástulo: su honradez, su mansedumbre, su enérgica actividad para el trabajo, su instinto económico, su respeto humilde ante los mandatos maternos. Era una amarga letanía lamentable, un monótono rosario de recuerdos y de pesadumbres, un rudo clamor elegíaco lleno de largos suspiros y de repeticiones interminables.

Luego las quejumbres enronquecidas, en impulso unánime, se convirtieron en iracundas recriminaciones contra el asesino, invocando para él la cólera del Cielo. Se oyeron ásperas y tremendas palabras de venganza y maldición entre el eterno alarido de locura y de horror...

La madre apareció, por fin, en el cuarto lúgubre, vociferando extrañamente. Era una mujer seca y desmelenada, con el mirar alucinante y el rostro descompuesto. Se echó sobre su hijo, apretándolo apasionadamente contra su corazón.

—¡Nor Román! —gritó con sorda voz—. ¡Usted puede hacer venir al criminal! ¡Hágalo venir!

Un viejo alto y flaco, de grave aspecto y luenga barba patriarcal, se levantó de un rincón, aproximándose a la mujer enloquecida.

—Es cosa del demonio lo que me pide, ña Tomasa —exclamó—. Mi alma peligra si atiendo su ruego. Desde el asesinato de mi hermano Tiburcio, hace más de cuarenta años, me he negado siempre.

—¡Se lo pido de rodillas! ¡Compadézcase de la desesperación de una madre! ¡Y que todo el mal que por esto pueda a usted venirle caiga únicamente sobre mi cabeza!

Entonces el viejo se santiguó, retrocediendo tres pasos. Permaneció algunos minutos inmóvil, con los ojos cerrados, sumido en profunda abstracción. Todos le rodearon, mirándole anhelantes.

Fue luego hacia el difunto y le puso boca abajo. Lo levantó por detrás la camisa, y cogiendo un Cristo de madera que pendía de un clavo de la pared, lo recostó sobre la desnuda espalda amarillenta, pronunciando extrañas palabras ininteligibles. Se irguió después con un vago temblor, con las pupilas fijas en el suelo.

—Abra bien la puerta, ña Tomasa, que el asesino avanza hacia aquí... Está aún muy lejos; pero viene corriendo como un venado. Y que los hombres alisten una soga para amarrarlo.

Fue obedecido en el acto. Y mirando al viejo de hinojos, todos se arrodillaron alrededor del cadáver, rezando en voz baja. Permanecieron así largo rato. Se apagó el rumor de las oraciones y reinó un horrible silencio. Las tres hermanas acudieron sin un gemido.

IV

En tanto la noche avanzaba, lenta y misteriosa. Negros nubarrones atenuaban por intervalos el fulgor de la luna, y el viento removía los próximos boscajes. Murmullos indecisos llegaban de los remotos horizontes. Una lechuza pasó chillando sobre la casa y se perdió en la llanura.

Se oyó de pronto, a lo lejos, un grito terrible y taladrante, como el lamento pavoroso de un condenado. Los hombres y las mujeres, persignándose, se miraron con horror y se pusieron a temblar. Un soplo de espanto pasó por los corazones. El perro aulló en el patio tenebrosamente... y se escuchó de nuevo, distinto, el alarido horripilante. Comenzó entonces un dúo siniestro: al grito de angustia, cada vez más cercano, contestaba el odioso aullar del perro en la sombra.

Nadie se atrevía a moverse. Las respiraciones se apagaban, y el terror, un terror capaz de producir la muerte, paralizaba espíritus.

Hubo un supremo silencio. Todos los ruidos, hasta los más leves, enmudecieron. Lívido, dominado por un febril temblor, el viejo levantó la canosa cabeza, murmurando sordamente:

—El asesino va a llegar...

Se escuchó el violento galope de un fuerte animal por los yerbajos y el ruido de una gruesa respiración sibilante.

Dos de las mujeres se desvanecieron de miedo. Los dientes de madre castañetearon...

Súbitamente apareció Sebastián en el umbral, con los ojos llameantes, las ropas ensangrentadas y la lenguda de fuera. Lanzó un gemido cavernoso y cayó de bruces junto al muerto.

EL MAGO

Juan Fort —hastiado de todo a la edad de cincuenta y nueve años— se encontró con un mago.

—Hombre extraño —le dijo—, me asombra tu serenidad. Amas la vida, la obscura, la odiosa vida que yo desprecio... No creo en Dios. ¡Malditos sean los seres y las cosas y el sol que nos alumbra!

—¡Blasfemo! —exclamó el mago-. ¡Arrepiéntete! Cambia tus míseras voces por una frase de alegría y de esperanza! ¡Dios existe! ¡La vida es sagrada! ¡El sol es sagrado!

Fort sonrió despectivamente.

Entonces el taumaturgo tendió el brazo armado de una varilla milenaria, y con ella tocó la frente del réprobo. Este retrocedió cinco metros un salto formidable y quedó inmóvil, como petrificado. Una vigorosa sensación de juventud cruzó por su alma y su cerebro, vibrantes de imágenes antiguas.

—En cada salto recobrarás diez años —murmuró el mago.

Y avanzando siempre sobre el ateo, clavado en el suelo por una voluntad desconocida, cuatro veces le hizo retroceder violentamente con cuatro solemnes ademanes de su brazo.

Y Juan Fort se vio como era a los nueve años, con su traje corto y sus bucles amarillos.

El varón prodigioso caminaba hacia él con la diestra tendida hacia adelante. Un momento más y lo hundiría en la Nada. Un miedo terrible le hizo temblar. Dobló las rodillas gimiendo:

—¡Perdón! ¡Perdón!

Pero al incorporarse, el mago había desaparecido; y Juan Fort, aun más viejo de lo que antes era, sintió la impresión del hombre que, en plena claridad del día, recobra de súbito la vista perdida en la infancia.

LA MEJOR LIMOSNA

I

Horrendo espanto produjo en la región el mísero leproso.

Apareció súbitamente, calcinado y carcomido, envuelto en sus harapos húmedos de sangre, con su ácido olor a podredumbre.

Rechazado a latigazos de las aldeas y viviendas campesinas; perseguido brutalmente, como perro hidrófobo, por jaurías de crueles muchachos, se arrastraba, moribundo de hambre y de sed, bajo los soles de fuego, sobre los ardientes arenales, con los podridos pies llenos de gusanos.

Así anduvo meses y meses, vil carroña humana hartándose de estiércoles y abrevándose en los fangales de los cerdos, cada día más horrible, más execrable, más ignominioso.

II

El siniestro Manco Mena, recién salido de la cárcel donde purgó su vigésimo asesinato, constituía otro motivo de terror en la comarca, azotada de pronto por furiosos temporales. Llovía sin cesar a torrentes; frenéticos huracanes barrían los platanares, y las olas atlánticas reventaban sobre la playa con ásperos estruendos.

En una de aquellas pavorosas noches el temible criminal leía en su cuarto, a la luz de una lámpara, un viejo libro de trágicas aventuras, cuando sonaron en su puerta tres violentos golpes. De un puntapié zafó la gruesa tranca, apareciendo en el umbral con el pesado revólver en la diestra.

En la faja de claridad que se alargó hacia afuera vio al leproso destilando cieno, con los ojos como ascuas en las cuencas áridas, el mentón en carne viva, las manos implorantes.

—¡Una limosna ! —gritó—. ¡Tengo hambre ! ¡Me muero de hambre!

Sobrehumana piedad asaltó el corazón del bandolero.

—¡Tengo hambre! ¡Me muero de hambre!

El Manco le tendió muerto de un tiro, exclamando: "Esta es la mejor limosna que puedo darte".

FÁBULA DEL CRISANTEMO VERDE

En un exótico sueño, envuelto en un pliegue de oro de una noche nipona, sonámbulo de amor, escalé los jardines imperiales de Tokio, circuidos de altos muros, fulgentes de azulejos armoniosos.

Vi de lejos, sobre una escalinata marmórea, la silueta del centinela inmóvil, con el arma al brazo, como una serena figura decorativa. Caminé, en silencio, hacia él. Se paseaba ahora y su sombra erraba de uno a otro lado en fugas lentas. Me pareció enorme y fantástica.

Se alargaba y se encogía de una manera dolorosa. Yo le tuve lástima a aquella sombra de una vida que luego desaparecería en la gran sombra eterna. Dos veces, en un claro de luna que semejaba una túnica de plata, la mancha negra se detuvo, como si adivinara que la seguía la muerte. De improviso llegué a su lado y le miré un segundo. Solamente un segundo. Y antes de que me derribara de un tiro, le clavé mi puñal en el corazón. Ni un gemido. Cayó de espaldas, en un ángulo de la gradería. Y se quedó mirando, con sus ojos sin luz, con una extraña mirada quimérica, el vasto abismo del cielo, constelado de jazmines angélicos. Y su sombra se borró de la tierra.

Pasé entonces, fugazmente, por la extensa galería de los invernaderos del Mikado. Crucé un amplio bosque de laureles y llegué al misterioso lugar del jardín en donde abren sus cálices, a la triste luz lunar, los crisantemos fabulosos.

Sin respirar apenas, sin apenas tocar el suelo con la planta, dejé a mis pupilas embriagarse con los matices brillantes y múltiples de las flores sagradas. Eran unas bermejas como bocas sensuales; otras amarillas, blancas, azules, violetas. Las vi, al fulgor de las estrellas, mejor que en pleno día. Sobre sus tallos irradiaban como luminosas mariposas fantásticas. Pero mi corazón, que saltaba como un pájaro, empezaba a sentir una insólita angustia no viendo entre ellas a la única flor sobrehumana, al divino crisantemo verde. Lo miré, al fin, en el centro de un pequeño círculo de menudos arbustos; y al acercarme a él temí que la emoción me fulminara. Yacía en un magnífico jarrón de pórfido y sus hojas eran como puñales. Ostentaba una sola flor de un profundo matiz metálico. A su alrededor revolaban algunas luciérnagas, haciéndola refulgir quiméricamente.

Con mano profana corté aquella exótica rosa de fábula y salí con paso ligero de los jardines, seguido por las pupilas cristalizadas del centinela y por su sombra difunta.

En el camino desierto me detuve a la orilla de un lago de aguas silenciosas, y borré una gota de sangre que, cual un rubí trémulo, brillaba sobre un pétalo del divino crisantemo. Ignoraba si aquella sangre cayó de mi puñal o si había brotado de la vieja herida de mi corazón.

Solamente pensé, borrándola, que pudiera asustar a la adorada mía, o manchar su leve corpiño blanco, al colocarla, con mano temblorosa de amor, sobre su pecho.

SANGRE Y AMOR

I

En la negra noche sonó un cuerno por el lado de las montañas, y los bandidos temblaron.

—Es Gelar, el gitano, que nos anuncia un tremendo peligro —murmuró el capitán.

Se desató de pronto un viento frío y nubarrones plomizos obscurecieron la luna. Rumor extraño y pavoroso se levantó de los abismos y luego una claridad espectral doró los peñascos del sendero.

—¿Conociste a la joven asesinada? —interrogó el jefe, dirigiéndose a German el barbudo, inmóvil y sombrío junto al tronco de un árbol.

—No.

II

Con fúlgidos hachones, densos grupos de hombres y mujeres, conduciendo un féretro y rezando en voz alta, descendían del monte.

A lo lejos se oyó el ronco acento del veterano coronel de la guardia:

—¡Ríndase a la justicia el cobarde ladrón que degolló a la doncella más preciosa de la comarca, la sin par Beatriz Montenegro! ¡La horca le espera!

El barbudo huyó velozmente por la penumbrosa hondonada al oír el nombre de la dama por quien su terrible capitán moría de amor.

Pero éste, de dos súbitos saltos, le dio rápido alcance, cortándole con su daga la cabeza.

Con ella sangrando en la diestra avanzó hacia el cortejo lúgubre. La puso en silencio a dos pasos del ataúd, y, doblando las rodillas, se humilló besando los pies de la muerta.

Violentamente se incorporó con el ímpetu de los tigres, temible en su aspecto de combate; y arremetiendo contra la espantada soldadesca, se perdió en la noche seguido de sus hombres.

EL PÁLIDO PASAJERO

El pálido pasajero —en el extremo de la nave— mira ondular el pañuelo —que le dice adiós desde el puerto que se aleja—; el pañuelo blanco que agita una mano pequeña y querida. —Apenas se ve ya— como el ala trémula de una paloma; —y él permanece inmóvil— contraída la faz dolorosa—. Y sus ojos azules se oscurecen.

Aleve destino le empuja hacia tierras ignotas. Callado y taciturno, vestido de negro, pálido como un difunto, se le ve con frecuencia en el mismo sitio, mirando el pardo horizonte hacia el punto en donde vio la señal del adiós en la tarde silente y dorada.

En los días monótonos del largo viaje por el vasto mar, en los días serenos y en las borrascas, nadie ha oído el metal de su voz. Es el pálido pasajero —se dicen. Nada más—. Él vaga por los puentes —en la alta noche—, y mira el mar tenebroso, y en sus pupilas brilla un fuego extraño.

Cierto día, todos dejaron de verle. Se le buscó en vano. El mar, sonante y azul, arrastró su cuerpo frío a través de las enormes soledades solo conocidas por las gaviotas.

FÚNEBRE RITMO

I. ¿Por qué tu nombre, de sueño y de añoranza, resonó en mi ser con un ritmo de ultratumba?

¿Habrás descendido a la región de la pálida muerte y las rosas de tus senos se marchitarán en la perenne sombra?

II. Nos dijimos adiós en el Hotel Tramontano de Sorrento, en una fría tarde matizada de fúlgidos amarantos, en que las olas del Mediterráneo morían gimiendo en las riberas latinas. Tú ibas hacia las Aguas Dulces de la Estambul romántica, en pos de las huellas de Aziyadé; y yo regresaba a mi nativa Centro América, saturado de las remembranzas de Venecia y de las magias resplandecientes de la Costa Azul.

(¡Ah, Valeria, tan joven, tan intensa, tan preciosa en su adorable sutilidad de espíritu y de pensamiento y en su delicada envoltura corpórea!)

III. En Monte Carlo te llamé *amor mío.* Fue en la noche solemne en que suspiraste sobre mi pecho tu angustia, bajo un cielo de ópalo y zafir, en la avenida las palmas sonoras.

Tu mano, olorosa a flores de lejanos países, posó un segundo sobre mi boca implorando silencio.

IV. Te llamé *amor mío* sintiéndome dentro sangre, palpitante en tu deseo, amado en la eternidad de un minuto en un impulsivo imperativo de tu caprichoso corazón. Y yo fui en aquella inmortal que en la penumbra de mis días desolados resplandece más en mi recuerdo.

V. Hoy, 30 de mayo, cumplirás cinco lustros, si aun embalsamas algún quimérico sitio de la tierra con tu divina gracia; pero mi corazón, que oyó tan cerca los latidos de corazón, y mi sangre, que se confundió con tu sangre, y mi espíritu que con tu espíritu fue uno, me dicen que ya tus verdes ojos de sirena se cerraron para siempre, que ya eres una sombra errante en la pavorosa mansión de los fantasmas.

EL PACTO

Extraño azar del destino fue el que hizo que Javier Sorel llegara a la habitación de Gherardo Lyon preciso minuto en que éste iba a suicidarse.

Evitada la tragedia, tras de una rápida y violenta lucha, transcurrió una hora sin que los dos amigos pronunciaran una palabra. b

De pronto surgió, de la sombra crepuscular que llenaba la estancia, la voz Javier.

—¿Podrás ahora decirme el motivo concreto de tu desesperación? Bien sabes que te quiero como a un hermano y me asombra amargamente tu propósito de morir sin confiarme tus penas. Reconoce que has procedido como un loco..

—¿Qué quieres? —replicó Gherardo con ronco acento—. No podía hacer otra cosa. Solo en el mundo, fracasado en mis empresas, cogido por el tedio, por el alcohol y por el juego, las deudas y las hostilidades de todo género me han encerrado en un círculo de hierro, del que solo puedo salir con dignidad por la puerta del suicidio.

—¿Eso es todo? —exclamó Javier, levantándose bruscamente—. ¿Por eso ibas a matarte?

—No me interrogues, querido amigo. Tú sabes que hay otra causa, la causa suprema que me impide seguir viviendo. Y que, salvado hoy por tu inoportuna intervención, me precipitará mañana en tumba. Déjame. Soy un hombre al agua...

—¿Te refieres a tu amor... por mi hermana? Por tu conducta en los últimos tiempos, mi familia te rechaza… y Cecilia no te ama.

Transcurrió largo silencio.

—Habla, habla, Gherardo. Dime qué piensas, qué esperas de mí.

—Cecilia me ama— murmuró—. Pero se sacrifica para no romper contigo y con su madre. Digo primero contigo porque tú eres su mayor afección.

Hubo otro silencio. La estancia parecía desierta.

—Pues bien, Gherardo, te casarás con ella. Pero tratándose de una criatura tan delicada y tan buena, la más querida de mi corazón, exijo que me des tu honor de que abandonarás para siempre tu desastrosa vida y que harás feliz a Cecilia. Te daré el dinero para canceles tus deudas y actúes en negocios en que puedas reconstruir, sin gran esfuerzo, la inmensa fortuna que derrochaste. Tú me pagarás después.

—Gracias, gracias —murmuró Gherardo, abrazándole—. No sólo empeño mi palabra en el sentido que me indicas, sino que mi vida, que has salvado, hoy dos veces, te pertenece en absoluto. En el día, en el instante en que tú lo ordenes, desapareceré para siempre. ¿Aceptas?

—Acepto —exclamó Javier.

Y sus manos unidas confirmaron el pacto.

II

Durante cuatro años, Cecilia se sintió completamente feliz. Su marido era un perfecto caballero que le prodigaba las más exquisitas ternuras. Iniciado en los grandes negocios con una suerte excepcional, llegó a reunir una fortuna cinco veces mayor que la herencia perdida. Y nuevos horizontes se abrían ante su fecunda actividad.

Javier se trasladó con su familia a Bruselas con un cargo diplomático.

Las cartas que recibía de Cecilia, después de un año de ausencia, empezaron a inquietarle. Llegó una que le hizo saltar.

"Es preciso que te lo diga todo —terminaba—. Desde que te fuiste, Gherardo es otro hombre y yo la mujer más infeliz. No juega, no bebe; pero hace algo peor. Me abandona por completo para correr tras de todas las mujeres fáciles que encuentra a su paso. Nuestro hogar se ha convertido en un sitio de tortura. Ayer todo culminó en una escena terrible, en la que llegó a golpearme brutalmente. Ya no le amo; y mi único deseo es no verle nunca más y reunirme con ustedes".

Él conocía profundamente el noble carácter de Cecilia y comprendió, en todo su valor, la gravedad de sus palabras.

Pretextando un asunto urgente, obtuvo un permiso; y tres semanas después, sin anunciarse, entraba en su antigua casa.

Halló a su hermana convertida en una sombra de lo que fue. Gherardo no estaba en la ciudad.

Llegó muy tarde y al penetrar en el salón, vio a su amigo que lo esperaba.

Mudo, retrocedió bruscamente como ante una visión sobrenatural.

Entonces Javier avanzó, mirándole con una cólera fría e implacable.

—Comprendo— dijo Gherardo

Se alejó sin proferir una palabra.

Y aquella tarde se mató.

EL PERRO NEGRO

Envuelto en una polvareda blanquecina caminaba el ejército, al caer de la tarde. Ascendía por un árido escarpe, erizado de ásperos granitos.

El sol en el ocaso semejaba una fúlgida flor sangrienta; y sobre los campos callados la tiniebla empezaba a tender su ala misteriosa.

De pronto surgió de un de árboles petrificados un perro negro, un macilento perro negro que con ojos casi humanos miraba largamente a los guerreros que pasaban, rudos y fuertes, con el fusil al hombro.

Los miraba en silencio; y la mancha de sombra su cuerpo casi se perdía en la sombra del crepúsculo.

Pasaban, pasaban los viejos capitanes, los jóvenes soldados.

Luego, ante un alegre muchacho que se movía penosamente, el perro ladró una manera horrible... Después, lanzó un aullido lento y quejumbroso, una especie de lamentación lúgubre que, bajo el cielo sombrío, en la hora fantástica, nos impresionó angustiosamente.

Al anochecer de la última jornada, una bala traidora arrebató la vida al pobre muchacho.

Estaba allí, sobre los duros guijarro del camino, con los ojos abiertos, frío y ensangrentado.

Entonces, recordando la espantable escena macabra, el aullido lúgubre resonando en la distancia, al comprender que el perro negro era la Muerte… un soplo de los desconocido pasó por nuestras cabeza.

NÚMERO DE MANICOMIO

—Jacobo Epstein, yanqui-judío de setenta años, debería ocupar una celda en un manicomio —exclamó Robert Rawson—. Yo le conozco mejor que cualquier otro y puedo muy bien decir que pertenece al número de los dementes que andan sueltos por censurable negligencia. de las autoridades. Aunque, en verdad, su género de locura no entraña ningún peligro en el sentido normal. Los hombres y las cosas no le importan una nuez. Su odio atroz, su lacra sangrienta, se resumen en un nombre: Cristo. He aquí el punto céntrico de todas sus demencias, de sus absurdas aberraciones, de las siniestras imágenes de su fantasía. Desde su infancia se sintió como poseído por una ira por una frenética ante cualquier libro, lienzo o escultura, que exaltase la gloria del Redentor. En violentas controversias recibió, por esta causa, tres grandes palizas, que le redujeron al silencio por un largo lapso... Pero en su corazón miserable se desbordaba todo el obscuro rencor de su raza por el Maestro de los Maestros.

—¿Ud. conoce toda su obra?

—Toda, hasta la más vergonzosa y recóndita, que ignoran sus críticos y sus turiferarios. Y me da grima oír hablar de ella a los que la desconocen o a los que, si la vieron, ha sido ilustrando revistas de escándalo.

—Pero sus bloques alegóricos del Día y la Noche obtuvieron la aprobación oficial antes de fijarlos en el edificio del Metro de Londres.

—La terquedad de un alto funcionario de origen judío los impuso. Usted sabe que los estudiantes intentaron destruirlos a pedradas, lo que sólo pudo evitarse por la oportuna intervención de la policía.

—Pero cómo, en las condiciones en que usted coloca a Epstein, puede éste obtener tan crecidas sumas por sus obras?

—Podría contestarle que precisamente por esas mismas condiciones, por su desvergonzada insolencia que no se detiene ante nada. Pero no: hay en esto una trampa que no ven los públicos poco perspicaces. Con excepción de las obtenidas por dos yanquis tontos, las demás fueron compradas por judíos que actúan en propagandas religiosas y aun, en forma de secreto racial, por el mismo Epstein, en su ciego afán de atraerse la celebridad. Es, por otra parte, notorio, que paga con magnificencia a los periodistas que lo ensalzan y de ahí esos artículos plenos de hipérboles absurdas que tácitamente influyen en los juicios de los que no entienden un ápice de escultura... Pero yo he oído las despectivas carcajadas de esos mismos apologistas mofándose cruelmente del loco Epstein.

—¿Y lo que dicen el conde de Harewood, el reverendo B. Mortlock, miss Olive Clark, miss Ethel Littman y la siamesa Rani Rana?

Robert sonrió.

—Ellos se burlan de Jacobo con más ironía que los otros. Sus esculturas —Fidias, Praxiteles y Miguel Ángel se cubrirían la cara con gesto de asco para no ver esos horrores— el Día, la Noche, Venus, Rima, su primer Cristo, La Virgen y el Niño, y otras por el estilo, son exactas expresiones de un espíritu que ha perdido el equilibrio, de una voluntad poseída por las más extravagantes, por no decir, estúpida de las ideologías. Son obras grotescas y repulsivas, en plano inferior al de las más abominables caricaturas; concepciones groseras dignas no de desprecio sino de castigo. Y créame que hablo exento de todo prejuicio, pues no soy cristiano.

—¿Cuáles, entre ellas, le han producido mayor repugnancia?

—El Símbolo hediondo, como lo bautizó mi colega Sanders, que, como una eterna marca de infamia, colocó sobre la tumba del desventurado y superbo poeta Oscar Wilde, en el Pére Lachaise, que produjo un motín en el que se obligó al prefecto de París a cubrirlo con un trozo de lana; y el Ecce Homo, donde estalla su feroz venganza contra Jesús, presentándolo como un verdadero monstruo cuadrado, horrible y antiestético como un ídolo primitivo de tribu africana. Se necesita ser una bestia, un ser obtuso, un perfecto mentecato, o un loco en el mismo círculo de Epstein, para admirar ese descomunal fenómeno en que se aúna el más craso desconcierto ético a la más cínica perversidad.

—¿Fue usted amigo de Jacobo Epstein?

—No propiamente su amigo, más bien un constante observador de sus extravagantes actividades, que quiso ahondar, intrigado por el movimiento de sus viles propósitos. De aquí que concurriera a su taller más de cien veces, oyéndole otras tantas discurrir, como un incurable alienado, sobre lo que él llama arte. Me divertía verle manejando el cincel con la misma aptitud con que un labriego hiciera uso de la pluma. Me abstuve a visitarle desde que ...

—¿Desde qué?

—Le sorprendí una noche forma equívoca, en gabinete secreto, lleno de pequeñas esculturas de una obscenidad capaz de producir náuseas al sátiro más lúbrico.

(Septiembre de 1937).

TRAGEDIA MISTERIOSA

I

El hogar del joven diplomático portugués, conde Carlos de Almeida, resplandecía en aquel caliente 26 de agosto. Festejaban el primer aniversario de su primogénito, que, vestido de seda ligera, y acariciado por todos, iba de un lugar a otro rebosando de salud. Gordo, blanco, con negros ojos vivaces, Pablito daba ya cortos pasos, abriendo las piernecillas redondas y levantando los bracitos sonrosados llenos de hoyuelos.

Gladys Amaral se consideraba la madre más feliz. Nacida en la joyante Río de Janeiro, acostumbrados sus ojos azules a los espléndidos panoramas de la sonora metrópoli, única fisonomía inconfundible entre las urbes de la tierra, era dichosa en la triste capital centroamericana, sin que jamás en este obscuro rincón se echara menos la bahía incomparable, las refulgentes avenidas, Beiramar con su encanto de leyenda; ni las magnificencias del Portugal contemporáneo con su amplia civilización abierta a todos los horizontes.

II

De súbito se presentó en el risueño hogar una vieja húngara, pintoresca con sus harapos de colores y con su collares de monedas exóticas. Dijo a todos extraño augurios y Pablito profetizó un futuro novelesco.

Algunas horas después acaeció una cosa terrible. La gitana y el niño desaparecieron sin que nadie se diera cuenta inmediata del tremendo suceso.

No describiré la angustiosa desesperación de los padres. Se agotaron los medios para encontrar a la criatura. Días y semanas se perdieron en pesquisas inútiles; la ciudad entera se conmovió con el desventurado acontecimiento; y tres meses después el conde, promovido a otro cargo, con la muerte en el alma iba ya a abandonar Centro América, cuando, en una medianoche del plenilunio de septiembre, propicio a los misterios sobrenaturales, sonó de pronto el timbre portón; Gladys, que apenas dormía, siempre suspirando por el pequeño ausente y jamás consolada en su desgracia, fue a abrir... Y

¡oh suprema alegría!, vio una sombra desvanecerse en la penumbra de la calle, y… parado en el umbral, a Pablito, que le tendía los brazos y se apretó contra su pecho, besándola con sus más dulces efusiones.

III

Volvió a brillar de nuevo el sol de los tiempos felices en la gran casa de la Legación portuguesa. El conde retrasó su viaje, esperando al sucesor, ya en camino desde un país asiático.

...En tanto, una vaga y penosa inquietud atormentaba a toda hora el alma de Gladys. Algo equívoco y amargo, que ni a su marido se atrevía a confiar...

Y el padre, a su vez, sufría de un pesar inconfesable...

La sirviente, que cuidara siempre al niño, dijo a Gladys una tarde:

—Señora, fíjese. Este no es Pablito...

Ella sintió el golpe en el corazón.

No, no era él. Físicamente quizá no hubiera diferencia entre ambos; pero ciertos gestecillos característicos, ciertos ademanes y gracias especiales, ciertas íntimas peculiaridades del querido muchachito, no existían en el otro; quien, a su vez, poseía otros encantos íntimos, otros atractivos en su naciente desarrollo. Además —detalle éste de una clarísima elocuencia— Pablito tenía ya dos dientecillos... y el otro sólo uno

No, no era él. Y, sin embargo, tan inteligente, tan cariñoso y tan simpático como el desaparecido.

IV

Pasaron veinte años. Carlos de Almeida era Ministro de su país en Francia y vivía con su esposa y con su hijo Pablo en un palacete de los Campos Elíseos.

En una fiesta magnífica de la Legación de Inglaterra, Gladys vio junto al piano a un joven de suprema elegancia que hablaba a media voz con Felisa Wilson, la cantante célebre. Súbitamente sintió que el corazón dejaba de latirle. Una fuerza extraña le impulsaba hacia el hermoso desconocido.

Trémula, preguntó una amiga que pasaba:

—¿Quién el caballero que conversa con la estrella de la Opera?

—¡Cómo! ¿De veras no le conoce? Es hombre de día en los círculos de diplomacia. Pablo Montmorency, marqués, violinista, poeta, pintor y Primer Secretario de la Embajada de Italia. Es el joven más seductor que existe. Las mujeres adoran y no hay hombre que escape a su dominio. Impera, donde se presenta, de manera absoluta. Habla todos los idiomas vivos, conoce todos los deportes y es bello como un dios. Tiene veintitrés años y cuarenta millones de dólares. Su vida es una novela misteriosa y maravillosa.

V

Algunas horas después, por un incidente obscuro ocurrido en el Círculo Extranjero, se batieron a pistola Pablo de Almeida Pablo de Montmorency. Éste quedó gravemente herido, pero su adversario murió en el encuentro.

En la noche del 14 de julio, cuando todo París llenaba las amplias avenidas y el rumor de la vasta ciudad ascendía como un himno profundo, el marqués de Montmorency agonizaba en su palacio del boulevard Haussmann.

La condesa Gladys se presentó a las doce; conducida por el Ministro de México atravesó los salones y las estancias entre grupos de diplomáticos y personajes del gran mundo, asombrados a su presencia en aquel sitio.

Al acercarse al espléndido lecho, el moribundo se incorporó y abrió los brazos. Ella lo tomó en los suyos sollozando y así unidos permanecieron un instante.

Con una voz opaca, como venida del más allá, le susurro el joven junto al corazón:

—En mi libro de memorias, que recibirás mañana que ya no exista..., verás que tuve razón en matar al otro y que no debes guardar rencor de tu verdadero Pablito…

UN PRESAGIO

I

Jerónimo Reina y yo, en plena infancia, éramos íntimos amigos en la escuela de Juticalpa. Juntos se nos veía por todas partes: correteando por los cerros, en baños de La Piedra Gorda, calles las polvorientas. Leíamos, con rara precocidad, cuantos libros y periódicos en nuestras manos y renglones cortos dábamos forma los primeros sueños.

Llegó a la ciudad una caravana de húngaros que en la plaza instalaron sus tiendas amarillentas. Hombres y mujeres acudían a divertirse con el espectáculo de sus pintorescas miserias. Una vieja espectral, de una antigüedad secular, cubierta de harapos descoloridos y de brazaletes sonoros, decía la buenaventura. Relucientes monedas de plata sin acuñar recogía de su charla monótona que salpicaba con vocablos agudos de su lengua salvaje. Nosotros la oíamos asombrados, admirándola por su vetustez, por sus largos dedos de momia, por sus ojos de un verde ceniciento que tantas tierras lejanas habían visto.

Una tarde tomó nuestras manos, examinándolas con unos lentes de un azul casi negro: primero las de Jerónimo, después las mías... Lanzó de pronto una exclamación gutural y habló vivamente.

¡Muy extraño! ¡Muy extraño! —gritaba—. Oigan, muchachos; no lo olviden nunca: EN EL MISMO MINUTO EN QUE OCURRA LA MUERTE DE UNO DE USTEDES, CORRERÁ EL OTRO UN TREMENDO PELIGRO.

II

Varios lustros transcurrieron y un treinta de diciembre recibí una carta de Jerónimo, por aquel entonces jefe político y militar de Copán.

"Estuve anoche a punto de perecer —me decía—. La muerte pasó junto a los dos sin darte cuenta de ello. Recuerda la predicción de la gitana". Pero poco a poco fuimos olvidando aquella profecía, de la cual, por una especie de convenio tácito, no hablábamos a nadie.

Llegó el año de 1918 —por varias razones trascendente en mi destino— y un mal implacable devoró a mi amigo en pocos meses, interponiéndose en si brillante carrera política.

III

El gran costarricense Alfredo Volio —con quien me unía un mutuo aprecio— murió lamentablemente en Granada en aquellos días de diciembre en que regresaba el Presidente Bertrand de su gira por Olancho. Su viuda y su hija —la encantadora Niní —lloraban su desgracia en esta capital, en casa de la familia Oreamuno, que es hoy la que habita don Santos Soto. Su hermano, Monseñor Claudio María, actualmente Obispo de Santa Rosa, y que era número distinguido en la excursión presidencial, ignoraba aquella muerte.

Don Nicolás Oreamuno me suplicó el 29 de diciembre que le acompañara al día siguiente a La Cofradía para que yo diera a Monseñor la fúnebre noticia, pues él no tenía el valor para hacerlo.

Me negué, recordando el presagio remoto. Le conté el caso.

—Jerónimo está gravísimo —le dije—. Ayer, que fui a verlo, me dijo estas palabras: "¿Has tomado tus precauciones? ¡Acuérdate!".

Pero él se rio de mi superstición. Y yo le acompañé. Casi toda la sociedad de Tegucigalpa estaba en aquella aldea. El doctor Bertrand y su familia atendían afablemente a sus amigos y Monseñor era entre ellos el más alegre.

IV

A las tres y media de la tarde resolvimos adelantarnos a la comitiva para evitar a Volio una explosión de dolor entre tantos extraños,

El Presidente puso a mi orden un automóvil y a él entramos, ocupando Monseñor el fondo del carruaje, entre don Nicolás y yo; en las banquetas de enfrente se colocaron los jovencitos Beto y Max Oreamuno.

Ya iba a partir la máquina, cuando se acercó el general Rafael López Gutiérrez a pedirme que le permitiera venirse con nosotros. Yo le ofrecí mi asiento; pero él prefirió ir a la derecha del *chauffeur.* Dije a éste en el momento de salir:

—Óigame bien: tengo mis motivos para creer que correremos un gran peligro en este corto viaje. Y debemos hacer lo posible para evitarlo. Conduzca despacio la máquina: la carretera es muy angosta y tiene muchas curvas violentas. No importa que lleguemos a cualquiera hora.

—Es muy extraño esto en usted —me contestó—. Varias veces le he conducido y siempre me pidió que, fuera de la ciudad, pusiera el auto a toda carrera. Con usted he viajado vertiginosamente...

—Cierto es; pero hoy le pido que vaya despacio.

Con lento andar salimos de La Cofradía y, a los pocos minutos, don Nicolás, con un gesto, me indicó que era llegado el momento de hablar con Monseñor.

Quien, como si presintiera súbitamente lo que pasaba, me preguntó lleno de sobresalto:

—¿Ha sabido de Alfredo?

—Sí, señor. Está muy enfermo en Granada.

—¿Muy enfermo?

Y sus manos temblaban.

—¡Dios mío! ¿Es que ha muerto?

Mi silencio, y el de todos, confirmó su sospecha, y con la frente inclinada sollozó como un niño.

En ese instante, las cuatro menos dos minutos, noté que el carro duplicaba su velocidad. Los paisajes del camino pasaban ante mis ojos con alucinante rapidez. Pero yo, impresionado por aquel dolor, me olvidé del peligro. En un segundo relampagueó en mi cerebro la certeza de la muerte inminente que nos aguardaba. Vi. Como en una pesadilla, un ángulo de la carretera hacia el cual volaba el automóvil.

—Allí pereceremos —pensé.

Y fue allí donde la máquina se precipitó con terrible violencia, rodando por un abismo cubierto de agudos peñascos.

¿Cómo salimos vivos de aquel percance terrible?

Todos quedamos inmóviles y ensangrentados a varios metros del auto deshecho-

Cuando recobré el conocimiento, vi, entre el grupo que me rodeaba, al doctor Llerena.

—¿Y Jerónimo? —le pregunté.

—Murió a las cuatro, en el mismo minuto en que ustedes casi tocaron el umbral de la eternidad.

EL FANTASMA BLANCO

I

Al anochecer de un dos de noviembre llegué a La Antigua... Un frío viento azotaba las calles obscuras; y las campanas de todas las iglesias, en un redoble monótono y tristísimo, gemían por los difuntos.

El aspecto fantástico de la ciudad en la sombra y el silencio; su vago olor a ciprés; las quejas de los bronces y de las brisas, aún más que sus extrañas leyendas, me impresionaron profundamente.

Penetré al hotel dominado por una fúnebre emoción. Al mirar sus anchos corredores, en que parpadeaban algunas luces amarillas, evoqué un viejo monasterio castellano que conocí, hace poco tiempo, en una de mis excursiones a Toledo. Mientras me conducían a mi cuarto, se agolparon en mi memoria imprecisos recuerdos de mi permanencia en España: sus catedrales, sus conventos, sus históricos palacios de piedra, sus castillos; toda la romántica tristeza de su pasado, en el que se destaca el enorme Escorial, maravilloso monumento de granito que asombra al viajero, y en cuyo interior se siente una indefinible impresión de asombro y de espanto, una aguda angustia de espíritu, un hálito mortuorio.

II

Vagué —durante quince día— sin rumbo fijo, embriagándome de aire y de luz, y de añoranzas entre las ruinas, que millares de curiosos de todos los países han profanado con sus frívolas sorpresas y con sus juicios mediocres. Uno que otro peregrino, de imaginación y de talento, miró estos escombros con los ojos del espíritu, y dio a cada pedrusco y a cada frase pretérita su arcano e inmutable valor. Sucede con esta clase de reliquias del Ayer lo que con las piedras preciosas: todas la admiran por su notorio mérito, pero conocen muy poco su secreto encanto.

Estas ruinas tienen un alma profunda y viven una vida misteriosa . Ráfagas y dolores de los siglos duermen en sus poros inmóviles, y todo en ellas hace soñar y sufrir. ¡Arcos pétreos que truncó el destino en una hora de catástrofes! ¡Rotas cúpulas por entre cuyas anchas grietas se mira el cielo azul! ¡Arabescos de los palacios, paredes obscuras de las celdas, bocas de sombra de las húmedas galerías subterráneas! ¡Tienen un espíritu ignoto! ¡Están poblados de fantasmas!

En las horas de silencio —cuando los antigüeños del presente reposan sin recordar el pasado—; en las tétricas noches sin luna surgen de los escombros voces y figuras que la Historia empieza a olvidar y se agitan por la dormida ciudad en una rápida existencia ilusoria. Van y vienen, como en los tiempos en que sufrieron y amaron, las damas y los caballeros; y las gentes del pueblo en los amplios suburbios. Las calles se llenan con las compactas multitudes del antaño. Hay fiestas alegres en los salones y pomposas ceremonias en las iglesias y toda la vieja metrópoli recobra su extraordinario esplendor. Pero sus cantos y sonoros estruendos y la voz de sus penas y pasiones no llegan a los oídos de los vivos que duermen sino como algún remoto rumor, que ellos juzgan murmullos de los vientos entre los cipresales. Y cuando las estrellas palidecen en el sombrío cielo, todo vuelve a recobrar su natural aspecto de prosaico existir. Y el inofensivo y gordo ciudadano que ensilla su caballejo para ir en busca del diario alimento: que va a San Lorenzo el Cubo o a Santa Catarina Barahona a cobrar diez libras de café que dio al crédito; y la rica matrona que se estira en su lecho perezosamente antes de vestirse; y el mozalbete que rememora, entre dos largos bostezos, algún grato percance amoroso; ni vaga, ni de abstracta manera pueden imaginarse la intensa vida nocturna de la vieja ciudad y de sus viejos fantasmas.

III

En la agonía de un crepúsculo de diciembre —cuando el sol en el tramonto apagó su último resplandor—, obedeciendo a una voz secreta, entré al templo de La Merced. Una que otra lámpara clareaba la tiniebla con fulgores mortecinos. Me senté en un banco, cerca de un altar. Mujeres vestidas de negro penetraban por la puerta mayor, interrumpiendo con sus pasos el solemne silencio. Una forma blanca se hincó junto a mí. Abstraído en uno de esos mágicos sueños que alucinan mi espíritu cuando me hallo en el recinto de una iglesia, permanecía inmóvil mirando una estrella que brillaba en el fondo de una de las altas ventanas ovales. La noche cayó y la obscuridad se hizo más densa... Las devotas encendieron sus velas de cera.

Lentamente me volví hacia mi vecina. Y estuve a punto de lanzar un grito de sorpresa. En la radiación amarilla de la vela miré a una joven inolvidable. Un ligero traje blanco, de seda o de lino, modelaba sus formas adolescentes, casi infantiles. Pero... ¿en dónde podré encontrar una frase angélica para describir su rostro, de una blancura imponderable y de una belleza extraterrena? ¿Cómo definir, con las palabras comunes de un estilo normal, la divina expresión de aquellos ojos, impregnados de amor, de martirio y desesperanza? La boca de pálida rosa, las mórbidas manos de alabastro, ¿no me hicieron pensar en la Gioconda, que florece de gracia inmortal en la tela del armonioso Leonardo ?

Ella me miraba dulcemente; y el cerebro del hombre jamás podrá concebir el mundo de poesía y ternura que encerraban aquellas pupilas, cuyas miradas, deshaciéndose en mil tenues rayos, parecían penetrar por todos mis poros, besándome el alma y haciéndome languidecer con su caricia sobrehumana.

Me hallaba embriagado y muy lejos de las cosas de la tierra... ¿Cuánto duró aquel éxtasis profundo en que, sintiendo la gloria inefable de los dulcísimos ojos quiméricos, me consideré, al mismo tiempo, el más venturoso y el más infeliz de los mortales? ¿Un minuto? ¿Una hora? ¿Un siglo...? No lo sé. Caí desvanecido sobre el banco y al despertar la iglesia se hallaba solitaria. Un eclesiástico apagó las últimas luces. Recogí mi sombrero, caído sobre el pavimento, y, con paso de sonámbulo y las ideas en desorden, salí del templo.

Caminé automáticamente en dirección al hotel. Las calles desiertas, sumergidas en lúgubre silencio, me hicieron pensar en las necrópolis antiguas. Abrí mi cuarto, y sin fuerzas para la más leve acción, me arrojé vestido en el lecho. Durante toda la noche fui presa de las más extravagantes alucinaciones, de los más ardientes delirios, de los ensueños más puros, de las más siniestras pesadillas. Me despertaba estremecido de espanto, con el corazón saltando como un pájaro salvaje en una jaula de acero; o, después de un suavísimo sueño, abría lentamente los párpados con una deliciosa languidez... Pero ya despierto o dormido, ya febril o sereno, aquellos ojos me miraban desde un ámbito remoto. A veces sentía que se acercaban hasta rozar mi frente con sus largas pestañas, esparciendo en mi rostro un aroma sideral; y luego se perdían en ignotos espacios esfumados en la Eternidad. Pero desde los fantásticos infinitos llegaba a mí su luz en una tibia caricia, impregnando mi ser de celestes anhelos.

Penetraba el sol por la entreabierta ventana cuando me incorporé sobre los almohadones. Con la dolorida cabeza entre las manos me quedé mirando los volcanes de Fuego y de Agua, cuyas gigantescas moles resplandecían como hiperbólicas turquesas en la gloria matinal. Un plateado gorro de nieblas cubría una de las altas cumbres y el cielo radiaba con mágicas coloraciones de zafiro y lapislázuli. Un fresco soplo oreó mis sienes. Con gran esfuerzo me puse en pie. Me sentía débil, con inseguridades de convaleciente en las ideas y en los músculos, y no me sorprendí al mirar en el espejo mi palidez y mis ojeras.

Solamente después del baño recobré mis fuerzas. Y ya de nuevo en posesión de mis energías quise, con irresistible deseo, ver otra vez a la misteriosa criatura que tan violentas sensaciones había despertado en mí. Se me hicieron interminables las horas de aquel día. Subí al Cerro del Manchén, y, a la sombra de un ciprés, contemplé largamente la melancólica ciudad de ruinas y de recuerdos, propicia, como ninguna, para las mórbidas soñaciones, sobre todo para los espíritus que, como el mío, viven ávidos de quimeras y de imposibles.

Caía la tarde y el amplio valle se obscurecía tristemente. Grave pesadumbre flotaba sobre los derruidos palacios. Una claridad casi lunar se difundía del ocaso y una vasta quietud reinaba por doquier. Las copas de los árboles, sacudidas por los vientos errantes, se quejaban como si sufrieran. En las lejanías humos azulados se elevaban al cielo, en el que aparecían los primeros luceros de plata.

De súbito, en la honda tristeza del tramonto, en la agonía luminosa de la tarde, vibró una campana a lo lejos, violando el mortuorio silencio.

Me estremecí un segundo... Del templo de La Merced llamaban a los fieles a las oraciones vespertinas.

Comencé a descender por la falda arenosa con el alma vibrante de inquietudes y de ilusiones. Hacía apenas un día que admiré, por vez primera, a aquella grácil adolescente y ya la amaba con una desesperación inexpresable. Me imaginaba que fue mi novia en un mundo anterior y que volvía a encontrarla después de singulares evoluciones arcanas. ¿Cuál era su nombre? ¿De dónde venía? Extravagantes conjeturas me asediaban acerca de su carácter, de su espíritu, de su inteligencia; y diversos proyectos surgían en mi cabeza sobre nuestros destinos... Sí... ¿Por qué no? Me casaría con ella. La caduca metrópoli oiría nuestras risas; y cogidos del brazo vagaríamos por sus callejuelas, interrumpiendo con nuestra juvenil felicidad la tristeza del fúnebre ambiente. Recorreríamos, en pleno idilio, los pintorescos alrededores, en las tibias noches fulgurantes, persiguiendo las luciérnagas, y desafiando con nuestra sonora ventura a los difuntos que duermen por todos lados bajo las grandes cruces de piedra. Poblaríamos con las profundas músicas de nuestros corazones la calma solemne de los plenilunios... Pero, ¡Dios mío! ¿Será cierto que ella existe? ¿Difundirá en la tierra su leve gracia, o será, no más, una seráfica visión nocturna, un fugitivo ensueño de mis sueños?

Al hacerme estas preguntas, negras brumas apagaban mi luz interior, y una angustia sin nombre me cortaba el aliento. Todo me era entonces hostil y el mundo me parecía un vasto sarcófago, un antro de fríos huracanes y de horribles desolaciones.

IV

Ya en la iglesia, busqué mi sitio de la noche anterior. Ella se encontraba de rodillas en el suyo. Al acercarme se cruzaron nuestras miradas y sentí como un golpe eléctrico en el corazón, y después una especia de encanto delicioso.

Me hinqué a dos metros de su falda blanca. Hojeaba sin ruido su devocionario y observé temblando la tenue sombra de sus dedos sobre las páginas…

Ahora sus ojos me rehuían. Pero me buscaban ávidamente tan luego como dejaba de mirarla.

Yo recogía estremecido, en mis pupilas, su mágico perfil de leyendas, el óvalo angélico y la expresión de infantil candor de su semblante maravilloso; y en mis ojos resplandecía mi alma.

Terminaron los cánticos litúrgicos y el rumor de los rezos. Ella se levantó, y yo fui tras su pálida silueta; pero al llegar a una puerta lateral dejé de percibir su veste blanca. En vano la busqué en la negrura de la calle.

V

Así pasaron veinte días que se me figuraron veinte años. Mi existencia se resumía en aquel rápido instante vespertino en que su mirada me producía una felicidad sobrenatural.

Jamás una frase, una palabra, se cruzó entre nosotros. Ella no conocía mi voz. Yo no conocía su voz. Nunca pude seguirla hasta su casa. Ignoraba su nombre y no me atrevía a interrogar a nadie acerca de su persona, dominado por una secreta potencia que inútilmente había intentado vencer. Tomé, dos o tres veces, la resolución de aclarar aquel grave misterio; pero en el momento de hacer una pregunta sentía como si el corazón estallara en pedazos y como si fuera a morir... Por lo demás, me consideraba feliz con aquella situación de ventura y tormento; y mi única, verdadera y grande angustia consistía en el temor de no volver a encontrar a mi adorado fantasma.

VI

Mi permanencia en La Antigua se prolongaba, de esta manera, indefinidamente. Guardaba, sin contestar, las cartas y telegramas que me dirigían mis amigos, llamándome; y olvidé mi mesa de trabajo en la redacción de uno de los diarios de la capital. Estaba mortalmente enamorado, y hubiera acometido la más heroica empresa por oír mi nombre en los labios de aquella misteriosa beldad.

Pasaba el día inventando rimas imposibles en honor de sus manos o de sus ojos alucinadores: o procurando bosquejar, en el encaje de una prosa musical, su ligera forma obsesionante. Y en la noche, después de que ella huía de mi lado, erraba por la ciudad monologando como Hamlet, apostrofando amorosamente su recuerdo, llamándola con los más violentos ímpetus de mi corazón... Algún perro extraviado aullaba en las veredas; algún gallo cantaba en los viejos corrales; alguna lechuza lanzaba en los aires su grito agorero...

Ecos que se perdían en el espacio ennegrecido, y levantaban otros rumores y otros ecos en el seno de los vecinos boscajes.

Cierta mañana, en un súbito arranque, fatigado de aquel vivir enfermizo, resolví normalizar mi situación y conocer mi destino.

Me vestí de negro, por un secreto impulso, asilándome, en la tarde, en el templo que tanto amaba mi alma. Admiré la hermosura de algunas imágenes y las severas decoraciones de los altares, y luego me entretuve en leer los epitafios grabados en granito y mármol en el piso y en las paredes.

Ignoro por qué atraen mi curiosidad, de manera más intensa, las inscripciones sepulcrales de los templos las de los cementerios. Quizá debido a que el lugar es aún más sagrado por la presencia de los símbolos religiosos y por la excepcional pompa de los ritos y de las fórmulas eclesiásticas.

Fui leyendo, con sincero respeto, nombres y fechas, y frases alegóricas, algunas antiquísimas, casi borradas en la incolora piedra. Un número, una letra —rotos bajo la implacable acción del tiempo— hacían, con frecuencia, indescifrables las líneas de los recuerdos. Apellidos tradicionales se mezclaban con signos anónimos. En varias tumbas sólo se veía una palabra. En la en que se hincaba mi pálida desconocida vi este único nombre:

CLEMENCIA.

Y tan fúnebre laconismo se notaba, generalmente, en los nichos de los muros. Había, también, sonoras estrofas sin poesía, formadas con absurdos adjetivos consonantes inoportunos.

Transcurrieron dos horas. Me senté en la grada de un confesonario, y me puse a repetir mentalmente lo que pensaba decirle a mi amor. Las frases encendidas de mundana pasión se atropellaban en mi cabeza con los vocablos más tiernamente humildes y respetuosos. Temblaba al pensar que podía faltarme el ánimo en el minuto supremo.

Vibró la campana en lo alto de la torre. Sonó y resonó a cortos intervalos y bajo la nave se perdían los ecos sordamente. Grupos de mujeres aparecieron en las tres grandes puertas, iluminadas por las postreras claridades solares.

Sentado en mi sitio, que nadie me disputaba, oía preludios de la música del coro y el murmullo de iniciales oraciones... y la joven no llegaba.

La iglesia se hallaba más obscura que costumbre. Una inquietud tremenda llenó de angustia mi ser... ¿No vendría esta noche..? Noté que encontraba solo en el lado izquierdo del templo, y que en el otro se agrupaban los fieles. Imaginando que aquello obedecía a alguna especial disposición eclesiástica, me disponía a cambiar de lugar, cuando la vi venir rodeada de silencio y más linda nunca.

En la penumbra semejaba, en verdad, una ilusión angélica, un lirio mágico errando en la noche

Oí un leve rumor de alas; y un aroma ignoto, sólo aspirado en los blancos sueños de la infancia, y una melodía recóndita, arrullaron mi alma.

Se hincó con los extremos del velo de encajes entre las dos manos unidas. Miré, una vez más, aquellas manos, y me parecieron dos pálidas camelias. Eran mórbidas, de una irreal blancura, de una pureza imponderable. Instintivamente, seducido por las dos flores milagrosas de inocencia, me fui acercando a la joven hasta casi tocarla con mi cabeza, sin que ella pareciera notarlo.

...Fue, entonces, cuando murmuré las trémulas frases de mi amor espiritual y profundo, en el que no cabía ninguna miseria terrena... Fue, entonces, cuando exalté mi pasión con palabras ideales que eran como albos pétalos de los nocturnos jardines del misterio.

¿En dónde hallé aquel lenguaje de los cielos, en que cada expresión tenía un sentido seráfico y en que mi esperanza se revestía de una divina castidad?

(Pero, para hablar a aquella virgen, ¿qué otra norma de estilo podía usarse? ¡Si toda ella parecía formada de una celeste carne y de un espíritu encendido por el soplo de las perfecciones eternas!)

...Se desbordó mi ser dulcemente; y todo lo que había en mí de ingenuo e infantil, y todo lo que ignoraba en mí de bueno y de grande, salió de mi boca en frases tenues, lentas y hondas, como largos suspiros que iban a morir a sus pies.

...De mis más recónditos interiores volaron mis sueños más puros en busca de su alma; y mis más radiantes visiones de poesía y de amor la acariciaron intensamente con sus perfumes y con sus músicas...

Hablé así durante mucho tiempo. Ella permanecía inmóvil, con la graciosa cabeza inclinada sobre el libro de oraciones.

Sólo cuando se extinguieron mis palabras... Pero, ¿había yo hablado, o únicamente mi espíritu se comunicó con su espíritu y las frases que yo creía decirle resonaban nada más que en mi interior, en mi alma y en su alma..? No lo sé... No lo sé... No lo sabré jamás.

Cuando se extinguieron mis palabras... volvió su rostro hacia mí, y un escalofrío me azotó un segundo. Un escalofrío de amor y de dolor, un estremecimiento de indecible admiración... ¡porque nada de lo que existe en este miserable planeta puede dar siquiera vaga idea del íntimo encanto y de la triunfal hermosura de aquel rostro!

Fijó en mis ojos sus grandes ojos semejantes a dos pálidas violetas o a dos resplandecientes amatistas, impregnados de una ternura suprema en que se resumían todas las profundas ternuras de la vida, y que buscaban mi alma aún más allá de la Vida... Después se llenaron de lágrimas, que cayeron lentamente, lentas y extrañas en el silencio, sobre sus dedos enlazados... Sentí un imperioso deseo de beber aquellas lágrimas, de estrechar sobre mi corazón las dos manos divinas, y me aproximé aún más... Ella se puso entonces de pie y se dirigió a la puerta mayor con paso tan leve que no resonaba sobre las baldosas.

La seguí por la obscura calle, guiado por su blanca veste. Pasamos bajo el Arco de Santa Catarina sin encontrar a nadie. El cielo parecía de negro terciopelo. Se paró en una esquina, frente a un Cristo iluminado por un pequeño farol de gas. Creí que me esperaba y mi corazón dio un salto. Pero luego continuó caminando. Triste y fatigado me detuve, comprendiendo que rehuía mi presencia. Pero ella también se detuvo. A una corta distancia uno de otro erramos durante algunos minutos. Atravesamos plazas y callejuelas por entre ruinas y solares solitarios. El viento aullaba sobre la ciudad y un frío glacial helaba mis venas.

Sonó un reloj en la distancia. ¿Qué hora sería? ¿Las doce? ¡Quién sabe! Ya no me daba cuenta ni del tiempo ni de la vida; ignorando qué hacía y en dónde me hallaba. ¿Iba tras una mujer o tras un sueño?

...¿Cuándo detendrá Ella su carrera ? ¡Quizá nunca!

Mas, he aquí que de pronto, cerca de la Cruz del Milagro, la fugitiva se introdujo en un viejo portón, cuya pesada hoja se cerró al punto. Pertenecía a una vieja casa de piedra. Empujé la gruesa madera inútilmente, pues apenas lanzó un agudo chirrido que se dilató como un lamento lúgubre en el callejón penumbroso.

Obstinado y febril, rondé por los alrededores, acariciando imposibles esperanzas.

Me recosté, privado de toda voluntad, moribundo de pena y desolación, sobre la ventana única de la misteriosa casa. Ni un ligero resplandor por las rendijas, ni el más leve ruido se percibían dentro. Nada. Solamente al retirarme, ya próximas las primeras luces del amanecer, me pareció oír, del fondo de las tenebrosas habitaciones, un suave sollozo... ¿Un sollozo...? Quizá fue el viento, que, como un gran perro fantástico, aullaba tristemente en el frío silencio de la noche.

VIII

Pasó un mes. La alteración de mis costumbres y la constante inquietud de mi pensamiento desequilibraron mi organismo. Grave atonía entorpeció mis músculos. Permanecí mucho tiempo casi inmóvil. Después, friolento y vagabundo, erraba por los amplios corredores del Manchén; o, recostado en una cómoda butaca de cuero, con los ojos fijos en el firmamento, seguía el viaje voluble de las nubes a través de los azules infinitos.

Dormía horas y horas sin moverme, con torpe sueño profundo. Me levantaba a las nueve, y, a pesar de mi absoluta indiferencia por todas las cosas, no podía menos que admirar aquellas mañanas únicas, de una deslumbrante claridad diamantina. Bajo el ábside celeste, la verdura de los montes despedía tornasoles reflejos metálicos. La atmósfera era de una transparencia de cristal y ni el más ligero vellón blanco alteraba el matiz uniforme de los resplandecientes horizontes. Una cálida delicia invadía mis miembros: y así, poco a poco, en aquel clima edénico, con matinales paseos y baños tónicos, recobré por completo la salud en breves días.

Pero un amargo tedio roía mi corazón. Mi dolencia moral tomó un carácter alarmante desde la negra noche en que miré, por la vez última, a mi blanco fantasma. Todas las tardes subsiguientes fui a La Merced, ávido de verla; mas la iglesia, impasible ante mi duelo, permaneció cerrada y silenciosa. Volví a rondar, obstinadamente, por la casa en que Ella desapareció. El viejo zaguán —que algún hidalgo español mandara revestir de espirales broncíneas y heráldicos rosetones— yacía en su inmovilidad secular. Varias veces moví desesperado el herrumbroso picaporte...: el ruido se perdía vanamente en las soledades interiores. El eco, en ciertas horas, me parecía rumor de pasos... ¡Esperanza fugaz, ilusorio imposible!

IX

¿Quién detiene la fuga del tiempo...? Las semanas pasaban y yo no podía abandonar La Antigua. ¿Cómo alejarme para siempre de la encantadora ciudad sin descifrar el misterio que transformó mis ideas y mis emociones?

¿Qué fue de mi ser en las extrañas noches en que un amor hecho de supremas angustias, de ilusiones y presentimientos, volaba más allá de la tierra, bañado en la luz del infinito? ¿Quién era aquella criatura sideral, en cuyos ojos mágicos vi la Eternidad, y cuya expresión de ternura inefable guardo en lo más hondo de mi espíritu como un inmortal tesoro ?

...Aún en sueños, sus manos cándidas, como dos celestes flores, se posaban en mis cabellos o cerraban mis ojos; y su blanca forma iluminaba en la media noche la obscuridad de mi cuarto, dejando en él una estela perfumada...

...¡Ah, su aroma, que era, en verdad, como el alma de un aroma, tan suave, tan casto, tan sutil que sólo podía percibirlo mi espíritu! ¿A qué cosa tenue, de una levedad inverosímil, pudiera compararse aquel perfume que no existía y que evocaba un país risueño de milagroso encanto, haciéndome soñar en un amor sublime, jamás imaginado por el frívolo deseo de los hombres?

...Como un debilísimo hálito de los orbes angélicos llegaba hasta mí su íntima fragancia, cuya delicia irreal no puede explicarse con las incoloras palabras de nuestro efímero idioma. Necesitaría inventar voces musicales y profundas, hondos términos singulares, para describir aquella secreta y vaga poesía de un perfume. Baste saber a los raros espíritus que comprenden que los olores de las flores más delicadas y puras no darían, ni la más remota idea, de aquel recóndito olor de amor, que era como el aroma de una virgen divina, y que sólo yo podía sentir, porque era sólo para mí.

195

Mas, ¿cómo descubrir el secreto de aquella esfinge errante ?

No pensé nunca en interrogar a nadie, por varios graves motivos, entre los que no era el menor una especie de prejuicio invencible que me hacía ver como una profanación sin nombre el acto de vulgarizar mi ensueño; y, además, porque temía que se me tomara, con sobrada razón, por un neurasténico inventor de fábulas.

Pero amplié el círculo de mis relaciones sociales, con la lejana esperanza de que, de una manera indirecta, y sin que mi curiosidad tomara en ello parte, mis nuevos amigos edujeran mi sobrenatural episodio a las normales condiciones de la vida.

Me hice presentar en varias casas de honorables familias, en donde conocí algunas hermosas jóvenes, que disiparon un tanto, con su fresca gracia, mi tedio y mi melancolía.

Empleaba, ahora, el tiempo en recorrer los interesantes alrededores de la ciudad, a pie o montado, solo o en compañía de varios alegres camaradas, de quienes oía todo género de confidencias y que me relataban los históricos episodios de confidencias y que me relataban los históricos episodios y tradiciones locales. Pude, de tan fácil manera, fortalecer mi memoria sobre las leyendas de la vetusta metrópoli, que leí en mi infancia, y que ya había olvidado.

Realicé grandes caminatas por Ciudad Vieja, San Juan Gascón, San Luis de las Carretas, San Pedro de las Huertas y todas las otras poblaciones que rodean a La Antigua; y acaricié el proyecto de ascender los 3.752 metros del Volcán de Agua.

Almorzaba con frecuencia en algunas de las fincas vecinas después de bañarme en el Portal, en Pamputic o en San Cristóbal. O visitaba, por la décima vez, las ruinas de las iglesias, en donde cualquier vagabundo me contaba, con frases difíciles o absurdas, la tradición del *Hermano Pablo* o la dramática historia de Los cadáveres azules, entre otros mil cuentos o consejos refundidos o alterados lamentablemente por las míseras imaginaciones populares.

¡Cuánto soñé en aquellas inolvidables excursiones!

En una serena tarde de amaranto, recostado en el árbol que sombrea las ruinas del palacio de doña Beatriz dela Cueva, en Ciudad Vieja, evoqué los días sonoros de la Conquista, y toda la terrible epopeya lejana, y la brillante figura del siniestro y bello Tonatiuh, ebrio de oro y de sangre.

¡Qué de sombras heroicas o prestigiosas, impregnadas de la soñadora poesía de las edades pretéritas, encendidas con el cárdeno fulgor de las catástrofes, en la trágica apoteosis del amor y de la muerte, surgieron en mi cerebro, en medio de los imponentes escombros sagrados!

Se aglomeraban las remotas remembranzas en mi fantasía, en increíble desorden cronológico, saltando épocas y confundiendo los nombres y los acontecimientos. Escenas de la Colonia y anteriores a la Colonia, actos de nuestros próceres y episodios de la segunda mitad del siglo XIX, páginas del Popol-Vuh y de la Reseña de Milla, se revolvían en mi cabeza en esas horas de meditaciones y evocaciones.

...Oía, a lo lejos, el triste son de las chirimías y atabales; y recordé la pomposa procesión del 22 de noviembre en el Paseo de Santa Cecilia, formada por linajudos personajes y flamantes cuerpos militares. Veía los gallardos penachos y los paramentos de oro de los corceles montados por los gentiles dragones provinciales...; y el gráfico espectáculo de las corridas de toros, en que las bellas damas lucían sus mantillas blancas y sus claveles rojos.

...Lamentaba que la hija de la princesa Luisa, la encantadora doña Leonor —en cuya sangre se mezclaba la osadía del hispano con la fuerte gracia del indio— no tuviera el intenso encanto de fábula con que aparece en la novela de Salomé Jil; y que, en vez de llorar eternamente al hermoso y arrogante don Pedro de Portocarrero, se casara, como cualquiera rica hembra o humilde mozuela del suburbio, con el enteco don Francisco de la Cueva, Licenciado y mediocre.

...¿Eran de graciosa apostura doña Inés y doña Anica, medio-hermanas de doña Leonor, y que perecieron en la inundación de 1541? ¿A cuál de esas hijas amaba más el fiero Adelantado...? Y la bizarra figura del audaz aventurero, fulgurante como un Borgia, se alzaba sobre todos los episodios de la Conquista, con sus cabellos de oro, su temible espada, y sus ojos fríos y crueles.

Parado sobre un arco trunco de la antigua catedral, o en el campanario de San Francisco, o sobre los majestuosos escombros del templo de la Concepción, ¡cuántas veces mi fantasía, con el pavor del águila en la tormenta, no revoló hacia el remoto pasado, pleno de recuerdos caballerescos y de actos sangrientos y brutales! El horrible martirio de los indígenas; las tribus arrasadas por las implacables hordas castellanas; el flamear de las banderas y el ruido de los tambores; el volcán homicida arrojando de su seno sus líquidas trombas oceánicas entre pavorosos estruendos; las eternas intrigas de amor en la real corte de don Pedro; todo desfilaba ante mi espíritu, absorto en las grandiosas evocaciones del antaño.

¡Cuánta gloria! ¡Cuánta sangre...! Y ahora, todo yace en taciturnas ruinas... Pero en estas ruinas cuánta enseñanza y qué fastuoso tesoro para la Poesía y para la Historia!

XI

Ocupaba algunos días en la lectura. Volví meditar en el destino de las razas, recorriendo, una vez más, el libro sagrado de los quichés, el célebre Popol-Vuh, cuyas páginas seductoras encantaron muchas tardes azules de mi infancia. Luego devoré varios volúmenes mórbidos de Lorrain, D'Annunzio y Maeterlinck. Bosquejé un estudio comparativo entre el autor del maravilloso Tríptico y Eça de Queiroz, el admirable ironista de La Reliquia, entre los cuales hay la diferencia que existe entre una parisiense, esbelta y viciosa, llena de saber sádico, y una fragante moza de los campos, sencilla, robusta y sonriente... Leí muchos libros de ciencia; estudios de sociología y de psicología, y aun de medicina; hundiendo mi espíritu, ávido de trascendentales novedades, en la meditación de los últimos asombrosos fenómenos teosóficos, observados concienzudamente por sabios italianos y franceses.

Y entonces fue cuando, para no volver a caer en la peligrosa sugestión de mi adormecida quimera, abandoné la lectura nocturna, y dediqué mis horas, después de la cena, a visitar a mis amigas. Recorrí todas las noches, en agradable rotación, las casas en que se me demostraba mayor simpatía... La de la señora V* era, sin duda, la de mi predilección. Tres seductoras muchachas me daban extraordinario encanto. Pronto me acostumbré a llegar a ella diariamente, seducido por el afectuoso interés que me demostraban, sobre todo Bertha, la de la boca de clavel. Era la más simpática y la más joven. De modo que a ella me uní con mayor confianza, y en breve tiempo me entregó ingenuamente su corazón, que era como un pajarillo que jamás había volado. Pasábamos las veladas familiarmente. La señora leía, Julia y Luisa tocaban en el piano o dibujaban, mientras Bertha bordaba y yo a su lado permanecía silencioso. En ocasiones se generalizaban nuestras pláticas, girando sobre todo género de asuntos.

Una noche, al retirarme, me encontré un momento solo con Bertha. Se había levantado del sillón y nos hallamos uno frente al otro. Sin pensarlo apenas, nos abrazamos, impelidos por un movimiento unánime; y yo oprimí dulcemente con mis labios el rojo clavel de su boca. Pero al instante ella palideció, se estremeció como si fuera a morir, y sus ojos se encontraron con los míos... Retrocedí dos pasos, todo trémulo, lanzando un suspiro... Y en silencio tendí las manos a las otras jóvenes, que entraban de nuevo al salón para despedirse.

Ya acostado, libre de aquella súbita sorpresa, no pude menos que reírme de mi enfermiza sensibilidad, que me hiciera hallar una lejana semejanza entre la expresión de las pupilas de Bertha cuando desfallecía en mis brazos y la de los ojos de mi dulce imposible... ¡Ahora sólo recordaba el íntimo placer de aquel beso delicioso, el sabor de flor de aquella boca purísima que yo había violado! Pero, en verdad, ¿amaba yo a Bertha...? Al pensar en ella, soñando en la posesión de su cuerpo y de su alma, ¿sentía aquella esperanza de una vida más alta y trascendente, que ilusionaba mi espíritu evocando a la criatura misteriosa perdida para mí...?

No... ¡No! Bertha era encantadora. Y me amaba con toda su alma. Yo la quería... ¡ay de mí!... ¡cuánto me era posible quererla, amando a otra...! Nada más.

XII

Pasaron aún diez días. ¡Y en una mañana, de las últimas de febrero, decidí partir¡ Cómo lloró, la linda Bertha, cuando le comuniqué mi próximo viaje!

Me dirigía entonces a mi país; pero le ofrecí regresar en noviembre, con los primeros fríos vientos. Sin embargo, sus lágrimas continuaron corriendo, inconsolablemente.

Aquella postrera semana fue para mí tristísima. Parecía —enamorado como nunca de mi dulce Quimera— que al abandonar la vieja ciudad dejaba en ella sepultado mi propio corazón. También sufría por el dolor de Bertha, más bella aún con su aspecto taciturno, que la hacía parecerse a una pequeña madona de Botticelli.

XIII

La víspera de partir —después de las cinco— subí con mis amigas al Cerrito del Manchén.

Luisa y Julia iban adelante, cogidas del brazo. Bertha, en seguida, y yo a su lado —como en nuestras intensas noches— guardaba silencio. Así ascendimos la ligera falda de la colina coronada de eucaliptos y de cipreses. Cada diez metros ella se apoyaba en mi hombro. Yo retuve entre mis manos sus manos, frías y sin movimiento.

Jamás vieran mis ojos, en ningún clima, una tarde tan bella. Brisas perfumadas, como de mieles y vainillas, y campestres flores, movían los ramajes sobre nuestras cabezas. Me pareció que La Antigua se revestía de su luminosa forma de imperecedera hermosura para despedirme. Y, ciertamente, me hallaba absorto ante su espléndido panorama, una de las más estupendas maravillas de la tierra; y nunca, mientras latiera mi corazón, podría olvidar el melancólico y penseroso y recóndito encanto de la divina ciudad de las leyendas adormecida en la tarde azulada.

—Adiós, vieja ciudad del Valle de Panchoy, que aduerme con su leve rumor el misterioso Pensativo... ¡Vieja ciudad en que amé un arcano imposible, y en que me creí un dios enamorado adorado y ángel! ¡Quizá ya nunca volveré a verte, quizá ya por un nunca...! ¡Y como en tu seno me amaron, ya nunca me volverán a amar!

Así monologaba mi espíritu. Estas palabras repetía mentalmente, con los ojos húmedos, a dos pasos de Bertha, que miraba un punto vago en el horizonte... Cambié con mis amigas algunas frases insignificantes... Y luego callamos, comprendiendo que, en ciertos momentos, el silencio es lo más grato a las almas que sufren. En tanto, un quimérico crepúsculo de Doré matizaba los vastos cielos de púrpuras y oros imponderables. Sedas fabulosas se alargaban fantásticamente en las ignotas lontananzas. Gráciles nubes de ópalo y turquesa, y de pálidas amatistas, bogaban como bajeles de ensueño impelidos por el viento errabundo. Una impasible paz descendía de las celestes cumbres; y sobre la muerta metrópoli, llena hoy de escombros y de jardines, lentamente aleteaban grupos de pájaros que huían ante la noche.

Un obscuro dolor lacerante se desprendía de las cosas. A pesar de la extraordinaria magnificencia de la tarde y del singular paisaje de valles y volcanes y espacios abiertos hasta el horizonte, todo parecía gemir a nuestro alrededor. Nosotros no nos mirábamos, temerosos de descubrir nuestras lágrimas.

Rápidamente la tiniebla tiñó el ocaso; y descendimos por el sendero pedregoso.

—Adiós, vieja ciudad del Valle de Panchoy... ¡Nunca, jamás, volveré a verte—.

XIV

En la pequeña sala de la señora V*, en la última noche, yo procuraba, aturdiéndome con mis propias palabras, dominar la honda pena que me roía el alma. Tras un largo silencio, Julia dijo con la voz temblorosa:

—Querido amigo, quizá no hemos de volver a vernos... Y deseamos que usted sepa una cosa, que nosotros calláramos hasta hoy por pudor ridículo, por tontería... no sabemos por qué...

Se interrumpió con un brusco sobresalto. Y todos nos miramos anhelantes, como si de improviso notáramos la presencia de otra alma entre nuestras almas… Una violenta ráfaga abrió la ventana y apagó una de las lámparas.

Bertha se levantó, muy pálida, y cerró los cristales. Toda trémula, Julia continuó:

—Habríamos deseado hacerle esta intima confidencia en nuestra antigua casa de la Cruz del Milagro, que abandonamos hace mucho tiempo. Pero no se pudo... Sepa usted, pues, que tuvimos otra hermana, la más pequeña... Era muy linda, muy blanca, muy triste, y nosotros la adorábamos: una criatura extraña, muy inteligente y de una sensibilidad inexpresable. Era toda corazón, y en sus ojos —los más inocentes y divinos ojos que usted pudiera imaginarse— se veían cosas profundas que no son de la tierra... Ella leyó sus libros, sus versos, sus cuentos fantásticos... y se enamoró de usted. Fue el único sentimiento mundano que empañó su espíritu de ángel. En un escritorio que está en la otra casa guardaba los periódicos en que aparecía su firma, su retrato que recortó de una revista... Y hasta creo que la pobrecilla le escribió algunas cartas, sin decir su nombre...

Murió hace dos años... Se llamaba Clemencia, y fue enterrada en La Merced...

Para completar su fúnebre confesión, puso en mis manos una fotografía de gran tamaño.

Y en un estado de alma próximo a la locura o a la muerte, con el rostro húmedo de cálidas lágrimas, vi en el fondo del negro cartón a mi idolatrado fantasma blanco, a mi novia angélica, a mi divino imposible, cuyo espíritu ha de unirse un día con mi espíritu en la ignota región de la paz inefable, más allá de los mágicos orbes y de las maravillosas constelaciones.

TESORO DE AMOR

I

En el muelle de Amapala el piloto hizo las observaciones del caso.

—El Olimpia es muy pequeño y lleva doble carga de la que normalmente conduce. Advierto a los pasajeros que el trayecto para El Tempisque es siempre difícil y que si la noche se presenta con chubasco corremos grave peligro.

El dueño de la embarcación, en trance de perder su pingüe negocio de aquel día, gritó ásperamente desde la escalera de hierro:

—¡Eh, Pedro! ¿Por qué asustas a los señores? ¿Crees que son gallinas? Si tienes miedo, dilo, para que te sustituya Román.

—No, patrón. No tengo miedo, pero tengo conciencia.

—¡Bah! Ponla en quietud, que escandaliza poco.

—Únicamente una señora, con un niño en brazos, desistió del viaje.

II

No hubo novedad en las primeras horas. Los pasajeros fumaban y bebían, celebrando sus cuentos picantes. Sólo un desconocido, aislado en un extremo, guardaba silencio.

A medianoche el cielo se ennegreció y un viento furioso agitó las aguas con sobrehumana potencia. El vaporcito, zarandeado como un miserable juguete, empezó a crujir siniestramente. Cinco minutos después el motor dejó de funcionar. Como si aquel detalle constituyera un obscuro signo entre las fuerzas ocultas, el trueno dejó oír sus sordos retumbos y una lluvia violenta azotó los espacios. Enloquecidos de miedo, los tripulantes rezaban en alta voz, llorando y gimiendo como mujeres. A la luz de los relámpagos daban lástima y horror sus movimientos vertiginosos y sus caras patibularias.

A las dos la pequeña embarcación, a merced del tremendo oleaje, había estado varias veces a punto de hundirse y tenía en su fondo un metro de agua...

—¡Echen toda la carga al mar! —ordenó el piloto—. De lo contrario, dentro de una hora todos seremos cadáveres.

Esta última palabra hizo culminar el pánico, aumentando los llantos y gritos pavorosos. Pero, con unánime voluntad, con una rápida energía triplicada por el acicate del terror, docenas de brazos se extendieron ávidamente, arrojando al agua cajones, baúles y maletas. El pasajero taciturno, asido de una argolla, permanecía parado sobre una gruesa valija. Varios hombres, al descubrirla, se lanzaron sobre ella, Pero al instante retrocedieron... Revólver en mano, el desconocido gritó con voz terrible:

—¡ Sólo muerto me la arrancarán! ¡Al que la toque lo mato!

III

La tempestad se calmó al amanecer. Tras de perseverantes esfuerzos del maquinista el motor empezó de nuevo su trabajo y en la espléndida tarde llegamos a El Tempisque.

Algunos días después, al atravesar un corredor del Hotel Lupone de Managua, un hombre alto y distinguido me salió al encuentro.

—Perdone, señor... Deseo estrechar su mano y conocer su nombre. Guardo de usted el más grato recuerdo. En la terrible noche del último sábado conservó usted toda su presencia de ánimo entre aquella manada de cobardes. ¡Qué espectáculo tan triste nos ofrecieron!

—Y yo a mi vez le felicito —exclamé, reconociéndole— por su entereza para defender su equipaje. Me imagino que llevaría usted en él una fortuna.

—¡Una fortuna! Sí, en cierto sentido. Verá usted en qué consiste.

Me condujo a su cuarto. Sobre una mesa vi su larga valija. La abrió.

—Créame que no llevaba dentro de ella ni un dólar. Pañuelos, corbatas, papeles románticos... Y esto..., que para mí vale más que todos los tesoros del mundo.

Y me mostró, dentro de una extraña y elegante caja de terciopelo azul, un largo y maravilloso rizo, atado con una ancha cinta color de hoja seca; un rizo de oro pálido, tan vivo, tan íntimo, tan puro, tan tierno, que me hizo sufrir...

—De mi novia... —gimió—. Es lo único suyo que conservo. Me lo dio pocos días antes de morir...

EL TÍO ROBERTO

I

Mientras Julia tocaba en el piano una romanza de Mendelssohn, de ritmos amargos, Roberto, recostado en el balcón, miraba la lenta agonía del crepúsculo de oro y de sangre.

Bajo el cielo —de un gris metálico— todo parecía morir de tedio y de tristeza. Llegaba, de las inciertas lejanías, el áspero canto de las cigarras.

De improviso, en un rápido relámpago, se hundió el sol tras de la cordillera, y la noche empezó a tender sus lutos en los ámbitos callados.

Roberto recogió en sus pupilas la luz de la tarde postrimera del estío, y sintió su espíritu invadido por un dolor melancólico y dulce. Acababa de leer unos versos de Percy Shelley, de ese poeta misterioso y profundo, que de tan terrible modo impresionaba su fantasía; y memorias antiguas y angustiosas surgieron lentamente del fondo de su ser.

Concluida la romanza, Julia tocó una sonata de Beethoven, después una gavota de Rameau...

Él sintió que toda su sensibilidad vibraba extrañamente y que la divina embriaguez de la armonía se apoderó de su alma. Antes que a su tímpano llegaban a su corazón las notas nostálgicas, evocadoras del tiempo remoto. Sus miradas erraban por el espacio y su espíritu se extraviaba en un mundo irreal, poblado de imágenes de hermosura y de símbolos prodigiosos... Y fue en el regreso de aquel viaje de ensueño, bajo la impresión de aquella gavota obsesionante, cuando la realidad se le presentó con toda su horrible amargura...

II

Cinco semanas habían pasado desde su llegada a la hacienda. Allí encontró esa ternura familiar que le recordó su infancia y que fue un grato consuelo para su alma envenenada por el escepticismo y casi muerta de hastío y desesperanza. A los cuarenta años, y después de haber vivido muy de prisa, se encontraba de continuo presa de una de una melancolía tenaz y de un amargo desencanto.

Cuando recibió la carta de su hermana, rogándole que fuera a pasar algunos meses a su casa de campo, él mismo le llevó la contestación. Ella era viuda y vivía allí con su pequeña Julia, que acababa de cumplir tres lustros.

Roberto se quedó vivamente sorprendido de la belleza de la joven, a quien no había visto desde que, pequeñita, se dormía en sus brazos. Era una deliciosa criatura, esbelta y blanca, de soñadores ojos y boca fresca y rosada. Poseía una cabellera magnífica y de toda su persona emanaba un encanto irresistible. Amaba con locura la música e interpretaba maravillosamente a los grandes maestros.

Desde el primer día comprendió Roberto que aquella niña podría serle fatal; pero no tuvo el valor necesario para huir de ella. Quizás era su destino, que se le imponía inexorablemente.

III

—Querido tío, bajemos a la huerta. ¡Mira cuántos duraznos maduros se ven desde aquí!

Descendieron muy despacio a la hondonada cubierta de árboles frutales y regada por un riachuelo de aguas rumorosas.

Ella le trataba familiarmente y tenía con él confianzas que le turbaban.

En aquella luminosa mañana todo parecía sonreír y amar. El sol ponía sus cálidos besos sobre la tierra estremecida. Cantaban los pájaros y el arroyo rumoreaba, deslizándose como una plateada serpiente por entre los árboles.

Julia hacía inútiles esfuerzos por alcanzar un durazno sonrosado que pendía de una rama. Daba ligeros saltos, sin que sus manos pudieran coger la codiciada fruta.

Jadeante y con el rostro encendido, gritó:

—Tío, levántame un poco.

Roberto se acercó, todo trémulo, y la tomó en sus brazos. Ella reía como una locuela y su aliento aromado acarició el rostro de su amigo, que la estrechó un segundo sobre su corazón, al sentir, bajo su corpiño, el temblor de sus senos pequeños y duros.

Julia dio un ligero grito y escapó de la ardiente presión...

—Perdóname —dijo él, completamente turbado—. Temí que cayeras, y por eso te retuve...

—No es nada exclamó ella alegremente, mordiendo el durazno que al fin había alcanzado. ¿No quieres probarlo?

Y con sus blancos y menudos dientes arrancó un pedazo, que con la punta de sus dedos puso en los labios que le sonreían.

—Delicioso —murmuró...

Bajo el continuo encanto, Roberto comprendió que sería inútil todo esfuerzo que hiciera para ocultar su impetuosa pasión.

¿Tenía él derecho a despertar aquella alma virginal? ¿Podría iniciarla en el amor?

—Me casaré con ella —pensó.

Pero en seguida desechó esta idea, por considerarla impracticable.

—Para ella no soy más que el tío Roberto, el hermano de su madre —se dijo—. Y aun cuando me amara, el tedio apagaría muy pronto en mi corazón esta última llama de mi juventud.

¿Qué hacer...? Él había fijado los últimos días de octubre como fecha de su partida, y estaban en septiembre. Se iría de una vez, muy lejos; partiría aquella misma noche, sin decírselo a nadie..

IV

Por eso había contemplado con tan angustiosa tristeza la muerte de la tarde postrimera del estío, haciéndole sufrir cruelmente aquella gavota de Rameau.

¿En dónde estaría mañana? ¿A qué árida playa iba a arrojarle el implacable destino? ¿Dónde encontrar la paz para su espíritu...? Él no deseaba sino la calma y el olvido..

V

La última nota había muerto bajo los dedos de Julia. Roberto se estremeció. Y todo quedó en silencio en su corazón. Un ruido leve y un perfume conocido le hicieron volverse. La querida criatura estaba a su lado hablándole con su voz acariciadora:

—Como sé que te gustan las músicas tristes...

Él no la dejó concluir. Con un rápido movimiento la atrajo hacia sí y la besó en la boca apasionadamente... Después, dominando la ardiente fiebre de amor que le invadía, se alejó de ella para siempre, con el corazón desolado.

Pasaron muchos años. Roberto, que vivía en París, regresaba del teatro en una alegre noche de carnaval. Un tedio infinito le consumía. Conociendo todos los placeres refinados de la ciudad maravillosa, todos sus ardientes secretos de amor, todos sus espasmos y locuras sexuales; habiendo caído en la sima de sus vicios, se sentía más cansado y triste que nunca.

Pero su destino se había cumplido. Ninguna fuerza humana podría ya arrancarle de aquel abismo.

Caminaba lentamente, con la sangre incendiada por el ajenjo. Grupos de máscaras extravagantes pasaban a su lado, cantando canciones lujuriosas; y por todas partes el carnaval hacía sonar sus cascabeles.

Parejas de enamorados cruzaban las calles, y él se sentía solo, en medio de aquel entusiasmo de la juventud y de la vida...

¡Cuántas hermosas mujeres había poseído, sin que conservara de ellas un solo recuerdo! Al amor que en algunas despertara, apenas correspondía con la fiebre de su sangre.

De pronto, al pasar frente a un café, una música deliciosa llegó a sus oídos. Se detuvo, temblando; y una divina imagen, de dulces ojos y labios rosados, de frente purísima, surgió, casta y luminosa, como a la voz de un conjuro, de la profunda noche de su alma.

Aquella melodía le causaba un dolor inconsolable... Lentas y suaves, las notas caían en su corazón como lágrimas de amor.

Presa de una amarga nostalgia, de una mortal tristeza; sufriendo una pena infinita; estremecido y angustiado, Roberto escuchó los últimos acordes con el ánimo próximo a la locura...

Era la inolvidable gavota de Rameau con que Julia embriagó su alma en el crepúsculo de un estío lejano.

TRISTEZA DE OTOÑO

Varios amigos íntimos nos reunimos aquella noche en casa de María Suberseaux, que celebraba su cumpleaños.

Antes de las diez, la conversación fue languideciendo por momentos; y entonces María se sentó al piano y tocó —como sólo ella sabe hacerlo— una romanza deliciosa que nos impresionó.

—Nada causa en mi ánimo tan extraña emoción como esa melancolía dulce y lánguida de ciertas músicas, que parece vagar, aun después de muerto el sonido, en lo más recóndito de nuestro ser —dijo una de las jóvenes allí presentes.

Aquellas simples palabras hicieron en nosotros el efecto de una sugestión. Olvidando el carácter de la velada familiar, cada cual habló de la hora de mayor tristeza por la que había pasado su espíritu y de la música que más perdurablemente había logrado impresionarle.

Las mujeres expusieron las más raras teorías, los más complejos casos psicológicos.

Luego les tocó su vez a los hombres. Todos hicimos alguna sencilla confidencia, evocando recuerdos lejanos.

Sólo Armando N*** —hermoso muchacho de ojos verdes y manos ducales, adorado secretamente por María— permaneció en silencio, como abstraído en un ensueño de amargura.

Viendo que todas las miradas se fijaban en él, comprendió que había llegado su turno, y dijo lo siguiente:

—Me paseaba con la bella Isabel Stevenson en una tarde del último octubre, a la orilla del mar.

La había conocido en los primeros días de mi llegada al puerto, y simpatizamos de tal modo, que poco tiempo después nos tratábamos como si fuéramos antiguos amigos.

Ella habitaba un pequeño pabellón construido sobre las rocas, y en la hora de las mareas las olas llegaban a depositar sus espumas en el muro de piedra del corredor, pintado de azul claro y adornado con una colección de acuarelas marinas.

Allí pasé horas inolvidables, al lado de aquella mujer encantadora, alrededor de la cual parecía flotar un velo de poesía y de misterio.

Vestía siempre de negro y era delicioso el contraste del color de su traje con el de su rostro, su cuello y sus manos, de una blancura deslumbradora. Su cabellera, de admirables matices, caía graciosamente sobre sus hombros como una cascada de oro. Era delgada y esbelta y podría tener veintiséis años. Creo que quien la viera una vez no podría olvidar jamás aquella grácil figura de grandes ojos melancólicos, que acariciaban los espíritus con una tenue caricia impalpable. De mí sé decir que su mirada me hacía el efecto de un beso dulce y terrible.

De su vida no sabía sino que era inglesa, que viajaba con su madre —una señora fina y severa, de cabellos blancos— y que partirían en el primer transatlántico que llegara a aquel puerto, que les había gustado, por su clima y, sobre todo, por la serenidad de sus noches, cuya calma sólo turbaba el sonoro clamor de las olas.

Aquella tarde, una inquietud sin nombre, un hondo desconsuelo, se habían apoderado de mí, sintiendo bajo mi brazo el suave calor del brazo de mi amiga, que muy pronto, quizá dentro de algunas horas, dejaría de ver para siempre.

Ella miraba el horizonte, poblado hacia el sur de enormes nubarrones cenicientos; miraba la movible llanura del mar y el fulgor amarillo del ocaso, con una expresión desolada. Y envueltos en una como neblina quimérica, ebrios de emoción, caminábamos como sonámbulos por la ancha playa solitaria, sobre la que parecía descender de los cielos azules una tristeza profunda. Nuestros espíritus, impregnados de la poesía de la tarde, sufrían un dolor agudo, y nuestros labios guardaban un silencio en el que toda palabra, hasta la más leve, hubiera sido inoportuna.

Caminamos así durante algunos minutos, mudos y trémulos, frente al mar infinito. Yo aspiraba el tenue perfume que se exhalaba de los cabellos, del seno, de todo el cuerpo de aquella preciosa criatura. Aroma sutil que me embriagaba, que me enloquecía, sugiriéndome una visión de belleza y de gracia

¿No has amado nunca? —le pregunté de improviso, casi instintivamente, impelido por una extraña fuerza interior, por un ardiente deseo de conocer el misterio que rodeaba su existencia.

Ella me miró un instante, y vi en sus pupilas una luz nueva. Después, con una bella sonrisa en los labios armoniosos, dijo sencillamente:

—Sí. He amado una sola vez. Es una antigua historia de mi primera juventud. Una leyenda de sangre y de lágrimas. Él murió trágicamente, lamentablemente: he aquí todo. Yo he jurado ser fiel a su memoria y llevar durante mi vida, en mi alma y en mi traje, el luto de su amor.

Mientras ella hablaba, sentía yo como si una mano de hierro apretara mi pecho.

Guardamos de nuevo un silencio que entonces me pareció solemne.

Un grito ronco y lejano, que venía de las inmensas soledades marinas, nos hizo estremecer.

—Es el transatlántico —dije yo— mirando en el azul horizonte del ocaso, casi a flor de agua, una pequeña columna de humo. La hermosa joven me miró un segundo, muy pálida. Y continuamos nuestro paseo, inconscientes y taciturnos.

Llegaba a nosotros, de las últimas casas del puerto, el lánguido sollozo de una guitarra, a la que se unía una voz de mujer, que cantaba una balada melancólica, una de esas banales canciones, de un sentimiento tan vivo, que nos hacen sufrir, sufrir sin causa o gozar con un goce doloroso...

Aquella música lejana, en la agonía del crepúsculo, bajo el cielo sereno, en el que brillaban, como jazmines de luz, las primeras estrellas; el monótono rumor de las olas; el vuelo de las aves oceánicas; el cálido soplo de las brisas errantes; todo mezclado, compenetrado, confundido con una íntima desolación, llegaron a producir en mí una tristeza honda, infinita; una tristeza ante la cual eran pequeños el cielo y el mar; una tristeza tan inconsolable, tan profunda, tan extrahumana, que creí morir...

...Morir allí, con la postrera luz de la tarde, con las manos sobre el corazón, con los labios sellados por un silencio terrible, más grande que la Muerte.

LA NOCHE DE DIFUNTOS

I

Después de su negra perfidia, Pedro Hervieu la encontró sola, una noche, en su pequeño salón de recibo. Estaba abstraída en un volumen de versos, reclinada en un sofá de terciopelo violeta. Una lámpara de fino alabastro derramaba dulce claridad sobre las bellas tapicerías. Las páginas armoniosas de la última sonata de Beethoven se miraban en desorden sobre el piano entreabierto; y un reloj de forma singular, exornado de mármol negro y rosa, decía el ritmo de las horas muertas sobre una minúscula mesa de sándalo.

Pedro recordó largo tiempo después hasta los más leves detalles de aquella hora y de aquel salón: los claveles escarlatas y las rosas de oro que brillaban en los jarrones de Sèvres; los cuadros, las cortinas, los muebles raros y los objetos de arte. Un tenue perfume de heliotropo se difundía en la cálida atmósfera.

Vestida con un aéreo traje rosa, suelta la cabellera de matices metálicos, escotado el busto mórbido seductor, Carmen permanecía inmóvil. La muelle alfombra no le permitió oír los pasos del joven, que se detuvo a contemplarla. Pasaron algunos minutos. Ella dobló la postrera hoja del libro; y al volverse, sus ojos se encontraron con los de Pedro. Se estremeció durante un segundo y luego se repuso. Sonriendo levemente, y el tendió la mano con afectuosa cordialidad.

—¿De dónde sales, amigo mío...? Hace dos semanas que no te veo...

Él la miraba sin contestar, pálido como un difunto. Avanzó lentamente hasta sentarse a un lado de la joven, quien le besó varias veces en la boca y en los ojos...

—Estás frío como si salieses de la tumba —le dijo con su voz dulcísima—. ¿Qué tienes? ¿Te sientes enfermo?

—Ha llegado el triste noviembre —murmuró él— y sus noches son glaciales. Caminé muy despacio por la calle solitaria, admirando el creciente de la luna. Entretanto, un gélido viento helaba mi corazón. Y he pensado en el frío que ahora sentirán los muertos...

Reinó el silencio.

—Ustedes los poetas son así —dijo ella al fin—. Siempre soñando extrañas cosas, eternamente abstraídos en ideas vagas y remotas. Van con los ojos fijos en su amada la señora Luna, que los mira impasiblemente desde los altos cielos. Y apenas les queda tiempo para dedicaros a los placeres de la tierra. Viven una vida imprecisa y fantástica, llena de visiones y de símbolos. Su fastuosa fantasía derrama sus iris mágicos sobre todos sus actos; y unas veces favorable y otras hostil, es ella quien les señala el sendero por donde erran los pasos. De aquí que se revista todo a sus ojos de un carácter hiperbólico, que es, sin duda, la causa del tedio y la tristeza que los abruman. Porque es cierto que en las naturalezas de selección las formas de la materia, engrandecidas y sublimadas un momento, son después vistas con hastío y horror.

Él la oía apenas; y mirándola fijamente, pensaba:

—Esta linda mujer ha sido mía una y cien veces. En mis brazos ha llorado de amor y yo he bebido en su boca sus lágrimas. Mi boca ha besado todo su cuerpo y la he poseído hasta el sufrimiento. Y ahora me habla irónicamente de mis quimeras y de mis abstracciones... En verdad, la carne es triste, y monótona. Es preciso, para que el espíritu no agonice, respirar libremente en una atmósfera de sueño y de poesía. Pero digan esto a ciertas mujeres y se reirán de ustedes. Porque, acostumbradas a hacer vibrar continuamente su cuerpo, sólo comprenden la vida del espasmo. Verdaderas locas del placer, gozan hasta que su carne y sus nervios dejan de vibrar. Después, aun cuando existan, caen en la inmovilidad y en la peor de las muertes.

II

Pero como ella seguía hablando, él se puso a escucharla...

—Sin embargo, amigo, yo los adoro a todos ustedes divinos lunáticos. Me refiero a los poetas mayores o a los espíritus iluminados. Los hombres vulgares me fastidian horriblemente y los tontos me desesperan. La vulgaridad es una forma de fealdad moral más repugnante que la deformidad física; y yo poseo una naturaleza refractaria a todo lo que no lleva en su fondo una luz de belleza. Yo comprendo únicamente a los poetas como tú y valga esto en desagravio de mis primeras frases, nobles y altivos, elegantes en el fondo y en la forma. Tú, ciertamente, me has hecho gozar de un modo extraordinario en nuestras lejanas horas de locura y de amor. Y es por eso que nunca podré olvidarte, que te amaré siempre con igual intensidad. Grande y singular en todo, tienes un modo único de poseerme: me haces llorar y reír, gozar y sufrir a un mismo tiempo. Eres encantador...

Pedro meditaba amargamente:

—... La poseo de un modo único... Si no tuviera todas las pruebas de su infame engaño, me bastaría esa frase para convencerme de él. Ha establecido comparaciones entre mi manera de poseerla y el capricho de sus otros amantes. ¡Ah, querida traidora!

Volvió a reinar el silencio, sólo interrumpido por el rumor pausado del reloj.

Carmen jugaba distraídamente con un abanico de plumas. Él la veía, ahora, con una expresión de terror, de dolor y de piedad...

—He amado su rara hermosura y su alma enigmática —pensaba— mucho más de lo que ella se imagina. La he querido única y ciegamente; y la deseo aún con toda mi sangre. Fuera de ella, nada espero de la vida. Sus veinte años iluminaron mi juventud; las miradas de su ojos misteriosos enloquecieron mi espíritu. Pero he aquí que ella me ha traicionado y que la vida ha concluido para los dos.

Las campanas de la catedral empezaron a doblar, de pronto, en el gran silencio nocturno. Los dos amantes se miraron sorprendidos. Y recordaron que era aquella la noche de difuntos.

III

Una fría ráfaga apagó la lámpara. Mientras Carmen volvía a encenderla, el atormentado seguía abismado en sus amargas meditaciones.

—¡Y pensar que otro la ha poseído; que otro ha gozado del divino tesoro de su cuerpo, rindiéndola en un voluptuoso espasmo; que otro, en fin, la ha manchado con su lujuria, para siempre...!

Su pensamiento angustiado le hizo ver el acto ruin y monstruoso, con todos sus groseros detalles. Y sintió en el pecho la impresión de una intensa quemadura.

—Nada martiriza tanto como la imaginación —se dijo—. Bajo su influencia las cosas adquieren formas extravagantes y dolorosas. Pondré fin a mi aleve suplicio abandonando este salón, que tiene esta noche la figura de un ataúd. Ya en mi casa me encontraré salvado...

En verdad, aun entonces, él ignoraba lo que iba a ocurrir... ¿En dónde estaría la noche siguiente? ¿Qué algo terrible iba a sucederle antes de una hora...? ¿O serían sus sentidos perturbados los que le alucinaban de aquel modo? Sin duda... Se veía atravesando la calle, y, ya en su cuarto, acostándose tranquilamente...

IV

—¿Sabrá ella que conozco su traición? ¿O creerá que la juzgo amorosa y pura como antes? ¿En qué piensa? ¿Me ama? ¿Me desprecia?

Esto se preguntaba Pedro, viéndola a su lado, pensativa y sonriente.

El reloj dio las once. En la fúnebre calma de la noche, las campanas, a lo lejos, seguían doblando...

Cerca de ellos el silencio era ahora terrible, lleno de dolor y de cosas profundas. El tiempo parecía haberse paralizado; tan lenta y angustiosamente transcurrían los minutos y los segundos.

El joven se sentía vibrar de la cabeza a los pies; y oía, como si fuera un ruido mortuorio, el insólito latir de su ensangrentado corazón.

Pensó por la vez última, ya con las ideas en delirio:

—Estás junto a mí, cálida y perfumada, llena de alegría y de vigor; y mañana dormirás en el sepulcro. ¡Te sientes ahora plena de salud, y dentro de una hora yacerás palidísima sobre un túmulo, vestida de negro...!

De improviso ella dejó de sonreír y se puso a temblar. Algo sobrehumano había visto en los ojos del amante. Este sonrió entonces extrañamente, fúnebremente.

El silencio pesaba como una montaña sobre sus corazones.

Con una voz sorda y lejana, que ya no era de este mundo, Carmen dijo aún algunas palabras, con los ojos adoloridos.

—¡Qué triste es la noche de difuntos, querido Pedro! Como tú dices, los muertos deben tener mucho frío, en el cementerio... Yo también siento ese frío... Pero tú me amas y tu alma ha de darme el calor que necesito. ¿No es verdad...?

El joven se llevó la mano al pecho, y con un movimiento rápido, por toda respuesta, le clavó su puñal en el corazón.

NOCHES DE CINEMATÓGRAFO

I

Se desenvolvían los espectáculos radiantes.

—Es una ilusión para niños —pensaba—. Pero interesante y maravillosa.

Al extinguirse la cinta irradiaron las luces eléctricas.

Mi vecina, una jovencita de rosa y nieve, me sonríe. Y yo admiro su boca bermeja y sus dientes blanquísimos.

—¡Qué bello! ¿Verdad? —exclamó.

—Sí, muy bello —dije—. Parecen cosas de Las Mil y una noches. Cosas fugaces que se olvidan luego, efímeras e ilusorias. La vida y el amor son así. Entre la sombra y la luz todo es vago y perecedero.

—Sí, todo es así —murmuró la jovencita.

II

La marimba, en el silencio de la espera, sonó de pronto lúgubremente, ejecutando una marcha sepulcral, un aire extraño de pesadilla; y, como de un abismo del pretérito, apareció sobre el telón, en su esplendor satánico, el brillante bandido César Borgia.

Fuerte y ágil como el leopardo, sensual y perverso, bello y terrible en su profundo gozar de la mujer, del vino, de la gloria y de la sangre: así surgió en la película mágica, fulgente página histórica que hizo vibrar las almas del público estupefacto.

EL ÁRABE PÁLIDO

El árabe pálido de ojos de eternidad extrajo de una mesa de sándalo un pergamino amarillento, y me dijo con voz grave:

—En recuerdo de la hora en que tú y yo nos encontramos en el rodar de los tiempos, podría darte algún objeto mágico, un amuleto simbólico, un perfume milenario. Pero veo que tu alma revuela serenamente sobre las cosas inmortales y espera de mi sabiduría un supremo milagro. Ofreceré a tu espíritu, amargado por el tedio, y conocedor sutil de los secretos del arte, del dolor y del amor, la arcana Leyenda del Olvido, que Omar Khayyam de Naishapur escribió con su sangre, en una noche de trágico horror, hace ochocientos años. Fuera de su discípulo Khvajeh Nizaim de Samarcanda, sólo yo conozco, por un azar extraño, este poema estupendo de sobrehumana armonía y de dolor inconcebible, ante el cual palidecen las profundas estrofas de los Rubayatta. Pero oye, ¡oh, amigo de la remota América, que has venido a visitarme en este momento crepuscular en que la imperial Toledo resplandece con las melancólicas luces de su pasado magnífico! Después de que conozcas esta página única sentirás una tristeza desconocida que ni la muerte logrará extinguir.

Y me leyó, marcando intensamente las sílabas melódicas, su traducción del asombroso canto en que solloza la angustia en la lejanía de los siglos.

¡Oh árabe pálido, descifrador de números divinos! Desde aquella tarde imponderable del final de septiembre, todas las ideas y nuevas formas de expresión de grandes maestros del Estilo me parecen inarmónicas y vanas. Fantasmas de pensamientos, sombras de palabras.

LA RISA DE LA MUERTE

I

Yo me encontré aquella tarde con el hombre que nunca había sonreído.

Lo examiné un momento a la luz del amarillo crepúsculo. Era la suya, en verdad, una figura singular. Alto y seco, de profusa melena y largas manos nerviosas. Su rostro imberbe, áspero, de duras facciones, dejaba, en quien lo veía una vez, un recuerdo imborra. En aquel semblante todo era acerbo, desde la frente estrecha y deprimida hasta el mentón agudo e irregular. Bajo el arco gris de las cejas brillaban sus ojos de acero; ojos irónicos, de mirada equívoca, que parecían burlarse de todo. Sobre la boca, formada de dos finas láminas de carne, la nariz, de forma judaica, daba a aquella fisonomía pétrea una expresión cómica y lamentable.

II

Después, ya en su cuarto, el hombre extraño asombró mi espíritu.

La habitación tenía una siniestra lobreguez. Simple y desnuda como la celda de un monje, mostraba en un ángulo una estrecha cama de hierro, y en el centro una mesa llena de objetos extravagantes, coronados una calavera.

III

Por la angosta puerta penetraban las últimas lumbres de la tarde. El hombre encendió una vieja lámpara.

—Después de todo —exclamó con su voz metálica—, no encuentro motivo para tu asombro. ¿Qué de extraño tiene que yo no ría nunca...? Por el contrario, veo eso muy natural. Cuarenta años he vivido, y te aseguro que nada encontré en el mundo digno de una sonrisa. De niño causaba espanto a mi madre la eterna inmovilidad de mi semblante. Y ya hombre, nadie puede verme sin sentirse poco menos que horrorizado. Lo que me da sobre todos mis semejantes una superioridad de la cual estoy satisfecho. En estos míseros tiempos de decadencia la risa se ha vuelto una enfermedad contagiosa. La risa antigua tenía en su abono que era más pura y discreta. ¿No te parece? De todos modos, yo no la disculpo. Para mí todas las risas son iguales.

Los que ríen mucho son unos imbéciles. La risa no es reveladora de salud moral, ni de benevolencia del corazón, ni siquiera de maldad instintiva. Es simplemente un ruido morboso, o, si quieres, la demostración precisa de todo lo superfluo, miserable y banal que no se revuelve en el organismo humano. No hay risas buenas o malas, finas o vulgares: todas revelan igual grado de estupidez. Te juro que nada me exaspera tanto como oír una carcajada. El hombre que ríe a carcajadas —créelo— es un ser inferior. Yo no he conocido el amor, ni tuve un amigo, a causa de esto. Jamás encontré una mujer que supiera guardar silencio. Ni un hombre en el que en seguida no haya descubierto un necio. La frase es amarga; pero no por eso deja de ser cierta. ¿Quieres conocer el único episodio de mi vida que reviste algún interés? Pero júrame, previamente, que sabrás guardar el secreto. ¿Lo juras? ¡Bueno! Pues oye:

IV

Hace ya mucho tiempo que sucedió lo que te voy a contar. Tenía yo veinte años. Cierta noche conocí a un joven que me impresionó favorablemente. Esto en mí es una cosa estupenda, pues por lo general todos los hombres me son antipáticos y me inspiran profundo desprecio. Yo le causé igual impresión, según me lo confesó después, y nos hicimos íntimos amigos. El motivo primordial y quizá único de nuestro afecto fue, sin duda, la semejanza de nuestros caracteres. Él era grave y taciturno; apenas sabía sonreír. Se llamaba Hipólito. Odiaba, como yo, las ruidosas manifestaciones exteriores, aunque gozara intensamente con todo aquello que afectaba su espíritu de una manera agradable. Era un buen muchacho, que amaba la meditación y el análisis, y que, exento de toda vulgaridad, gustaba de ver la vida por su lado serio. Se consideraba feliz porque podía satisfacer a su antojo la única pasión que le dominaba: la de viajar. Cada dos o tres años visitaba remotos países, de cuyos recuerdos estaba llena su memoria. Gozaba oyéndole hablar de las regiones hiperbóreas, en donde el oso blanco tiene sus cavernas: o de las tierras calcinadas por el sol africano; o de las noches serenas a las márgenes del Nilo; y, más que todo, de la lejana Oceanía, con su cielo de zafiro y sus islas pobladas de perfumes salvajes.

Un año duraba nuestra amistad, sin que en ese tiempo el más leve desagrado hubiera ocurrido entre los dos. Un cariño sincero y un respeto mutuos llegaron a unirnos con tal fuerza, que nos considerábamos ligados para toda la vida. Jamás una broma se cruzó entre nosotros.

Pero he aquí que de improviso el carácter de Hipólito varió de un modo radical. Olvidando por completo las confidencias que le hiciera acerca de mi idiosincrasia y de la rareza de mis gustos, empezó a contrariarme abiertamente. Cambió en poco tiempo sus modales para conmigo. Su voz se hizo irónica y su gesto burlesco. Buscaba frases agudas para ridiculizarme. Reía continuamente a carcajadas. Era su risa hiriente y venenosa la que me ponía fuera de mí.

Cuando le interrogué acerca del cambio de su conducta, llegó a lanzarme en pleno rostro una injuria cáustica, que guardé en el fondo del alma. Desde entonces procuré evitar su compañía. Pero me fue imposible lograrlo, porque él dio en perseguirme diariamente, a todas horas, para hacerme objeto de sus crueles sátiras. Apenas me veía, soltaba una carcajada, y yéndose hacia mí.

—¿Por qué tan serio? —me decía. ¿Vas a algún entierro? ¿Ha muerto tu padre?

Y reía como un loco, mientras yo le miraba fríamente, sin que se alterara un solo músculo de mi rostro; pero devorado por una terrible cólera interior.

Un odio lacerante y mortal empezó a germinar en mi corazón. El sueño huyó de mis ojos y pasaba los largos insomnios fraguando un sombrío plan de venganza. Hipólito tendría que expiar de una manera tremenda sus burlas acres y sus continuos insultos. La noche anterior había llegado a comunicarme su próximo viaje.

—No te entristezcas por mi ausencia —me dijo con su acento agresivo—. Pronto he de volver para que continuemos nuestra comedia: tú, huyendo de mí; yo, persiguiéndote. Si he de serte franco, te diré que lo que más falta va a hacerme es no ver las expresiones de tus cóleras mudas cuando te dirijo la palabra. La bilis te ahoga. La ira hace que tu cara de muerto cambie de color siempre que yo río. Quisieras devorarme... con los ojos. Y esto me hace gozar inmensamente. Eres un redomado mentecato. Pero debes saber que, a pesar de la lástima que me inspiras, he de hacerte sufrir hasta que revientes.

Ten cuidado —exclamé, dominándome—. No expongas a tantas pruebas mi paciencia, porque si llego a perderla puedo obligarte a hacer un viaje más largo que el que tienes en proyecto... Te aconsejo que dejes de venir a fastidiarme, si aprecias en algo la vida.

—¡Bah!— murmuró él—. Te conozco y desprecio tus amenazas. Eres un cobarde, incapaz de vengar una injuria.

Y salió de mi cuarto lanzando una carcajada, que acabó de despertar la fiera salvaje que dormía en mi naturaleza.

Aquella misma noche, provisto de los instrumentos necesarios, comencé a abrir una fosa en un ángulo de esta habitación. Para trabajar sin temor de ser oído aprovechaba las altas horas, cuando todo duerme a nuestro alrededor. En cuatro grandes esfuerzos logré terminar una sepultura de dos metros de profundidad por uno medio de largo, cuya tierra fui colocando en grandes sacos en la pieza contigua, que ves a la derecha. Concluido mi trabajo, cubrí la abertura con dos grandes tablones y coloqué sobre ellos algunos objetos de mi uso diario.

Después compré un rollo de cuerdas y una botella de ajenjo. En una botica, de cuyo dependiente era viejo conocido, obtuve cierto polvillo que coloqué con sumo cuidado en uno de los vasos que brillaban sobre mi mesa. Hechos estos preparativos, esperé.

Ya empezaba a creer que Hipólito había partido sin despedirse de mí. Hacía una semana que no se presentaba en mi cuarto. Pero una noche, como a las once, mientras yo leía un volumen de Tomás de Quincey, oí que llamaban a la puerta. Mi corazón empezó a saltar. Abrí. Era él.

Desde el primer instante llamó mi atención su aire grave, su severo aspecto de otro tiempo. Empezó a hablar con voz profunda y triste.

—Te debo una explicación, y hoy, en la víspera de un largo viaje, vengo a dártela. Te ha extrañado mucho el cambio de mi conducta, o, más bien, de mi carácter, desde hace algún tiempo. Y, sin embargo, la razón es tan sencilla que no sé cómo ha pasado inadvertida para ti. Tú sabes el horror que siempre me ha inspirado la embriaguez. Pues bien, sin apenas darme cuenta de ello, dejándome llevar por un camino peligroso, me he embriagado casi diariamente. Sólo que he cuidado mucho de no perder por completo la razón, y de que, fuera de mis palabras, nadie notara en mí, de ese horrible vicio, la más ligera señal. He aquí, pues, la causa única de mis antiguas groserías para contigo. Perdóname. Y cree que en el fondo de mi ser te considero como el mejor de mis amigos.

Yo le miraba de hito en hito. La fría expresión de mis pupilas le asustó. Para calmarlo, le abracé.

—No dudaba de que algo anormal te ocurría para que así procedieras conmigo —exclamé al fin—. Pero confiaba en la nobleza de tu espíritu y en el recuerdo de nuestra amistad para esperar que los desagradables incidentes que entre los dos han pasado tendrían una satisfactoria explicación. Por mi parte —añadí— los olvido. Reanudemos, desde ahora, el afecto fraternal que nos unió al poco tiempo de conocernos.

Y para celebrar nuestra reconciliación, traje la botella de ajenjo y las copas. Yo mismo arreglé la suya, poniendo en ella el agua necesaria. Después de apurarla, él hizo un gesto de repulsión.

—Este absintio tiene un sabor acre —murmuró.

Y se quedó mirándome profundamente. Yo no hice caso de sus palabras, y mirándole a mi vez, apuré mi copa en silencio.

Media hora más tarde mi amigo dormía con la frente apoyada sobre la mesa.

Entonces, levantándolo con cuidado, lo tendí sobre la cama. En seguida ligué fuertemente sus brazos por detrás, envolviendo, por último, todo el cuerpo con las cuerdas, de tal modo, que le fuera imposible hacer el más leve movimiento.

Luego separé los tablones que cubrían la fosa y reanudé mi lectura. Transcurrieron dos horas. Hipólito abrió los ojos, y, al verme, se puso a reír con una risa estridente y hueca que exasperó mis nervios.

—¿Qué me pasa? —gritó—. No puedo moverme. Estoy embriagado. Y cuando me hallo así, quisiera reír siempre... Ya reiré a mi gusto en el largo viaje que voy a emprender...

—Sí —repetí yo—. Ya reirás a tu gusto en el largo viaje que vas a emprender.

Pero no quise seguir oyéndole, porque su voz me hacía daño.

Amordacé su boca con un pañuelo; y sin fijarme en sus ojos que bailaban horriblemente dentro de sus órbitas —al comprender, por instinto, de lo que se trataba— lo tomé en los brazos y lo puse a un lado de la fosa.

Y ya listo para la tarea final, lo miré cara a cara durante un segundo, que me pareció un siglo. Una trágica mueca de supremo terror había contraído sus facciones, y sus ojos me miraban con una expresión sobrehumana de humildad y de súplica. Mi corazón permaneció tranquilo. Con un ligero impulso hice rodar el cuerpo en la negra oquedad. Al caer produjo un ruido sordo que se extinguió al momento.

—¡Buen viaje! —grité, inclinándome sobre la fosa—. Y vacié en su fondo el primer saco de tierra. Escuché un débil gemido. Nada más.

Al amanecer terminé el lúgubre trabajo. De él no quedaba ni un pequeño vestigio; y para evitar la más remota sospecha coloqué la cama en el ángulo fúnebre. Allí se encuentra desde hace veinte años.

Ahora oye el final.

Pasado el décimo aniversario de aquella noche, me puse de nuevo a la obra. Volví a abrir la sepultura de mi amigo y extraje su calavera. La limpié cuidadosamente y luego adapté a sus mandíbulas un ingenioso resorte de mi exclusiva invención.

En las negras horas en que el tedio me acosa, me divierto, a mi manera, oyendo reír a mi pobre Hipólito. Antes me incomodaba su risa; ahora me distrae. Ya verás.

Y, tomando entre ambas manos la calavera que coronaba la mesa, la movió de tal modo, que la hizo producir un ruido seco y agudo, una especie de gemido continuado, que de pronto se hizo áspero y doloroso hasta la angustia, para luego atenuarse y crecer de nuevo en intensidad. Era un insólito rumor macabro, que no tenía de humano; un crujido monótono que hacía vibrar los nervios; algo inexorable y terrible, simple y estupendo, que llenaba de espanto el espíritu y el cuerpo de escalofríos.

Cansado de mover su horrible instrumento, el hombre extraño guardó silencio.

Yo le miré con asombro. Pero no tembló bajo su máscara impasible.

—Es la risa de la Muerte —dijo sencillamente.

ÚLTIMO DÍA

La víspera del trágico día en que mi pobre hermano René traspasó el umbral de ultratumba, le sorprendí mirando intensamente el fondo de una cartera sellada con un elegante monograma de oro.

La guardó con lentitud al acercarme, y con aquella sonrisa espiritual que le abría los corazones, me dijo, abarcando con un amplio ademán las cosas circundantes:

—Este año la primavera se presenta a mis ojos con un esplendor desconocido. El cielo es de un zafir metálico; en el ambiente hay una íntima dulzura y es como una tenue caricia la fragancia de las rosas. Ni aun en la Costa Azul, en la florida estación, frente al armonioso Mediterráneo, he visto nunca días tan suaves, noches tan serenas y tan blancas.

Estábamos en el antiguo jardín, bajo los árboles

Después de dos lustros de viajes, el joven optimista de los grandes sueños, rico y audaz, regresaba convertido en un hombre taciturno. En vano intenté penetrar en el misterio de tan extraño cambio.

—Nada, nada, Alberto... La vida, que todo lo transforma.

Pero, en aquella mañana, una juvenil alegría iluminó su rostro grave. Evocando recuerdos recorrimos algunas calles de la vieja ciudad. En un establecimiento de curiosidades submarinas y flores exóticas, atrajo su atención un largo lirio color de amatista, grácil entre las gruesas hojas de verde terciopelo. Pagó por él un alto precio y cortándolo por su base lo introdujo en su ojal. Y luego, en un parque, entre un grupo de lindas muchachas, recobró su raro poder de fascinar con la palabra, deslumbrándolas con relatos de fantásticas aventuras.

Hoy —segundo aniversario de aquel suicidio que obscureció mi alma—, en el mismo ángulo del jardín en que René exaltara la gloria de la primavera, me atrevo a abrir la pequeña caja de sándalo que me legó y que contiene el secreto de su muerte.

La misteriosa cartera está ahí... Sólo contiene un retrato: el de una joven seductora con un gran lirio morado en el corpiño blanco: tipo único de Salomé, o de princesa de drama veneciano, surgiendo de una terraza de mármol sobre el mar, con los desnudos brazos tendidos angustiosamente hacia un vapor que se aleja en el horizonte...

FANTASMA SIN NOMBRE

Fue un hombre que jamás sintió gusto por nada. Con el alma ausente iba errante por mares y regiones, seguro de morirse de tedio permaneciendo en el mismo sitio. Abandonó patria y familia en una crisis de su mal y desde la cubierta de un barco vio perderse en la obscura noche, para siempre, las costas maternales, con el corazón impasible.

Comía, dormía, caminaba como un autómata. En silencio, hablando lo preciso, iba por los trenes, por los vapores y hoteles, como un fantasma. Con la exactitud de máquina perfecta actuaba en la vida sin perder un detalle, vistiendo con elegancia, concurriendo a los teatros y a las fiestas y banquetes, manejando hábilmente su magnífico automóvil, dando amplias propinas a los criados. Joven, rico, hermoso, poseedor de cinco idiomas, con extensos conocimientos humanos, el mundo le abría todos sus caminos. Pero él miraba las múltiples cosas, aun las más bellas, con absoluta inconsciencia, como abstracciones lejanas. Sus nervios, cual si hubieran muerto en su infancia, no tenían recuerdos, no vibraban nunca, no apetecían nada. Su psicología y su fisiología eran tesoros perdidos irremediablemente y de los que sólo quedaba el instinto mecánico. Los fabulosos paisajes, las obras maestras de la pintura, de la escultura, de la poesía y de la música; los actos heroicos, las fragantes mujeres, las flores, los vinos deliciosos; las mágicas formas espléndidas que iluminan nuestros pasos, no llegaron nunca a alterar un segundo, la fría expresión de sus verdes ojos pálidos. No se sentía feliz o desventurado sino muerto. Sin embargo, le repugnaba entrar en la tumba. Estaba obstinado en hacer su papel de sonámbulo, de hombre ausente, de fantasma sin nombre.

Una noche en Venecia, mientras erraba junto a las aguas sombrías, se le acercó una joven de belleza maravillosa, atraída por su lánguido aspecto de príncipe desterrado. Le habló con seductora dulzura, acarició lentamente sus manos recostando la cabeza sobre su pecho. Él la dejó hacer, como si se tratara de otro, como si viera hacer aquello con otro hombre. Cuando la joven lo besó en la boca, se quedó viéndola sorprendido y con lástima de aquellas caricias. Se dejó conducir a un marmóreo palacio, durmiendo en los brazos de aquella beldad hasta el amanecer. Les vieron juntos en una góndola negra en el silencio de un plenilunio, en el gran canal, rumbo al misterioso mar sin horizonte.

Y nadie ha vuelto mirar su sombra, ni sus dorados cabellos, ni su sonrisa taciturna.

(Venecia, otoño de 1955).

LOS DOS PRISIONEROS

I. La dos prisioneros —después de varios meses de vida en la misma celda— se quieren como dos hermanos. Ambos son jóvenes y por opuestos caminos llegaron al negro infortunio. El mayor —condenado a cadena perpetua por un horrendo delito— vio llegar al otro en una fría tarde y esto fue como una luz en su soledad.

II. El antiguo reo sabe que en ciertas épocas la mejor palabra ofende y que para los grandes pesares del espíritu nada es tan noble como la piedad del silencio. Por eso ve a su compañero, mudo y sombrío, de bruces en la cama de piedra. Lo ve desesperarse sin dirigirle una frase. A veces lo despiertan sus sollozos, roncos y tristes como estertores de agonizante; pero no le dirige una frase. Por eso el atormentado empezó a amarle.

III. Así viven uno junto a otro, durante monótonas semanas, durante meses interminables, sin proferir una sílaba. Se prestan mutuamente pequeños servicios, y sus ojos se miran con lástima.

IV. El más joven fue condenado a muerte. Quitó la vida a su novia en un rapto de celos, y la severa ley inmutable no tomó en cuenta ni su loco amor ni su juventud. Cuando el juez leyó en la celda la sentencia, él permaneció impasible. Pero su amigo lloró largamente.

V. Pasan los días amargos y negros. Los dos hombres sufren en la sombra. La última noche, mientras el moribundo duerme como un niño, su compañero vela a su lado, presa de una pena terrible. Sólo interrumpe la calma nocturna el ruido de la cadena que mueve un sollozo y el paso del centinela en el corredor obscuro.

VI. Al amanecer vienen por el reo. En tanto que éste se viste, el otro lo ve por postrera vez. Es hermoso y pálido, y casi un adolescente. —¡Adiós —le dice, abrazándole, el que iba a morir. Fue su única palabra.

VII. Sobre el corazón del vivo resuena la descarga del muerto. Y, desde entonces, al ver la cama vacía, le ahoga un dolor angustioso. Así mira correr los años, inmóvil en su sitio de tormento. En la noche oye siempre la trágica palabra. ¡Adiós! Le obsesiona, le persigue tenazmente, llena sus horas. De su ser surge como un suspiro fúnebre, o viene de lejos, de algún horizonte de la Eternidad, triste, vaga y quimérica.

LA POBRE COJITA

—Le quitó el novio a la pobre cojita.

Estas palabras —oídas en un sereno atardecer de noviembre en una fiesta rústica— me dejaron pensativo.

Las pronunció, lentamente, una chicuela pálida, refiriéndose a una elegante joven morena, que, con una enorme rosa de fuego sobre la linda cabeza, sonreía a un hombre rubio echado a sus pies sobre las yerbas grises.

¡La pobre cojita! ¿Quién era la pobre cojita? ¿Sería como un delgado lirio de plata, como un mirlo blanco, a quien la caída imprevista de una fruta madura en el otoño hubiera roto la piernecilla frágil ? Me acerqué a la adolescente de la piel de alabastro.

—¿Podré saber, Valeria, a qué cojita se refiere ? Soy extraño en el país y su frase me obsesiona.

—¿Hará usted unos versos muy tristes de ese amargo episodio?

—Sí. Haré unos versos muy tristes.

—Bien. Esa cálida beldad que enloquece a los hombres, esa fascinadora María Rosalba, tenía una hermana menor que iba a casarse.

—¿La cojita ?

—Sí. Pequeñuela se cayó de un árbol y se rompió un pie. Se balanceaba ligeramente al andar. Pero era primorosa con su rostro angélico y su cuerpecillo ligero. Iba a casarse con Renato Vareusse. En esos días llegó Rosalba, de Italia, y con cuatro sonrisas le quitó el novio.

—¿Renato es el joven echado el césped ?

—El mismo.

—¿Y la pobre cojita ?

—Murió.

Las hojas caían, tristemente, de los altos árboles. El lago azulado gemía a lo lejos. Con los ojos húmedos, la chicuela pálida guardó silencio.

—Era mi mejor amiga... —terminó.

Dije, tras una breve pausa:

—¿Leyó usted, Valeria, Manzana de Anís, de Francis Jammes?

—¿Manzana de Anís?

—Sí. Una linda fábula... Un poema doloroso.

—No. No he leído Manzana de Anís.

VIEJO DOLOR

Heriberto Landry se detuvo algunos minutos frente a un amplio balcón de hierro, exornado de extrañas figuras. Melenas de cabezas bárbaras y colas gráciles de pavo real se enlazaban de manera extravagante, en el viejo metal oxidado. En el extremo, casi tocando el techo, entre un hacinamiento de macabros dibujos, un enorme rosetón de acero coronaba la obra férrea.

Raúl Gener esperaba impaciente en la acera opuesta.

—¿Qué te pasa? —exclamó al fin—. No parece sino que te encuentras en éxtasis ante una insólita maravilla...

—Esta ventana —murmuró Heriberto, con voz ronca—, evoca en mí un recuerdo sangriento y lúgubre... Durante veinte años la he llevado impresa en la memoria, tal como ahora la vemos: solitaria y negra, con su raro varillaje difuso...

En silencio continuaron su paseo a lo largo de las estrechas calles del villorrio. A pocos metros de la última casa se sentaron en la cima de un alto escarpe, a la orilla del río.

Caía el crepúsculo dorando las sierras de matices de amaranto. El cielo, de un azul casi negro, tomaba hacia el orto luminosas refulgencias de oro y de amatista. Algunas nubes gráciles, como alas de rosados flamencos, revolaban hacia el sur; y en las aguas relampagueaban fantásticamente las postrimeras lumbres solares...

De pronto, y como continuando en alta voz el proceso lento de sus remembranzas, Heriberto exclamó:

—Hace veinticinco años, cuando yo tenía treinta, aciagos reveses de fortuna me obligaron a trasladarme con mi familia a este pueblo. Pocos días después de mi llegada, vi en ese balcón a la criatura más linda que puedes imaginarte. Mi corazón sufrió entonces el único poderoso estremecimiento que ha turbado su calma inmutable. Me enamoré ciegamente de aquella blanca beldad. Se llamaba Ofelia, como la novia de Hamlet; y había en toda ella un encanto y un misterio sobrehumanos. Sus ojos eran dos divinas violetas y su sonrisa un vago enigma. Triste y silenciosa, semejaba una visión de poesía, leve y ondulante. Algo así como una flor de quimera, como un blanco nenúfar...

Su familia y la mía se unieron en profunda amistad. Pedro, hermano de Ofelia, y Carlos, mi hermano menor, ligados por un íntimo afecto, se hicieron inseparables. ¡Extraña afección nacida de caracteres tan desiguales! Pedro Oliver, de origen inglés, de veinte años, era pálido, delgado, de pequeña estatura, grave como un viejo. Nunca le vi sonreír. En su impasible semblante de mármol se reflejaba un dolor recóndito. Era, en verdad, un tipo singular, un espíritu fuerte, un hombre inolvidable. Carlos Landry, de su misma edad, parecía hijo suyo. Pendenciero y locuaz, lleno de la alegría de vivir, bello y altivo, rebosante de salud y de audacia, era el don Juan del villorrio, siempre metido en peligrosas aventuras y en lances espeluznantes. En vano traté de corregir su carácter turbulento. Oía en silencio mis observaciones, sin objetarlas, pero sin pensar en la enmienda. No obstante, yo le quería por su franqueza, por su valor y por el afecto entrañable que me demostraba. Jamás dudé de su adhesión, que yo juzgaba capaz de los mayores sacrificios.

Ofelia Oliver iluminó mi vida. Fue una estrella y una flor en el erial de mi corazón. Las violetas de sus ojos perfumaron mi espíritu. Nos amamos ciegamente. Era entonces mi existencia un río diáfano de ondas armoniosas. Los objetos exteriores se revestían a mi paso de formas ilusorias.

Todo cantaba y fulgía a mi alrededor; y los cielos, y las brisas, y las noches, y los crepúsculos, se poblaban de músicas y de aromas que embriagaban mi alma.

De acuerdo ambas familias, se resolvió que nuestro matrimonio tendría efecto cuando Ofelia cumpliera diez y ocho años. Faltaban, apenas, dos, para llegar a la cima de mi felicidad. Sin embargo, dos años... son dos siglos cuando se ama y se espera.

Finalizaba aquel término ardientemente deseado y ni la más leve sombra había obscurecido mi ventura, cuando una noche, una brumosa y gélida noche de enero, en que la lluvia y el viento azotaban las ventanas de mi cuarto, me desperté sobresaltado, creyendo que alguien me llamaba.

—Carlos, eres tú? —grité incorporándome...

Pero no obtuve respuesta. Entonces, con rápido movimiento, encendí luz. La habitación se hallaba solitaria. El reloj dio la una de la madrugada. Fuera, el viento gemía...

Me vestí apresuradamente. Cogí el candelabro y con paso incierto avancé por el angosto corredor. Llegué a la estancia de Carlos, y al entrar quedé inmóvil de sorpresa y de espanto.

Yacente sobre la cama, bañado en sangre, lívido, con los grandes ojos negros llenos de lágrimas... me miraba con una mirada lastimosa de angustia y de horror.

—Carlos —sollocé todo trémulo.

El mísero me miraba dolorosamente y sus lágrimas corrían por sus mejillas cárdenas.

—¡Habla! —grité de nuevo, sintiendo que me ahogaba.

Pero él continuaba mirándome de un modo inexpresable. Aquello duró un minuto, quizá un siglo. Luego, se estremeció, y su llanto dejó de correr. Estaba muerto.

Pedro y yo, acompañados de dos íntimos amigos, lo condujimos en hombros al cementerio, Aquel suicidio me impresionó terriblemente. Todo el afecto que sentía por Carlos se avivó de tal modo que su recuerdo fue desde entonces, por mucho tiempo, una obsesión de mi espíritu.msg mucho tiempo, una

Corrieron varios días. Una tarde me encontraba en disposición de salir, cuando Pedro Oliver llegó a mi cuarto.

—Iba a tu casa —le dije.

—Está solitaria. Ayer partió la familia para el campo.

—¿Y Ofelia?

En lugar de contestarme me tomó familiarmente del brazo, exclamando:

—¿No quieres que demos una vuelta ?

Caminamos en silencio durante algún tiempo. Vestidos de negro, callados y graves, atraíamos la atención de las gentes que cruzaban las calles.

Llegamos a este lugar. Allí, sobre esa piedra en que te encuentras sentado, descansó Pedro Oliver en aquella hora inolvidable.

El rumor del río, en la tarde dorada y triste, semejaba el murmullo de una fúnebre plegaria. Los horizontes empezaron a enlutarse y todos los objetos parecían envueltos en un velo de melancolía.

Permanecimos callados una hora, con los ojos fijos en los ámbitos obscuros, dominados por un lacerante pensamiento. Montañas de dolor pesaban sobre nuestros corazones. Dos veces nos miramos en silencio.

Observé que el semblante de Pedro tenía una palidez sepulcral. Algo horrible y trágico pasaba sobre nuestras almas. Una densa sombra descendió de los cielos y un frío y un miedo insólitos helaron mi sangre. Hubiera deseado gritar, huir, librarme, con un acto de energía, de la dura garra del presentimiento. Pero no podía moverme, petrificado de angustia.

Lentamente, con un gesto de amarga pena, con los ojos áridos, Pedro se levantó, y tomando una de mis manos entre las suyas heladas, me dijo con voz opaca:

—Has de saber, querido Heriberto, que Carlos no se suicidó...

Yo, sin pronunciar una palabra, le miraba sin comprender, presa de un calofrío.

—No se suicidó —repitió Pedro—. Yo le maté.

—¿Tú?

—Yo le maté. Verás cómo. Cierta noche en que regresaba a casa después de las doce, vi que un hombre descendía de lo alto del balcón de hierro. La luz del farol cercano iluminaba aquella parte de la calle. Oculto en la sombra, pude observar que el ladrón —porque yo le juzgaba un ladrón— se había deslizado por un espacio que dejaba libre el varillaje. Pero cuando el hombre se encontró sobre la acera, apareció Ofelia, y a través de los barrotes se besaron. Yo me puse a temblar. Él huyó en paso rápido. Yo le seguí a diez varas de distancia, por el lado opuesto. No le conocí porque iba de espaldas y con el sombrero metido hasta los ojos; pero tenía la certeza de que eras tú. De improviso, comprendiendo que el camino que llevábamos era el de tu casa, tomé otra calle para acortar la distancia y sorprenderte de frente. Así sucedió. Al volver una esquina, nos encontramos cara a cara. El hombre dio un salto para atrás al reconocerme. Era Carlos. Nuestras miradas relampaguearon un segundo. Rápidamente le disparé tres tiros. Vi que vacilaba y caía. Creyéndole muerto, me alejé. Ignoro cómo pudo llegar a su cuarto...

Pedro guardó silencio. Nuestras manos enlazadas se estremecieron. ¡Fuera de la vida, en un vértigo de espanto, nos miramos, como si acabáramos de salir de la tumba!

DÍA DE INVIERNO

I

La bella Clara Duse miraba caer la lluvia, tristemente, tras los pálidos cristales. Sus ojos melancólicos sufrían una nostalgia profunda ante el frío paisaje de invierno extendido a lo lejos. Mirando la plomiza humareda de brumas evocaba los días de oro del otoño, las tardes deliciosas del estío, en que todo parece brillar y sonreír bajo la gloria de un cielo de zafiro. Evocaba los magníficos crepúsculos constelados de rosas de sangre, los plateados plenilunios en que la tierra se envuelve en un velo misterioso.

Dentro de su pecho, su corazón apasionado palpitaba angustiosamente.

Grandes pájaros silenciosos cruzaban el horizonte, volando hacia el sur. Un viento helado azotaba los árboles, sacudiendo los húmedos ramajes, y un sol mortecino mostraba su globo opaco a través de varias capas de nubes.

Ante aquella naturaleza sombría, anegadas pupilas en la lumbre taciturna, un recuerdo amargo brotó, como una flor venenosa, de lo más recóndito de su espíritu. Era una cruel remembranza que la perseguía en los días obscuros. Por eso odiaba el invierno con sus tardes lúgubres como una agonía, con sus mañanas monótonas en que las nieblas errantes semejan fantasmas.

Pasó el quinto aniversario, y el recuerdo persistía, vivo, tenaz, imborrable. Dominada por la intensidad de su pena, fue uniendo las páginas de aquella historia desgraciada. Su fantasía se pobló de múltiples imágenes; pero entre todas las visiones de aquel mundo muerto, un nombre, una fecha, una figura querida, se imponían, llenaban su alma.

II

¡La imagen del pobre muchacho que se mató por ella! Se llamaba Horacio M***. Fue un gallardo mozo, un adolescente, muy tímido, muy romántico. Lo conoció en el puerto, el último año en que ella fue a tomar baños de mar. Le llamó atención por la palidez de su rostro y por el fulgor extraordinario de sus pupilas negras. También la sedujeron sus manos, de una suprema hermosura. Ella adoraba las bellas manos, las manos ducales, blancas y puras, de finos dedos y uñas de ágata. Era una monomanía peculiar de su ser verdaderamente culto y aristocrático. No juzgaba digno de ser amado por una mujer superior a un hombre de manos vulgares. En esto no hacía sino seguir los impulsos de su temperamento delicado, que sólo le permitía amar las cosas brillantes, las formas impecables y absolutas. Se sentía orgullosa de aquella excelsa virtud estética, rarísima en el alma de una mujer; y de ahí su instintiva repugnancia por los objetos y personas que no se presentaban a sus ojos adornados de alguna cualidad extraña. No era exigente. Se conformaba con un solo detalle singular. Así, perdonaba en un hombre la fealdad de su figura, si veía su rostro iluminado por una graciosa sonrisa o por la luz de dos pupilas soñadoras. El color y la carnación de una boca fresca y armoniosa la hacían olvidar cualquiera irregularidad en las otras facciones. Pero su obsesión eran las manos. Para ella nada en el mundo podía igualarse en hermosura a una mano perfecta. Soñaba con unas manos ideales, sensitivas y refinadas, conocedoras de todos los placeres sutiles de la caricia, dulces y terribles en su poder amoroso. Manos de movimientos elegantes, de actitudes castas, límpidas e inocentes, hondamente sensibles, como si tuvieran un alma peculiar. Manos silenciosas, de palmas sonrosadas y suaves como la seda. Manos enigmáticas, leales y felinas, divinas y satánicas, sabias en los secretos del amor y de la muerte... Así las soñaba con todo el anhelo de su alma frágil y vehemente y con todo el fuego de su sangre...

III

El idilio se inició en una tarde plácida, a la orilla del mar. Hacía un mes que se paseaban juntos por la playa y ni una palabra de amor había salido de sus labios.

Con frases trémulas y sencillas, él le descubrió su alma. Clara le dio a besar su boca de rosa. Después retuvo entre las suyas las manos del joven, y poniendo en juego toda su coquetería de mujer exquisita y perversa, le habló largamente de su pasión.

Horacio la oía, callado y estremecido. Se dejaba arrullar por la música de su voz. Después, venciendo con un violento esfuerzo su timidez, la estrechó entre sus brazos.

(TODO LE PARECIÓ QUE HABÍA SIDO AYER. ¡TAN TERRIBLE RENACÍA, AHORA, SU PENA! EL TIEMPO PASABA SOBRE TAN GRAVES MEMORIAS, SIN BORRARLAS, SIN ATENUARLAS, SIN PONER SOBRE ELLAS SU VELO DE OLVIDO. SU DOLOR NO TENDRÍA TÉRMINO. LO LLEVARÍA SANGRANDO HASTA LA MUERTE.)

IV

Poco a poco, de una manera lenta y dulce, con todo el encanto de su cuerpo florido y de su alma ardorosa y vibrante, fue arrastrando aquel corazón ingenuo a un abismo de amor y de locura. Ella despertó en él el alma el deseo. Primero le mostró su espíritu y le hizo soñar con un idilio casto; después le torturó con el pecaminoso aroma de su carne sonrosada y fresca.

V

Presa de un agudo pesar, recordaba ahora sus largos paseos por la playa de arenas amarillentas.

Apoyada en su brazo, ella le contaba sus ansias singulares, las exquisiteces de su espíritu sutil y extravagante. Con ese apasionado lirismo femenino —a cuyo encanto tantos hombres fuertes han sucumbido— le expresaba su amor a la belleza, a las imágenes gráciles, a las líneas armoniosas.

Él, seducido por su gracia penetrante, le contó a su vez mil detalles íntimos de su vida, su infancia incolora en una tierra extraña, su adolescencia impregnada de amargura y de esperanza, su juventud inútil hasta el día en que la conoció. Las frases de amor en sus labios sinceros se volvían elocuentes. Su faz se iluminaba y sus ojos languidecían.

En tanto, el cielo hacia occidente irradiaba con pálidos fuegos, fulgurantes sobre las rizadas plumazones de las nubes. Lampos violáceos flotaban en un piélago de escarlata. El sol hundía en las aguas salobres su fúlgida corola. Bandadas de gaviotas dirigían sus vuelos hacia el este ennegrecido; y de los vastos cielos estrellados, de las vagas distancias misteriosas, de la formidable palpitación de las ondas, de la tierra y del mar, del cielo y del aire, del crepúsculo fantástico, se exhalaba una poesía tan melancólica y tan honda, que los dos jóvenes, embriagados de tristeza, regresaban al puerto trémulos y mudos.

VI

En aquel opaco día invernal, mirando caer la lluvia pertinaz, ella se preguntaba:

—¿Le había amado?

Cien veces se hizo aquella pregunta, ante la cual su alma de esfinge permanecía silenciosa. ¿Le había amado? ¿O era únicamente la piedad lo que la hacía recordarlo de aquella manera...? Cuando lo conoció, él contaba dieciocho años y ella veinticinco. ¿Llegó a sentir por él una ternura enfermiza, casi maternal, viéndole tan tímido, tan ingenuo, tan niño...? Su alma voluble conocía, instintiva y prácticamente, los más hondos secretos amorosos. Quizá por eso acogió la ternura del joven con cierta curiosidad que para ella tenía un indecible misterio...

¿Pero ni aun entonces ella conoció el amor...? En Horacio, ¿amaba solamente sus largas manos pálidas...? Ella jugaba con aquellas manos como con un objeto fabuloso. Se estremecía al sentirlas hundidas en su opulenta cabellera de azulados matices. Flores de carne, ella las oprimía suavemente con sus labios sensuales, las apretaba sobre su rostro, haciéndolas vibrar de deseo. ¡Qué de raras locuras hizo con aquellas manos magníficas! Horacio se las abandonaba, sonriendo. Clara le tomaba la derecha, colocándola sobre la suya. Y ya juntas, las dos manos se acariciaban lentamente, lentamente; se poseían, unidas por las palmas, en una opresión dulce enervante.

Excitados por aquel refinado roce sexual, sus cuerpos se enlazaban ardientemente, en un íntimo abrazo. Sus bocas ávidas se unían con tal fuerza, que a veces los besos resultaban dolorosos.

Le amó, ciertamente... Recordaba sus esfuerzos para defenderse del quemante deseo que sus continuos chispeaba en los ojos de Horacio. Ahora se arrepentía de no haber sido suya. Tardío pesar, que sublevaba sus fibras, que hacía palpitar sus entrañas, dejándola entrever, perdido para siempre, un mundo de amor, del que sólo quedó en su alma un acre perfume mortuorio.

VII

Una angustia horrible la sofocaba, al llegar, en el desfile de sus recuerdos, al epílogo sangriento. Ella, cediendo a un fatal impulso de su alma caprichosa y pérfida, quiso darle celos con uno de sus amigos. Fingió haberse enamorado de otro súbitamente y le habló de la necesidad de separarse. Fue la última tarde en que pasearon por la playa... Él la oía en silencio. En la noche, en su cuarto de hotel, se partió el corazón de una puñalada.

VIII

Clara vibró de pesadumbre ante el trágico recuerdo. Se levantó del sofá en que se hallaba sentada y se acercó al balcón. Y con la frente sobre los húmedos cristales, se puso a mirar el frío paisaje.

En su alma lloraba toda la amargura de la vida.

Negros nubarrones cubrían el cielo y un viento helado gemía entre los ramajes. Pájaros silenciosos cruzaban el horizonte....

La lluvia seguía cayendo, tristemente...

LAS GARRAS DEL TIGRE

I

En la casa montañera resonaban terribles lamentos en la sombría noche de junio.

La alegre Juanita, de once años de edad, fue víctima de la bestial lujuria del bandolero José Garmendia (a) El Tigre, que merodeaba por llanuras y serranías, marcando su huella con toda clase de infamias.

La pobre criatura fue asaltada por el feroz criminal a cien metros de la casa, en la vereda del Ojo de Agua. A sus agudos gritos acudieron la madre y las hermanas, pues los hombres no habían regresado de los tabacales de la vega. Pero llegaron tarde. El bruto —tras la vil satisfacción de su deseo— huyó velozmente por entre los árboles.

Juanita yacía inmóvil sobre el sendero, con las ropas desgarradas, medio desnuda y cubierta de sangre. El bandido, en la exasperación de su animalidad, y ciego por la resistencia, la golpeó horriblemente. Los ásperos dedos estaban señalados en la blancura del cuello infantil y de las pálidas sienes manaban hilos de púrpura.

Apenas pudo decir el nombre de su verdugo, muriendo algunas horas después.

II

Pasaron varias semanas. Los inspectores de policía temblaban ante la probabilidad de encontrarse con José Garmendia, y ninguno se atrevió a perseguirlo.

Era un temible malhechor, fuerte como un toro, ágil como el felino cuyo nombre llevaba, y de una crueldad sin ejemplo. Conociendo el terror que se le tenía, lo utilizaba en la continuación de sus audaces atropellos.

Se decía que cruzó últimamente la frontera de Nicaragua, después de asesinar y robar a dos achines en la Cuesta de la Azacualpa.

III

Juan Diego, el menor de los hermanos de Juanita, y el que ésta más quería, cambió de carácter desde la tarde del horrendo crimen. Perdió su buen humor habitual y su pasión por el trabajo. Sumergido en un tenaz silencio, pasaba días enteros echado en la hamaca de gruesa cabuya o errando por los montes. Contestaba agriamente las preguntas que se le hacían, y dominado por negra pesadumbre se olvidó hasta de su novia, la muchacha más linda de la próxima aldea.

Con frecuencia dormía fuera. Se tiraba en la frescura de las hondonadas y la aurora lo sorprendía mirando la palidez de los luceros.

Era un mocetón moreno, gallardo y musculoso, de rostro arrogante y mirada profunda.

Una mañana de las últimas de septiembre desapareció de la montaña. Y nadie supo más de su paradero.

Su padre y sus tres hermanos le buscaron por todas partes, y, tras inútiles pesquisas, creyeron que estaba muerto.

IV

Pero una noche todos despertaron a los violentos ladridos de los perros. La familia se levantó sintiendo que alguien desatrancaba la salida del patio.

En el instante en que abrían la puerta de la casa, Juan Diego apareció en el umbral. Lo rodearon entre exclamaciones de júbilo. Parecía más alto y barbudo y sus negros ojos fulguraban.

—¡Padre! —exclamó—. Aquí tiene las feroces garras de El Tigre, a quien dejé colgado de un roble en el valle de Jamastrán.

Y extrajo del saco de cuero que pendía de sus hombros dos objetos horribles y nauseabundos. ¡Dos manos hinchadas y monstruosas, peludas y negras, húmedas de barro y de sangre !

PAULINA

Ricardo N***, Armando de R* y yo, llegamos a profesarnos un afecto excepcional en estos tiempos en que el egoísmo predomina sobre todas las manifestaciones del espíritu.

Era una amistad íntima, probada desde la infancia, la que llegó a unirnos indisolublemente; y jamás una leve sombra empañó aquel sentimiento fraternal. Ricardo, el más joven, era un muchacho simpático, de mediana estatura, con una espléndida cabeza coronada de cabellos pardos. Silencioso, taciturno, poseía un espíritu elevado y exquisito.

Armando, de veinticinco años, alto, vigoroso, moreno, manifestaba llevar toda la audacia y la alegría de una juventud exuberante, acariciada por todos los vientos de la vida. Impulsivo, genial, apasionado, era un joven seductor, de cuyo encanto nadie podía evadirse. Su prestancia varonil se imponía desde el primer momento. Bajo la frente marmórea, sus límpidos ojos, de mirada profunda, brillaban apasionadamente. Sus labios, gruesos y rosados, sonreían de una manera peculiar. Sus cabellos —por un raro contraste— eran rubios, de un claro color de oro, y daban a su fisonomía un carácter de belleza singular y terrible.

Físicamente, nuestras naturalezas contrastaban en absoluto. Pero nuestros espíritus formaban una sola llama generosa, una sola energía, una sola fuerza. Se compenetraron de tal modo, que ya no fuimos, en verdad, sino tres cuerpos viviendo con una sola alma. Todo lo que hay de grande, de noble y de fuerte en el afecto que une a los hombres en la tierra, palpitaba con tal potencia en nuestros corazones, que juntos hubiéramos llegado sin temblar a la cumbre más alta del sacrificio y de la muerte.

II

Ricardo se casó con la encantadora Carlota G*, de quien era locamente amado. Él, a su vez, adoraba a aquella blanca beldad de cuerpo mórbido y esbelto, de gracia suave y arcana. Era uno de esos seres frágiles y tiernos nacidos para la felicidad y para llenar de luz y poesía la existencia de un hombre superior.

Así me lo dijo Ricardo algunos días después de su matrimonio. Era completamente dichoso. Todo sonreía a su paso. Todo parecía prometerle años fecundos de amorosa paz.

III

Mis negocios me obligaron a abandonar la patria para radicarme en una de las más florecientes repúblicas de Sur América.

Pasaban los años lentos y monótonos, como son siempre para el que vive lejos de su hogar. Continuamente recibía noticias de mis amigos. Sus cartas me llegaban por todos los vapores, con una constancia que patentizaba la sinceridad de su afecto.

Pero de improviso aquellas manifestaciones fraternales se interrumpieron; y no fue sino mucho tiempo después de faltarme sus cartas que supe, por un periódico que llegó a mis manos al acaso, la muerte de Armando.

Fue para mi corazón un rudo golpe. Lloré a mi amigo con lágrimas del alma, y su recuerdo me obsesionó de tal modo, que caí enfermo y tuve que guardar cama por varios días.

Algunos meses después, otra amarga pena vino a herirme: la muerte de Carlota, al dar a luz una niña.

Desde aquel instante, un pensamiento se grabó en mi cerebro, una idea se posesionó de todas mis facultades: la de ir a reunirme con Ricardo, el amigo doblemente infortunado, que había perdido, casi al mismo tiempo, sus más grandes afecciones. Pensé que mi cariño podría consolarle en su negro duelo, que en un hombre de su carácter debía durar hasta el sepulcro.

Pero obstáculos inesperados e insuperables me hicieron desistir de mi generoso proyecto.

IV

Pasaban los años, los años monótonos, los años interminables.

Al fin pude arreglar satisfactoriamente mis asuntos, y en una clara mañana de junio me embarqué en un vapor que hacía rumbo a las costas de mi patria.

Catorce años había durado mi ausencia. Mi familia y mis antiguos conocidos del pueblo de T*** no me reconocieron en el primer momento.

Después de las primeras alegrías del regreso, pregunté por Ricardo.

Vivía fuera de la población, en una hacienda, con su hija. Desde la muerte de su mujer y de Armando, nadie le había visto salir de aquella casa, perdida en el corazón de las montañas. Su carácter taciturno se volvió sombrío y huraño. Entregado a la lectura y a la educación de su hija, pasaba obscuramente la vida, olvidado del mundo.

Tomados estos informes, partí al siguiente día hacia la residencia de mi amigo. Caminé, durante varias horas, por la falda escarpada de la cordillera. A la caída de la tarde vi a lo lejos, en una verde hondonada, blanquear la casa a donde me dirigía.

Llegué a ella muy entrada la noche. Un sirviente salió a abrirme. No quise darle mi nombre, para gozar de la sorpresa de Ricardo, que nada sabía de mi viaje.

Fui introducido en un salón amueblado con sencilla elegancia. Luego apareció ante mí el dueño de la casa. Lo vi avanzar y tenderme la mano con fría cordialidad.

Mi corazón saltaba dentro del pecho. No pude contenerme más.

—¡Cómo! ¿No me conoces? —le dije.

Él me miró largamente con expresión de quien recuerda algo muy lejano. De pronto un relámpago pasó por sus ojos, iluminando todo su rostro.

—¿Eres tú, Mauricio? —exclamó, como si soñara—. ¡Ah, querido amigo!

Y nos confundimos un abrazo, hondamente en emocionados.

Luego, más tranquilos, hablamos largo rato de cosas antiguas, borradas casi de nuestra memoria. Viéndole aún presa de una fuerte impresión y notando que parecía eludir toda remembranza relativa a su mujer y a nuestro hermano muerto, no dije una palabra acerca de ellos, para no hacer sangrar heridas que quizá estuvieran mal cerradas.

Muy tarde me retiré a la habitación que me había destinado. Las violentas sensaciones por que acababa de pasar me impidieron dormir.

Me levanté a la hora del alba y me puse a recorrer los alrededores de la hacienda. Estaba situada en un amplio paisaje, rodeada de altas montañas. El sol doraba las cumbres con sus primeras claridades. Por todas partes se notaba el poder de los gérmenes en la tierra fecunda.

Hálitos de vegetación lujuriosa vagaban en el ambiente, y del cielo azulado parecía descender una calma infinita.

Hasta que, dos horas más tarde, me encontré con Ricardo en el salón de la casa, comprendí todos los estragos que el tiempo y el dolor pueden hacer en la naturaleza del hombre.

La noche anterior, a la indecisa luz de una lámpara, no pude observar la decadencia física de mi amigo.

Ahora lo tenía frente a mí y no daba crédito a mis ojos. Ricardo, que apenas contaría treinta y cinco años, era un anciano. Su cuerpo encorvado, su cabeza encanecida, su rostro amarillento cubierto de arrugas, me conmovieron hasta el fondo del alma.

—¿Me encuentras muy viejo, verdad? —me preguntó al notar mi sorpresa—. ¡Ah, querido Mauricio! Es que he apurado la hiel de la vida hasta no dejar una gota. Por mi espíritu han pasado todos los dolores de la tierra. Llevo dentro de mí el cadáver de mi alma y arrastro mi cuerpo como si fuera un andrajo. He agotado de tal manera el raudal de mis lágrimas, que ya mis ojos sólo podrían llorar sangre. No sé cómo estoy vivo todavía. El dolor me ha petrificado. Te asombras de ver mi cabello casi blanco y mi semblante marchito... ¡Y si pudieras ver mi espíritu! Se ha hecho dentro de mí un vacío tan tremendo, que a veces mi pensamiento, al tratar de medirlo, ha sentido el vértigo de los abismos. Mi pasado me acosa como un espectro implacable. Siendo inocente, el fantasma de mi propio duelo me cubre con su sombra trágica y expío el crimen de que yo mismo fui víctima. El dolor, como un cuervo famélico, me ha devorado el corazón; pero en mi cerebro las ideas y los recuerdos continúan su obra lenta y terrible. Y aquí me tienes sufriendo de un mal espantoso: del asco de la vida. La felicidad no existe, Mauricio. Todo es engaño y mentira... ¡El amor! ¡La amistad! El destino encierra en esas palabras una amarga ironía y se venga duramente de los crédulos. Yo he sido uno de ellos; y mírame aquí expiando mi fe en la amistad y en el amor.

Yo lo oía hablar, mudo de asombro, penosamente sorprendido de sus palabras....

—¿Y Carlota? —le interrumpí de pronto—. ¿Y Armando? ¿Cómo hablas así de las cosas del alma, después de haber poseído la ternura de aquellos nobles espíritus?

Él sonrió espantosamente.

Con un acento que no era humano, con un gesto único de ira y de piedad, dejó caer en mi corazón este horrible secreto:

—En sus últimos momentos me confesó Carlota que Armando era el padre de la niña que le costaba la vida.

Y como viera que yo, sobrecogido de horror, dudara de sus palabras, creyéndole loco, se levantó, se acercó a la puerta y llamó:

—¡Paulina!

Transcurrieron algunos minutos de angustioso silencio.

Una niña de diez años, maravillosamente bella, penetró en el salón y avanzó hacia nosotros sonriendo. Yo no pude contener un grito. La semejanza era tan asombrosa, que no dejaba lugar a la duda.

¡Sí! Aquellos eran los límpidos ojos de mirada profunda, la frente marmórea, la sonrisa inolvidable, el matiz extraño de los cabellos, el aire de seducción y de gracia de Armando de Rostanges.

FELISA

I

El pueblo más insignificante y remoto de Honduras fue el que escogió Andrés Rosal, el célebre poeta y violinista, para su temporada de salud, impuesta por los médicos. Sufría de una extraña enfermedad nerviosa, que le retuvo inmóvil durante un mes, y que le dejó sin voluntad y sin acción, presa de un horrible tedio. Sus intensas pasiones de antaño —la poesía y la música—, que le dieron fortuna y renombre-, le inspiraban ahora absoluta indiferencia. Hasta el amor, para el que se sentía dotado de un poder excepcional, y que fue para él una perenne fuente de profundos goces, no le atraía ya, en ninguna forma, hacia sus sirtes encantadas. A los treinta años, rico, de noble presencia, se extinguía en un ocaso sin gloria.

Casi hundido en un caos mental, reaccionó con vigoroso esfuerzo. Reuniendo todo su dinero, dispuso de su equipaje, y sin decir a nadie para dónde partía se alejó de la capital. Con la discreción de un misántropo ávido de soledad, pudo averiguar que en el pueblecito de U***___ apenas citado en una guía geográfica por la sedante eficacia de su clima y de sus aguas —nunca hubo oficinas, ni escuela, ni comercio de ninguna clase. Sólo cuatro viejas casas rodeando una vetusta iglesia, en medio de compactos pinares y verdes llanuras, por donde serpenteaba un río de claras corrientes.

II

Doce largas jornadas le condujeron a las frías cumbres de la cordillera, en donde aspiró con delicia el aire balsámico, anegándose en los esplendores de la naturaleza.

En un lento anochecer, al final de una curva de la áspera cuesta, U*** apareció en la hondonada.

Un son metálico vibró en el espacio. Andrés detuvo su caballo para oírlo mejor.

—Es el toque de oración —dijo el criado, quitándose el sombrero.

III

Gratamente le impresionó la casa que el alcalde le tenía preparada, sobre todo su extenso corredor cubierto de enredaderas.

Ocupó varios días en ordenar en los cuartos los innumerables objetos de sus baúles y valijas. Cuanto poseía estaba allí. Su equipaje era como para una excursión por Indochina y anulaba toda idea de regreso. En verdad, él pensó que moriría pronto y no quiso dejar ningún recuerdo personal tras de su paso. Le asediaba una certidumbre amarga: la de sentirse extranjero en su patria; aislado en ella de toda comunión fraternal, visto con recelo y con envidia. Sin embargo, ni por un minuto le halagó entonces el impulso de partir de Honduras. Sus continuos viajes le hicieron odiosa la compleja vida de las metrópolis, tan falsa, tan frívola, tan anónima. Vida de versátiles apariencias, de burdos prejuicios, de hipocresías abominables. Él era un hombre de otras épocas, un espíritu refractario a las normas sociales, hermético para lo que no fuera belleza, verdad, sinceridad; un hombre a la antigua, nacido para realizar imposibles empresas.

Se acercó a la abierta ventana de su dormitorio, que caía sobre una callejuela, y por primera vez miró el pesado caserón de enfrente, que parecía de una sola pieza de granito, y que se alzaba, con imponencia extraña, sobre las edificaciones vecinas.

En la vasta pared ennegrecida por el tiempo sólo se veía un rústico balcón altísimo, rodeado de geranios rojos.

Una vaga emoción inexplicable, el presentimiento de un próximo cambio en su destino, enardeció su voluntad.

Tomó de un armario su violín olvidado... y cuando el reloj de la sala vibró doce veces, apagó el quinqué y volvió a la ventana.

En el hondo silencio surgió un sonido tenue, ágil, ligero, con la limpidez de un hilo de cristal. Calló, multiplicándose luego en un ramillete de etéreas melodías, que se deshojó lentamente en un largo suspiro. Se alzaba hacia las tristes estrellas, descendía en una escala de sonoridades argentinas hasta languidecer en una caricia de sedas ilusorias. Un ritornelo amoroso y doloroso parecía dar la muerte en cada intensa repetición.

Íntima y pura, la música angélica sonaba en el silencio; y cuando éste reinó de nuevo, una suave claridad doró el alto balcón, y un ramo de rosas cayó sobre la ventana de Andrés.

IV

—Un sueño —pensó, entre la vaguedad del despertar.

Pero las flores estaban allí, en el vaso de plata. ¿Qué incógnito misterio se agitaba en su derredor? ¿Qué sorpresa trascendente?

Sentíase renacer. El espejo atestiguaba que su palidez iba desapareciendo. La salud volvía. Resurgió su interés por los bellos libros, por la música, por las inmutables formas estéticas. Escribió una suave poesía panteísta, en un metro original de perfecta estructura.

V

A la misma hora de la noche anterior, Andrés ejecutó en el violín algunos fragmentos clásicos. Se desgranaron los ritmos de oro bajo la mano magistral; y ascendieron en la honda quietud hasta el balcón, que se abrió sin ruido en la sombra.

En vano esperó que se iluminara. Ya se retiraba entristecido cuando se oyó el preludio de un piano. Y escuchó, con el ánima suspensa, una romanza deliciosa, que fue su favorita en el antaño remoto. Recogió, una por una, las notas cristalinas. Y al concluir la repitió en el violín, poniendo su alma entera en la ejecución. Vio en la altura flotar un pañuelo. ¿Era un signo de reconocimiento o un adiós?

La pequeña sirviente llegó hasta el sillón en que Andrés leía.

—El almuerzo le espera. Yo me llamo Paula. ¿Quiere el señor decirme su nombre ?

—Ya lo sabes. Recuérdalo.

De pronto le hizo la pregunta que retenía en su corazón. ¿Quiénes habitan la casa de enfrente?

—¿El castillo? Así le llaman en el pueblo, por viejo y por grande. Fuera de las criadas sólo viven en él dos personas: doña Amalia y la señorita. Eran tres; pero la hermana mayor murió. Es una casa enorme, con patios cerrados por paredes altísimas.

—¿Y cómo se llama la señorita ?

—Se parece a la Virgen del Carmen que está en el altar. Su nombre es Felisa y tiene veinte años.

Más tarde, su amigo el alcalde completó los datos.

—Son extranjeras. Doña Amalia es viuda de un caballero distinguido, que fue riquísimo. Perdió su fortuna en un negocio audaz, y cuando murió sólo poseía este caserón y una hacienda de ganado. Su mujer tuvo que trasladarse a este pueblo con sus pequeñas hijas Matilde y Felisa. Matilde falleció repentinamente hace tres años. Felisa está todos los días más linda...

—Cuénteme algo más. Me interesa su relato.

—¡Cuidado! ¡Cuidado! La muchacha es un primor y creo que no hay otra más bella en Honduras. Ni más juiciosa y recatada. Jamás ha salido de U*** y de su casa apenas a la iglesia y siempre con su madre. Es un ángel, tan inocente como un niño. Instruida en labores y música, eso sí, porque doña Amalia y su hermana doña Rosa enseñaron a las pequeñas todo lo que debe saber una señorita. Un joven comerciante de Guatemala, que pasó por aquí en una Semana Santa, y que vio a Felisa al salir del templo, quedó deslumbrado. La pidió en matrimonio; pero ella contestó que no se casaría nunca. Aunque no se relacionan con nadie, todos las respetan y quieren por piadosas y caritativas. En dádivas para los miserables se ha ido gran parte de su caudal. Sin embargo, todavía gozan de regular fortuna, que ojalá el cielo les conserve.

VII

Continuaron las serenatas a la luz de una luna esplendorosa.

Pero una noche el balcón permaneció obstinadamente cerrado. Y así continuó en las sucesivas.

Andrés, herido en su esperanza, veía llegar la hora ilusoria con el corazón atormentado. Fue inútil que arrancara del dócil instrumento las voces más conmovedoras...

Durante mucho tiempo el insomnio le martirizó y también el sueño fugaz con pesadillas pobladas de hórridos fantasmas. La neurastenia, solamente apaciguada en su organismo, le aferró de nuevo con su fría garra. Se vio perdido en un lóbrego mundo de crueles desolaciones. Así se lo expresó a Felisa en una carta palpitante de angustia.

Inesperadamente, en una obscura mañana, al terminar el otoño, una fiebre cerebral calcinó su cuerpo, liberándolo de la conciencia de su miseria fisiológica y del naufragio de su espíritu.

Por mandato de su madre, que cuidaba al enfermo, Paula corrió al castillo, en demanda de socorro.

Sin perder un minuto, doña Amalia le hizo transportar a la mejor habitación de la gran casa, y envió por un médico que casualmente residía en la hacienda cercana.

La vida de Andrés osciló, suspensa de un hilo sutil, en el vacío de la muerte. Muchas veces pareció romperse; pero resistió. Y a la tercera semana sobrevino a convalecencia.

VIII

Atendiendo las súplicas de Felisa y doña Amalia, permaneció Andrés en el castillo, sin valor para ausentarse un momento de su gratísima hospitalidad.

Tres meses hacía que le condujeran agonizante, y en tan breve lapso su vida y su porvenir cambiaron totalmente.

Era feliz hasta el límite último en que puede serlo un hombre en este mundo. Era feliz hasta sentir pavor del mañana, miedo de su ventura, perenne inquietud ante las súbitas traiciones de la suerte. Amaba con una vehemencia que casi constituía un dolor, con una ternura tan grande que amenazaba romper su corazón. Y se sentía amado con tal intensidad, con un amor tan ciego y absoluto, que, en ciertas horas, su alma se agitaba en su cárcel con espanto. Él comprendía la selección de sus temperamentos por aquella extraordinaria capacidad de amar que sobrepasaba a toda humana potencia. Temía, por misterioso pero seguro instinto, que su pasión no podría contenerse en cauces normales; que, por su mismo ímpetu vital, tendría que perecer violentamente, o calcinar, con lento ardor, si no sus espíritus, la carne perecedera que los envolvía.

IX

Tenía veinte años, y su belleza impresionaba profundamente hasta a los seres más ínfimos, hasta a los irracionales, hasta a las más insignificantes y miserables formas vivientes. Su hermosura se escapaba a toda literal descripción. Cualquier retrato suyo habría sido inferior a su presencia. Porque lo que en ella valía primordialmente era la expresión espiritual, el calor del alma irradiando de su ser físico, como el perfume de la flor que lo contiene. Esbelta y blanca, magníficamente formada, con un rostro delicioso en que el negror de los ojos resplandecía, y asombraba la gracia tierna y carnal de la boca encendida; con una cabellera profusa y ondulada, que parecía de seda negra... era verdaderamente preciosa en cada uno de los detalles de su corpórea encarnación. Grave y dulce, su sonrisa seductora iluminaba sus palabras o sus silencios. Y su espíritu y su pensamiento, en su esencia más noble, correspondían a la perfecta estructura en que palpitaban.

X

Todo el pueblo se impresionó, al verlos pasar, como dos novios, en aquella tarde azulada.

Subieron a la colina en que se alzaba, rodeado de pinares, el cementerio, a depositar frescas rosas en el sepulcro de Matilde.

Cerca del mausoleo, en cuya plancha metálica se leía el nombre fraternal, se sentaron conmovidos.

Las magnificencias del crepúsculo fulguraban en el horizonte. Ella repetía mentalmente unos versos tristísimos de Andrés, que impresionaron su espíritu:

Doraba la necrópolis
la quimérica luz del plenilunio

Dos lágrimas rodaron por sus mejillas. Quiso él consolarla; pero su voz temblaba, obscurecida por el presentimiento.

—Lloro por ti, por mamá, por Matilde, por mí. Amigo queridísimo, moriré muy pronto. Lo sé. Nada me digas. Vendrás, en una noche de martirio, a acariciar con un adiós mi sueño, con aquella divina serenata que fue como el primer suspiro de nuestro amor.

XI

Pero aquella nube negra pasó, ofrendándoles la primavera sus dones perfumados. Se cubrían de flores de fuego las acacias y los durazneros de sonrosados brotes.

Ella le cogió las manos y se quedó mirándole como a un ser extraño y fantástico...

—Me parece mentira que seas tú Andrés Rosal, mi lejano amor de la infancia, que Matilde tanto admiraba. No te imaginas cuántas veces soñé contigo cuando tenía doce años, después de oír a mi hermana leer, con su voz tan simpática, alguna de tus bellas narraciones. Pienso... que estoy viviendo un sueño azul como en los cuentos. Y en las mañanas tiemblo en cada despertar.

La oía con un placer saturado de inquietud. Recogía aquel acento cálido con la certidumbre de que pronto sería un eco en la sombra.

—¿Y yo qué pudiera decirte? Estaba muerto, perdido sin esperanza, cuando tu amor me hizo renacer. Y mírame aquí ahora, en plena salud física y moral; feliz como nadie lo fuera jamás.

XII

—Andrés, hay algunas páginas de tus libros que me obsesionan. De tu poema *Princesa imposible* son estas palabras, que hoy me producen unos celos absurdos: *Audacia inútil y profanadora sería intentar describirla. Porque no puede jamás detallarse lo que está por encima de toda imaginación, lo que supera a los sueños, lo que se prolonga más allá de la fantasía. Era sencillamente maravillosa, con una con una perfecta forma de belleza cuyo molde se va perdiendo en la sucesión de los siglos. Tipo fulgurante de una raza egregia, flor insólita de una estirpe divina, parecía surgir de una ascendencia de dioses. Como al forjar los cráneos de los genios la naturaleza reconcentra su magno esfuerzo— para crear aquella virgen seguramente agotó su genial potencia y todos los recursos secretos de su energía inmortal.*

Nunca su orgullo de pensador y de estilista vibró con mayor seguridad de su fuerza como en aquel minuto en que la voz apasionada de Felisa sonaba en su interior como el himno de una definitiva consagración. Se sintió crecer dentro de sí mismo y capaz de superarse aún, traspasando el horizonte de su mayor ambición. Le ofuscó una violenta llamarada de triunfo, un vértigo alucinante, un ímpetu sobrehumano...

Cerró los ojos, vencida su materia frágil por aquel deslumbramiento. Al abrirlos, tomó las dos manos queridas y las apretó contra su frente.

—Me exalta, me engrandece tu pasión hasta hacer delirar a mi orgullo. ¿Qué tienes en la voz, en las pupilas negras, en tu leve sonrisa, en toda tu persona, alma mía, para que me embriagues y me ilumines y me ilusiones hasta lo inconcebible, duplicando mi don de crear y percibir la hermosura y enardeciendo mi entusiasmo hasta sobrepasar mis más grandiosos sueños?

Con aquella grave expresión, con aquella serena suavidad en que sentía Andrés algo de maternal en su ternura de amante, lo miraba, feliz... Y lentamente acarició sus cabellos...

—Nada —dijo—. Sólo mi amor.

Cuando Andrés suplicó a doña Amalia que fijara la fecha de la boda la señora tembló...

Lo condujo a una estancia en el extremo de la construcción interior y de cuyas paredes colgaban los retratos de la familia, cubiertos con una tela gris.

—Andrés —comenzó ella a decir con la voz insegura—, lo quiero como a un hijo. Jamás me imaginé que yo, con mi severa educación religiosa, y con mi carácter frío y taciturno, ajeno a toda confianza y cordialidad con gentes extrañas, iba a retener en mi casa, en relaciones de amor con mi propia hija, a un hombre como usted, doblemente peligroso por su bella figura y por su fama literaria. Y digo retener porque yo le he rogado varias veces que no se vaya... y peligroso, aún más que por las condiciones generales expuestas, porque se trata de un caso concreto... Porque Felisa sentía por usted, a la distancia, una admiración que rayaba en un sentimiento más íntimo. De cierto que nunca pensó usted, al arribar a este pueblecillo obscuro, que en él había un hogar que le fuera tan adicto. Matilde y Felisa leyeron y releyeron sus libros. Y no debe sorprenderse: ellas contaron entre sus ascendientes con varios hombres, y hasta con una mujer, ilustres en las letras españolas. A esto hay que agregar que soy profesora, que les enseñé cuanto sabía, y que tuvieron, además, una institutriz superior, mi hermana Rosa, que las preparó para la vida social con todo género de conocimientos. Créame que en ningún colegio europeo habrían tenido una instrucción y una educación mejores que las que recibieron en el pueblecito de U***.

Andrés la miraba.

—Sé lo que va a preguntarme... ¿Para qué esa educación tan esmerada, si no pensábamos salir nunca de este lugar? Pues... porque, de cualquier modo, era mejor que la tuvieran; porque para mí constituía un placer educarlas y porque cuando vino Rosa proyectábamos un viaje a España. Después nuestra fortuna disminuyó, quedamos casi pobres, imposibilitadas para movernos. Aunque la verdadera causa de nuestra permanencia aquí... Este es el terrible secreto. ¿Nada le ha dicho Felisa?

—¿Se refiere a su certeza de morir muy joven?

—Sí, a esa negra pena que, instante por instante, amarga mi vida. Se procuró, con toda clase de cuidados, ocultarles su destino; pero esto sólo se consiguió a medias...

—¿Usted cree ciegamente...?

—¿Cómo no he de creer si la tremenda sentencia no ha fallado jamás? Fíjese, Andrés: grábese bien mis palabras. Pedro se casó dos veces. Con su primera mujer tuvo tres hijos. Mírelos.

Y le mostró tres retratos fijos sobre la pared de la izquierda: una muchachita morena y dos gallardos adolescentes.

—Los tres murieron antes de cumplir veintiún años, ignorantes de la maldición que pesaba sobre ellos. Luego le llegó su turno a mi Matilde, que se extinguió poco antes de llegar a aquella edad. Y hoy... (la pobre mujer rompió en sollozos). No duermo, no tengo un minuto de calma, esperando, esperando...

Andrés se estremeció.

—Ningún detalle me dio Felisa sobre esta amenaza siniestra... Sólo me ha repetido que morirá muy joven.

—¿Muy joven? ¡Si apenas le quedan algunos meses de vida! Dios mío, Dios mío, ¿cómo puedes tolerar estas injusticias? ¿Por qué herir, en plena ilusión, a una criatura tan inocente y preciosa, arrebatando su última alegría a una madre infeliz?

—¡Pero eso no sucederá! —gritó Andrés, exasperado por aquel dolor y por su propio dolor—. ¡No sucederá, no puede suceder! Los otros han muerto así porque no gozaron de un profundo amor que los retuviera, que triunfara del poder maléfico que los hundió en la sombra.

—No. Algunos, dos entre ellos, eran dichosos y su felicidad no les libró de su destino.

—Mi pasión salvará a Felisa, con la ayuda de Dios... ¿Y qué explicación se dio a ese tenebroso misterio ?

—No sé, no sé... Parece que un gran médico francés, a quien Pedro consultó, hizo un estudio de este caso extraño, encontrándole una causa científica, Pero yo creo que se trata de algo siniestro, de alguna terrible maldición que extinguirá la raza de los Albaredas. Y Felisa es el último vástago de esa raza.

—¿Y cómo don Pedro realizó otro matrimonio, encontrando quien le amara en tan extraordinarias condiciones?

—Esperaba también esa pregunta. Pedro poseía un marcado temperamento amoroso... y era un hombre de hogar. De carácter alegre y optimista, sólo atendía al presente: el pasado y el porvenir no le preocupaban. ¿Que cómo encontró quien le quisiera a pesar de la fatalidad que pesaba sobre él? Pues yo creo que esa misma fatalidad constituía una de sus atracciones. Por lo demás, ¿quién le habría resistido? Era el hombre más hermoso y seductor con quien pudiera soñar una princesa. Aquí le tiene en el último año de su vida.

Levantó la cortina del mayor de los retratos y apareció un guapísimo caballero de porte arrogante, magnifico en su altivo gesto señorial. La soberbia cabeza se alzaba interrogativa: y la mano derecha, sobre el grueso pomo del bastón, daba una idea precisa de fuerza y de dominio. Todo él respiraba grandeza y audacia cautivadora.

—Y así como era espléndido de cuerpo, era espléndido de espíritu: valiente, generoso, tierno y delicado en el amor... ¿Quién hubiera podido resistirle? Todos sus hijos fueron bellos; pero ninguno como él.

XIV

A Andrés le parecía vivir dentro de un mágico sueño. La vasta residencia, el paraje en que se desarrollaba su doloroso amor, la perpetua inquietud del futuro, le producían la sensación de una existencia ilusoria gozada en el umbral de la eternidad.

En una noche de insomnio en que la claridad lunar penetraba en su cuarto plateando los objetos y tejiendo sutiles velos blancos sobre las paredes, creyó oír un débil gemido cerca de su corazón. Se incorporó y escuchó. Nada. ¿Era su yo recóndito, quebrantado por sombríos augurios o las quejas del viento entre los eucaliptos?

Las ideas lóbregas le asediaban como nunca. Se vistió y tomando el violín bajó al patio El piso de piedra parecía un pequeño lago de jaspe. Camino sumiéndose en las sombras, cruzando los claros argentinos. Un silencio mayor que todos los silencios impregnaba las cosas de fúnebre solemnidad. Sintió crecer su amor en aquella atmósfera de muerte y una nueva desesperación le anegó en sus oleadas de amargura.

—Ella quizá no sabe que nuestra esperanza es sólo una nube azul, un sudario florido, un fulgor de crepúsculo para iluminar su tumba!

Estas palabras, surgidas de sus entrañas, se clavaron como espinas en todos sus poros; y su cruel dolor vibró en su espíritu y en su brazo cuando el arco rozó las cuerdas.

La serenata que compuso, síntesis suprema de un adiós a la vida y de una salutación al más allá; la melodía de su tormento, voz inicial en aquella última etapa de su destino, sollozó en la noche con mortal desolación.

Se quejaba ahora, en el ritmo obsesor, la desventura de un castigo sin causa, la protesta contra una pena inmerecida: y, en el *leitmotiv* angustioso, la súplica ardiente, la imploración de un divino milagro. el ruego humilde a la Omnipotencia demandando piedad.

Lentamente se extinguieron los sonidos celestiales en el aire constelado. De nuevo, mirando la ventana de Felisa, creyó Andrés escuchar el gemido cerca de su corazón.

XV

Aquella voz imperativa que en su primera juventud le precipitó en la acción temeraria, sonó en su conciencia en el primer día de mayo. Las antiguas palabras dominadoras —que fueron como el lema sempiterno de su escudo— golpearon con la fuerza de un poderoso martillo su voluntad entumecida y vencieron su abulia pertinaz. Una súbita energía calentó su sangre y ascendió por todo su ser hasta culminar en el pensamiento que fijó su resolución de ser feliz a todo. trance.

—¡Toma tu dicha donde la encuentres! —le gritaba impaciente la voz alucinante—. ¡No retardes un minuto la posesión de tu felicidad! La hora que pasa, bien lo sabes, no vuelve nunca, e insensato es quien no se apresura a gozar del presente. Se arrepentía ahora de haber malogrado los ocho meses últimos en un devaneo romántico, expuesto a las sorpresas de la muerte, en vez de fijar definitivamente su vida.

¿Y por qué gemir ante una amenaza quizá ilusoria? ¿No podría quebrantarse la fatídica regla, romperse el sino maléfico? No estaría

Felisa destinada, por su celeste piedad, por su resignación en la desgracia, por ser la postrera víctima, a recibir el divino perdón? ¿Y no se sumaría, en primer término, para lograrlo, el martirio de una madre en cuyo cerebro el dolor empezaba a hacer fulgurar los hórridos fuegos de la locura y del espanto?

Por la ventana vio a la joven, vestida de blanco, leyendo a la sombra de los naranjos; tan linda, tan primaveral, con una rosa purpúrea en los cabellos; más seductora, más grata, más mujer, como si la pasión que sentía e inspiraba tuviera la virtud de aumentar sus encantos.

Andrés se acercó por detrás ligeramente y derramó sobre la cabeza adorable una lluvia de jazmines. Se volvió sonriendo y se puso de pie con aquella dulce gracia que la hacía aún más preciosa. Y pasearon por el verde naranjal que, estremecido por las brisas, les arrojaba sus azahares fragantes.

XVI

Se casaron en aquel mes cálido de noches azules, en que el campo se viste de colores y el aire está colmado de aromas.

Andrés conoció entonces la absoluta felicidad. El sufrimiento, la hostil acechanza, nada podrían contra él. La muerte misma podría acortar su divina embriaguez, destruir su prodigiosa ventura, pero no matar el pasado ni suprimir el recuerdo....

—Tengo miedo, amor mío —suspiraba Felisa, dominada por el obscuro avance de las fuerzas enemigas en las inconscientes horas del reposo—. Mientras estoy despierta, mi voluntad de vivir rechaza todo negro propósito de la suerte; pero cuando duermo siento sordamente, en una continua pesadilla, la persistencia del trabajo destructor. Así, cada despertar sobre tu pecho es como una luminosa resurrección.

Él la reconvenía dulcemente, acariciándola como a un niño sensible.

—No te atormentes, no sufras por lo que no existe. Creo, con profunda fe, que el porvenir sólo nos ofrecerá gratísimas realidades.

—Tengo miedo —repetía, haciéndole evocar la misma emoción pavorosa que antes le asediaba—. ¡Somos demasiado felices! ¡Y quizá no merezcamos esta dicha!

XVII

La música los alucinaba con su fascinación quimérica. El violín y el piano unían sus voces para exaltar los movimientos de sus almas en himnos de placer y de triunfo o para gemir en las tinieblas del dolor sin esperanza.

Las expresiones intermedias del arte divino también encontraban en ellos seguros intérpretes. Obras clásicas y composiciones ligeras de vida fugaz —pero que resumían la emoción de un minuto de ensueño— surgían de los instrumentos, unánimes como sus corazones.

Ambos poseían la aptitud primordial, el don sagrado, el estudio paciente y metódico para el perfecto dominio de las obras maestras; y la calidad intrínseca para expresar, en el idioma armonioso, las alegrías o tristezas de sus propios espíritus. Así, cada uno cultivaba sus creaciones íntimas, su repertorio personal, reducido, pero intenso; y era en estas breves melodías en donde su lírica fuerza y su pasión humana, y la substancia divina que existe en todo ser superior, se aunaban en celeste consorcio para cantar y llorar las diversas emociones de sus almas profundas. Él compuso para ella algunas poesías de factura romántica, que por su imprecisa levedad y su misterio nocturno, evocaban las tristes baladas nórdicas. Felisa las decía con imponderable encanto, idealizándolas en el piano, poniendo a cada palabra su equivalencia musical.

Eran las preferidas entre sus ejecuciones. Y fue tan poderoso el esfuerzo que su psiquis concretó en la unión de la letra y la armonía, que al producirse ésta sin el recitado, claramente brotaban de las notas las bellas palabras.

XVIII

Soñó Andrés que Felisa agonizaba lentamente de un mal sin dolor, en plena conciencia de su próximo fin. Y él también moría de angustia, en una callada desesperación, sin separarse de la cabecera de la moribunda, que abrió los ojos sin luz, en una fría medianoche, y estrechando contra su seno la cabeza del desventurado, le susurró con una voz que ya no era de este mundo:

—Andrés, harás un viaje, mi alma... Procura vivir... Olvidar... Olvidar...

Sus propios sollozos lo despertaron. Y viendo a la joven profundamente dormida a su lado, rebosante de salud y belleza, una alegría formidable conmovió su alma.

Se serenó, pero no durmió más, en una feliz inmovilidad, con el pensamiento brillando alrededor de un deseo súbito, de un proyecto que le asaltó de pronto, imperativo, inaplazable.

Al amanecer se vistió sin ruido y regresó con un gran ramo de rosas frescas. Ella le esperaba inquieta. Riendo, la cubrió de pétalos de colores. En los brazos la levantó del lecho, y la retuvo así contra su corazón, cálida, tierna y fragante, en un largo beso bajo la cabellera maravillosa.

—Amor mío, partiremos para Europa. Necesitamos salir de este medio ambiente de misterio, nocivo a nuestros espíritus apasionados. Deseo gozar contigo de la hermosura del mundo, del esplendor de la civilización, de la magia del mar. Visitaremos Francia. Italia, Grecia; y después nos radicaremos en tu patria. Hace días que me domina este anhelo de viajar. Soy rico, somos ricos, y la vida nos abre todos sus horizontes. Espero que tú y doña Amalia me secundarán en este proyecto.

Felisa le escuchó sonriendo, encantada de su entusiasmo.

—Yo sólo deseo lo que tú deseas. Contigo seré feliz en cualquier sitio de la tierra. Mamá va a recibir esta noticia como una gratísima sorpresa. Anhela vivamente regresar a España; pero nunca habla de ello, por considerar ese sueño irrealizable. Y... porque le produce una honda pena, como a mí, la idea de alejarnos siempre del sepulcro de Matilde.

Él objetó:

—Cuando transcurra el tiempo legal trasladaremos sus restos al mausoleo familiar, junto los de tu padre.

XIX

Sentados bajo los árboles, doña Amalia y Andrés hablaron extensamente.

—Soy muy dichosa, cuanto pudiera serlo con la amarga idea de que abandonaré, por algún tiempo, a mi querida muerta. Pero tiene usted razón, Andrés: es preciso alejarnos de estos sitios peligrosos para nuestras almas, sobrecogidas de visiones sombrías y de negros presentimientos. Aunque mi corazón de madre me dice que, por la gracia de Dios, ha desaparecido la amenaza misteriosa que pesaba terriblemente sobre nosotros. A ella, valiéndome de todos los recursos a mi alcance, le oculté siempre la fecha exacta de su nacimiento, para ahorrarle en el futuro, si acaso llegaba a conocer toda la verdad, algunas semanas de. angustia... Hoy hace un mes que cumplió sus veintiún años. La clemencia divina rompió el fúnebre pronóstico...

Andrés, con intensa emoción, sintió que el milagro era cierto.

—Rosa —terminó la señora— me escribe, llamándonos. Y para que todo coincida con nuestro deseo, he recibido propuestas aceptables para vender esta casa y la hacienda. En los días próximos solucionaré el negocio.

XX

Partieron al final de agosto. Desde la cima de la empinada cuesta, en el mismo lugar en que un año antes escuchara Andrés, al morir de la tarde, el toque de oración, contemplaron largamente, por la vez última, el paisaje inolvidable.

El sol se levantaba dorando las llanuras, las colinas, el río de claras corrientes, la iglesia, las viejas casas en la verde hondonada...

Pero los ojos llenos de lágrimas de los viajeros, en un silencioso adiós, convergían hacia los huertos del castillo, bañados por las primeras lumbres, y hacia el cementerio, cuyos altos pinos dominaban el valle.

Dos horas después aún se columbraba en la lejanía el paraje ensoñador: pero al volver un largo recodo, el pueblecito de U*** se ocultó tras un escarpe blanquecino de la cordillera.